重构

经济新格局与新思维

海闻 主编
任颋 本力 副主编

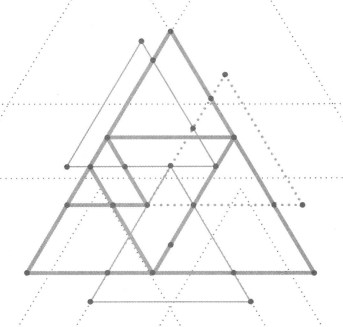

RESTRUCTURING

图书在版编目(CIP)数据

重构：经济新格局与新思维/海闻主编. —北京：北京大学出版社，2017.6
ISBN 978-7-301-27876-5

Ⅰ.①重… Ⅱ.①海… Ⅲ.①世界经济－文集 Ⅳ.①F11-53

中国版本图书馆 CIP 数据核字(2017)第 033103 号

书　　　名	重构：经济新格局与新思维 CHONGGOU：JINGJI XIN GEJU YU XIN SIWEI
著作责任者	海闻　主编　任颋　本力　副主编
责 任 编 辑	任京雪　叶楠
标 准 书 号	ISBN 978-7-301-27876-5
出 版 发 行	北京大学出版社
地　　　址	北京市海淀区成府路 205 号　100871
网　　　址	http://www.pup.cn
电 子 邮 箱	em@pup.cn　QQ：552063295
新 浪 微 博	@北京大学出版社　@北京大学出版社经管图书
电　　　话	邮购部 62752015　发行部 62750672 编辑部 62752926
印　刷　者	北京大学印刷厂
经　销　者	新华书店
	720mm×1020mm　16 开本　19.5 印张　234 千字 2017 年 6 月第 1 版　2017 年 6 月第 1 次印刷
定　　　价	48.00 元

未经许可，不得以任何方式复制或抄袭本书之部分或全部内容。
版权所有，侵权必究
举报电话：010-62752024　电子邮箱：fd@pup.pku.edu.Cn
图书如有印装质量问题，请与出版部联系，电话：010-62756370

序

  自 2008 年金融危机以来，全球经济持续不景气。虽然各国普遍实行量化宽松乃至"负利率"的货币政策，但由于此次危机背后的深刻原因与以往不同，危机后银行及其他金融机构承担资本中介功能的能力和意愿都大为萎缩，企业投资信心和意愿不足，宏观经济政策作用甚微。在长达八年的时间里，全球经济形势没有显著的好转。加之英国"脱欧"，美国总统换届后的政策变化，世界经济仍处于不确定的状态。

  当前的中国经济和全球经济不仅仅是周期性的宏观经济波动，更是一个在全球化冲击下供求失衡的产业结构问题。一方面，更加自由的贸易和投资使得全球资源得到了更有效的利用，全球经济获得了相当长一段时间的高速增长。另一方面，资源的全球配置也造成了对各国产业结构和就业市场的不同冲击，各种利益集团之间的收益差距扩大，矛盾冲突激化。因此，传统的宏观经济调控政策也无法解决问题和振兴经济，每个国家都不得不根据自身的实际情况，在稳定经济的同时深入展开结构性调整。这种调整，既要考虑当前的利益，更要考虑长期的发展。无论是政府，还是企业或个人，面对这些正在发生的变化，都必须从国内到国际、从微观到宏观、从短期到长期，做好全方位的准备和应对。每个市场主体都需要主动思考未来的发展，更新经济思维，布局新的未来。

对于全球化和各国经济，学界始终存在着不同的分析和判断。对于全球和中国未来的结构调整和经济前景，更出现了前所未有的分歧和争议。所以，在这种错综复杂的状况下，聆听专家学者们的分析与争辩，了解全球与中国经济的现状，厘清中国经济的迷局与破局，把握企业转型的要害与要务，顺应全球经济的波动与变革，重构经济发展战略和政策，就显得尤其重要。这正是我们选择"重构"作为本书主题的初衷。

在本书的第一部分，国际货币基金组织第一副总裁戴维·利普顿、美国经济学会副会长艾伦·奥尔巴克、日内瓦研究院国际经济学教授查尔斯·维普洛斯分别从信息化技术、人口结构与就业、不平等、税收与债务、央行职责等方面对全球经济予以分析。日本银行前副行长、东京大学经济学教授西村清彦更是从十年来经济体系的"三大巨变"出发，提出了应对之道。就理解国际经济形势和未来格局而言，这些都是极为关键和深刻的结构性问题。

在这一大背景下，如何理解中国经济增速近年来的放缓就成为研究中国经济现状的重要线索。在本书的第二部分，前哈佛亚洲研究中心主任德怀特·珀金斯教授、北京大学汇丰商学院樊纲教授和我本人、复旦大学袁志刚教授、银河证券首席经济学家潘向东等，分别从经济发展的长期趋势、经济周期、供给侧改革、债务水平、人力资本、资本市场等方面对中国经济作了全方位的剖析和预测，尤其是对社会上流行的一些似是而非的概念和观点作了澄清和深入阐述。

就中国经济而言，大家都一致认为其处于转型阶段。然而，现时所说的"转型"与以往所说的"转型"也是不一样的。中国不仅继续从计划经济转向市场经济,从农业社会转向工业社会,更重要的是,中国经济转入了一个"中等收入"的特殊阶段。人们从追求物质消费的阶段进入了追求生活质量的阶段,产业也必须从低端制造业向高质量的制造业和优质的服务业转型。若不能及时顺利地完成转型,中国经济就有可能落入"中等收入陷阱"。因此,在短期稳增长的前提下,长期要坚持调结构,否则就难以保持继续增长的动力。

在本书的第三部分,加州大学(戴维斯)经济系教授、中国留美经济学会前会长胡永泰,国家"十三五"规划专家委员会委员、北京大学汇丰商学院巴曙松教授,中国人民银行前副行长吴晓灵,中国社会科学院副院长蔡昉,国家发展与改革委员会前副主任张晓强等,进一步讨论了在中国目前转型和调整的新阶段,如何建立新思维、寻找新动力、迎接新布局。对于大家非常关注的"供给侧改革",我们也需要弄清楚其真正的意义。"供给侧改革"是政府从原来的需求管理到现在的供给管理,还是从管理到不管理,由市场来决定供给?这既是理论问题,也是现实问题。对此,本书中也有讨论。

本书的最后一部分由陈春花、黄怒波、俞剑红、陈宇等学者和企业家,以及来自牛津大学赛德商学院的品牌专家保罗·泰柏勒博士,从应对不确定性、企业家精神、产业创新、投资逻辑以及品牌战略等微观层面,结合产业和企业实践的经历和观察,展开了深入的探讨。其中,既有农业、制造业、房地产业等传统的实体行业,也有金融、电影等服务业,使内容更加多元化,并对企业在新形势下构建新的发展战略和策略具有一定的指导意义。

书中还收录了北京大学汇丰商学院工作人员和学生记者对若干经济学家的专访,他们关于房地产泡沫、城市发展、宏观经济研究等话题的真知灼见也为本书增色不少。

最后，我想特别指出，中国目前正在经历一个历史性的经济结构调整阶段，但同时也是一个更重要的发展机遇阶段。恩格斯曾经说过，"没有哪一次巨大的历史灾难不是以历史的进步为补偿的"。2008年全球金融危机后的低迷和调整，尤其是世界政治经济格局的重构也蕴含着更加光明的前景。21世纪一定会是中华民族崛起和振兴的世纪。希望本书在这一重大问题上的探讨能对读者们有所启示，也期待更多的经济学人和企业家为中国经济的成功转型和世界经济的持续繁荣而努力求索。

海 闻

2017 年 5 月

目 录

第一篇　全球经济的变动与变革　　1

世界经济及政策挑战中的三次"剧变"　　3
　　——西村清彦（Kiyohiko Nishimura）　日本央行前副行长，东京大学经济学教授

预算压力、不平等及国际流动时代的税收改革　　14
　　——艾伦·奥尔巴克（Alan Auerbach）　美国经济学会副会长（1999），加州大学（伯克利）经济学教授

中央银行是否权力过大？　　28
　　——查尔斯·维普洛斯（Charles Wyplosz）　日内瓦研究院国际经济学教授，货币及银行学国际中心主任

中国再平衡：企业债务方面的国际经验　　39
　　——戴维·利普顿（David Lipton）　国际货币基金组织第一副总裁

第二篇　中国经济的谜局与破局　　　　　　　　　　49

中国未来面临"硬着陆"还是长期停滞：
错误的警告或真实的威胁？　　　　　　　　　　51
　　——德怀特·珀金斯（Dwight Perkins）　哈佛大学政治经济学名誉退休教授，前哈佛亚洲研究中心主任

中国经济"新常态"：当前经济形势与未来发展　　58
　　——海闻　北京大学校务委员会副主任，北京大学汇丰商学院院长

中国经济周期及长期潜力　　　　　　　　　　　72
　　——樊纲　北京大学汇丰商学院教授，国民经济研究所所长，中国改革研究基金会理事长

资产负债表的扩张与中国经济增长转型　　　　　84
　　——袁志刚　复旦大学就业与社会保障中心主任，复旦大学经济学院教授

中国城市的人力资本分化　　　　　　　　　　　92
　　——陆铭　上海交通大学安泰经济与管理学院教授，中国发展研究中心主任

股市的现状和未来　　　　　　　　　　　　　102
　　——潘向东　中国银河证券首席经济学家，中国首席经济学家论坛理事

第三篇　经济战略的重启与重构　　　　　　　　113

中国供给侧结构性改革的需求侧补充：
软预算约束的终结　　　　　　　　　　　　　115
　　——胡永泰（Wing Thye Woo）　中国留美经济学会会长，加州大学（戴维斯）经济系教授

宏观经济形势：政府政策与未来增长动力　　　127
　　——海闻　北京大学教务委员会副主任，北京大学汇丰商学院院长

从"十三五"规划看中国经济的新阶段与新布局　　　141
　　——巴曙松　北京大学汇丰商学院金融学教授，中国银行业协会首席经济学家，香港交易及结算所有限公司首席中国经济学家

用更加积极的财政政策保增长、促转型升级　　　167
　　——吴晓灵　第十二届全国人大常委、财经委副主任委员，清华大学五道口金融学院理事长兼院长，中国人民银行前副行长

中国经济增长动力——新型城镇化　　　180
　　——蔡昉　中国社会科学院副院长、研究员

如何在"新常态"下加快构建开放型经济新体制　　　190
　　——张晓强　中国国际经济交流中心常务副理事长、执行局主任，国家发展和改革委员会前副主任

第四篇　企业转型的要害与要务　　　203

如何面对不确定性　　　205
　　——陈春花　北京大学国家发展研究院教授，前新希望六和股份有限公司联席董事长兼首席执行官

重塑企业家精神　　　221
　　——黄怒波　北京中坤投资集团有限公司董事长

转型：为什么中国需要一套品牌战略？　　　227
　　——保罗·泰柏勒（Paul Temporal）　北京大学汇丰商学院访问教授，牛津大学赛德商学院品牌管理专家

美国电影业的成功经验与我国电影业的发展对策   237

    —— 俞剑红　北京电影学院副院长，青年电影制片厂厂长，中国电影产业研究院执行院长

未来几年"赚大钱"的逻辑   250

    —— 陈宇　聚秀资本创始人，仁和智本资产管理集团创始人

附录　拐点下的对话——破解中国经济的谜局   267

"被粉饰的诅咒"   269

    —— 新加坡国立大学邓永恒教授多维透析中国房市沉与浮

"一城独大"不好吗？   279

    —— 上海交通大学陆铭教授谈中国城市体系与规划

泡沫之中，当局者迷   287

    —— 专访日本央行前副行长西村清彦

"错的"是渐衰的你们，而非宏观经济学   292

    —— 专访诺贝尔经济学奖得主萨金特

编后记   299

第一篇

全球经济的变动与变革

世界经济及政策挑战中的三次"剧变"

西村清彦（Kiyohiko Nishimura）

日本央行前副行长，东京大学经济学教授

我们正面临不断加剧的挑战，事实上，全球金融危机爆发七年之后，许多发达经济体并未恢复到危机前的状态，仍继续实施积极的财政政策和宽松的货币政策。尽管在危机期间，宽松的货币政策相对有效，但如今，其作用已经开始减弱，世界各地经济增长缓慢。这种令人失望的增长态势是由"三大剧变"导致的。

第一个"剧变"是在过去十年中，发达经济体潜在的房地产泡沫，以及金融危机导致的经济持续下滑。第二个"剧变"是由于信息和通信技术的广泛普及而导致发达经济体的工人就业困难，新兴经济体的工人最终也会面临这一问题。许多国家已经出现人口老龄化，从年轻人口增长的人口红利期步入人口负债期。大多数从属经济体已经步入人口负债期，而许多新兴经济体也将面临上述局面。这种剧变可能具有短期效应，也可能产生长期影响，并伴随很强的政策信号。从短期来看，剧变普遍会削弱经济需求，从而降低其对传统的宏观经济刺激的反应能力。第三个"剧变"是自从设置适当政策利率的机制成为惯例，零利率下限不再成为可能，发达经济体的中央银行越来越依赖于中央银行资产负债表这一"非常规"工具的维稳作用。从长远来看，许多经济体的政策灵活性越来越差，调整能力逐渐减弱。最重要的是，上述新政策增加了不确定性。这不仅是因为上述新出现的现象暗含着一定的未知影响，还因为这些因素之间的联系可能会被意外打断。这种高度的不确定性给政策决策者带来了极大的挑战。

首先关注第一个"剧变"，需强调的是，干扰措施比特定因素的独立影响更为重要。发达经济体的泡沫、萧条和危机将很快引发资本的巨大损失和与人工工资率相关的资产负债表的大幅调整。这不仅会造成需求的持续疲软和家庭的资不抵债，还意味着需求对经济政策的反应能力会随之降低。经济政策，特别是货币政策等综合政策，对总需求的刺激作用将大不如前。危机前的过度投资导致人们对房屋和其他建筑的需求持续减弱，从而延长了需求的恢复期。房屋产品的寿命很长，这意味着在投资阶段，房地产行业的恢复会非常缓慢。

由于日本的资本密集型行业对利率高度敏感，因此受到了严重影响，尤其是中小企业。与金融危机前对比，政策已经失去其作为刺激需求的短期管理工具的效力。这些损害比大多数经济体所预计的要更为深刻和持久。金融中介的效率所遭受的严重影响很可能会持续更长的时间。在金融危机后，银行不仅出现借贷疲软，其选择最有潜力的放贷客户的能力也在不断减弱。所谓的"僵尸银行"，即存在严重资产负债表问题的银行，层出不穷。各大金融机构不得不充当"救生员"，为将要退市的企业提供贷款，这样就失去了向更有前途企业提供贷款的机会。表1中的矩形表明，濒临退市企业的全要素生产率高于现存企业。如果市场的金融调整措施真的有效，这种现象是不可能发生的，其发生正表明了金融的中介作用无效。总而言之，在后危机政策制定过程中，政策制定者还必须注意，房地产泡沫与人口变化之间存在明显的相互作用。

表1 20世纪90年代自然选择机制的失效

现存企业及退出企业全要素生产率	1994—1995		1995—1996		1996—1997		1997—1998	
	现存	退出	现存	退出	现存	退出	现存	退出
全部企业								
大于100个工人的企业	2.02	1.47	1.85	1.52	2.04 <	2.07	2.08	1.92
小于50个工人的企业	2.01	1.54	1.85	1.53	2.02 <	2.03	2.06	1.90
制造业								
大于100个工人的企业	1.66	1.35	1.89	1.84	2.24 <	2.41	2.42	2.18
小于50个工人的企业	1.66	1.51	1.87	1.77	2.22 <	2.32	2.38	2.09

注：退出企业的全要素生产率的加权平均值大于现存企业。

日本和美国的对比数据表明，如果危机中出现房地产泡沫，则危机程度将随人口老龄化速度的加快而逐渐加重。如图1所示，美国房地产危机的峰值下降程度约为日本的三分之二。此外，根据联合国的估算，自高峰年起，30年间（约一代人）美国的劳动年龄人口比例下降率大约为日本的三分之二。两国数据的差距反映出他们对未来的期望（譬如30年后）存在偏差。如果身处老龄社会，对前景更为悲观。而在悲观的情况下，应该采取一些干预政策措施。

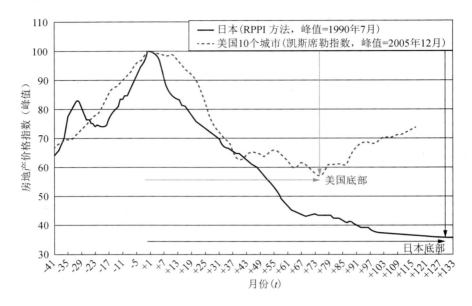

图 1　房屋实际价格下行的现象与周期

注：当 $t=0$ 时，峰值=100。

第二个"剧变"是因信息和通信技术的发展而导致的就业困难问题。由于信息和通信技术行业的崛起，劳动力市场开始出现"两极分化"现象。简言之，需要雇用人就能完成的烦琐工作，未来在适当的时候会消失。

传统中等技能型工作正在逐渐消失，尤其在美国，这意味着更多的工人最终将从事低收入、非职业的工作，特别是服务行业。高收入的工作则出现以技术为导向的趋势，需要特定的高技能水平劳动力。对于无熟练技术的工人而言，以职业为导向的工作会比以前更少。工资低、不稳定且无技术含量，这会导致"占劣势的大多数人"的需求进一步疲软，其对未来收入的预期将相应降低。因此，即使"占劣势的大多数人"有购买奢侈品的强烈需求和愿望，一旦有额外的收入，他们就会进行储蓄以备不时之需。由于对低收入工人的需求下降，因此借助调节劳动力收入而实行的"传统的总需求政策"的效用下降。在新衰退和人口老龄化的情况下,信息和通信技术的发展与经济危机已经对劳动力市场造成影响。生产率下降、产品价格持续下跌和通货膨胀迫使企业通过高科技手段无情地削减成本。

很多中等技能型的白领工作将被计算机程序所取代,这种转变在萧条期的美国企业之中尤为常见。图2显示了美国在2007—2011年所失去的就业岗位,它们主要集中在中等技能型工作岗位上。

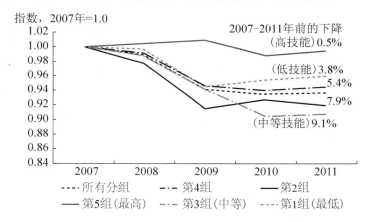

图2　美国2007—2011年不同技能水平人员的失业情况

现在来谈一谈我认为最重要的第三点,人口转型正在缓慢发生。危机时期的代际变化,远比政策制定者通常关心的经济波动的持续时间要长得多。人口变化在任何特定年份中的影响都很小,一般情况下可忽略不计。然而,当人口变化与其他因素,特别是与金融创新和宽松信贷政策效果相结合时,其对经济的影响将十分显著。在发达经济体中,第二次世界大战后,婴儿潮高峰和医疗水平的大幅提升使15—64岁的劳动年龄人口显著增加,从而带来大量的人口红利。

在人口红利繁荣时期,工人对经济充满信心,这种变化更多地来自子女,而非个人。工人的可支配收入提升,在抚养子女和赡养老人后,仍有更多的盈余。这相当于在工资之外的"奖金",能在很长时间内创建和培育出充满活力的经济。人口红利会引发对未来的乐观预期,假如人们根据过去(比如三十年或一代人的时间)的经验展望未来,加上金融创新带来的低息贷款,会出现大规模的信贷扩张。

因此,类似的措施机制加上过度的乐观情绪,导致杠杆的过度使用和暂时的高增长现象。而反过来,过高的杠杆化和高增长,又催生了乐观情绪。然而,当市场和公众意识到过去的高增长不能再持续时,人口红利最终会因人口老龄化而变成人口负债。反向过程由此启动:过度的悲观导致过度的去杠杆化和持续的低增长,而过度的去杠杆化和低增长现象会加深人们的过度悲观情绪。这种杠杆化和随后的去杠杆化过程——泡沫和萧条之间的变化,是信贷周期的一个关键特征。许多发达经济体,包括日本和美国,在这种信贷周期中都存在上述人口转型的迹象。

图 3 显示了日本的情况,其中,人口结构以粗线表示;信贷扩张以细线表示;房地产发展过程以空心线表示。人口结构以逆抚养比,即劳动年龄人口数与非劳动年龄人口数的比率表示。如图 3 所示,劳动年龄人口与非劳动年龄人口之比(即粗线)有两个峰值,同时,空心线代表的房地产价格也有两个峰值。其中出现于 1991 年左右的第二个峰值属于恶性泡沫,该泡沫引发了金融危机,日本由此产生了通货紧缩并延续至今。那么,第一个高峰和第二个高峰之间有什么区别呢?我们可以从代表信贷扩张的细线中找出答案。信贷扩张在第一个峰值开始增长,但其水平没有在第二个峰值时那么高。我仍然清楚地记得,20 世纪 70 年代,普通大众不能抵押贷款,因此第一个泡沫期间信贷扩张规模并不大,而信贷因素导致第二个峰值出现恶性泡沫。在第二个高峰之前的信贷扩张是金融创新的结果。在劳动年龄人口的比例达到高峰之前,金融自由化和去监管催生了一些新产品,如商业票据和

利率不受调息影响的定期存款（固定利率定期存款）等。这项创新滋生了追求收益及过度冒险的氛围，从而促成了银行业的金融创新与监管制度创新。

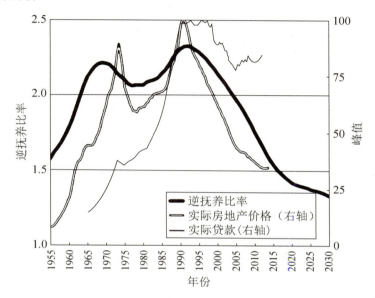

图3　日本人口结构、房地产价格与信贷扩张
注：实际房屋价格和实际贷款，峰值=100。

值得注意的是，美国也存在两个相似的劳动人口比例峰值，第一个出现在1985年左右（见图4）。美国的信贷问题虽然存在，但并非实际意义上的问题，所以需要改变方向。事实上，第二个泡沫是最重要的，这个泡沫导致了全球危机，然后促使了创新产品的证券化、资产证券化等的产生。

相比之下，德国于20世纪末信贷激增（见图5），但是达到高峰值之后，其劳动年龄人口的比例进入了长达30年的增长期。因此，2000年的德国并没有经历像日本和美国那样大规模的泡沫和长时间的萧条，这并不奇怪。

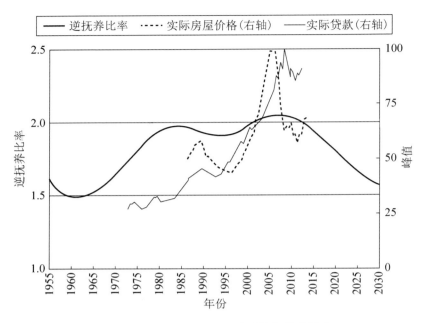

图4 美国人口结构、房地产价格与信贷扩张

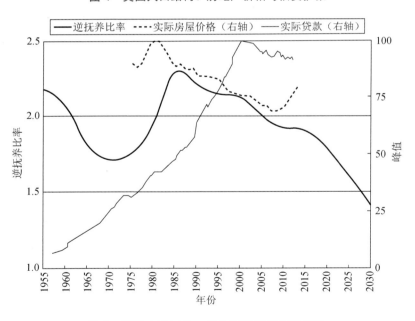

图5 德国人口结构、房地产价格与信贷扩张

这些发达经济体的经历与一些新兴经济体相似，人口转型很快会在人口周期中显现出来，尤其是在亚洲，特别是中国、韩国和菲律宾。在2009—2013年之间，其劳动年龄人口比例和房价似乎也达到一个高峰，中间略有波动（见图6）。但是，疯狂的信贷扩张并未出现明显的放缓迹象，而仍在持续增强。

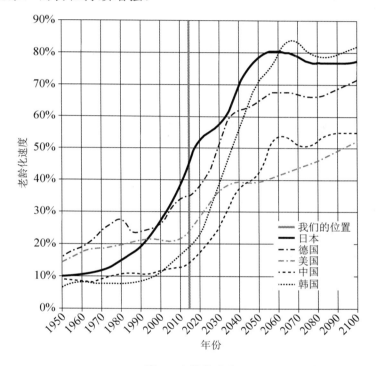

图6　老龄化速度

有什么应对政策呢？此时，对"通过发展走出危机"和"通过泡沫走出危机"的区分至关重要。后者是相当有问题的，因为泡沫最终会破裂，上述的所有副作用将不可避免。因此，政策制定者应该寻求增长而不是追求泡沫，与此同时，应该意识到，高峰期的预期非常长。应建立正确的预期时间，如未来30年，这才是使政策生效的关键。这是一个漫长的过程，而房地产市场和资产市场则是其潜在需求的重要决定因素。在其他政策工具失效的情况下，房地产市场和资产市场就成为主要的政策调控对象。这是在对通胀预期进行常规关注之外，所采取的一个重要步骤。通过这种方式，发达经济体的政策制定者将越来越依赖于非常规手段，如将中央银行资产负债表作为一项货币政策工具。

最终，改变人们的预期应该会大有成效。当过度的悲观主义盛行而市场失调时，采取直接和有针对性的市场干预可能获得成功。例如，在市场弥漫着消极和悲观情绪的2008—2009年间，政府出台了旨在提高房地产和金融资产市场价值的量化宽松政策。由于外汇市场是全球化金融市场的一部分，货币的变化也能通过资产来评估。然而，随着量化宽松政策的持续实行，其边际收益似乎开始迅速下降至政策枯竭点。在金融市场上，所有的副作用不断地增加，一定程度上，量化宽松政策体现了所谓的价格发现功能。因此，在这种情况下，推行结构性改革的政策至关重要，即使这些政策似乎背离危机发生前的传统政策，甚至所谓的常规或非常规的、负利率的量化宽松政策。但遗憾的是，到目前为止，我们所推行的结构性改革还远远不够。

此外，结构性政策并不足以解决问题，单单放松对特定市场的管制或者自由化还远远不够。我们不知这些措施能否持续解决大多数年轻家庭由于信息和通信技术发展而遭受的就业困难问题，提振他们对未来的预期，减轻他们的生活负担，从而直接或间接地消减泡沫。同时，向公众传达有关结构性改革的信息需认真谨慎。因此，我们应该为从人口红利过渡至人口负债的新常态做准备。这不仅涉及泡沫或其他类似现象，还有形态多样化的金融过剩。例如，出现在希腊的不是房地产泡沫，而是政府公务员人数过多造成的泡沫。发达经济体从典型的房地产泡沫引发的系统性损害中复苏的过程将非常缓慢,并且这种损害不利于金融政策的实施。尽管如此,还是可以非常肯定地说,我们已经进入了一个长时间、接近零增长率或负增长率的低增长时期。危机总会过去,面对结构性改革中未知的问题,我们要做好步入新常态的准备。

预算压力、不平等及国际流动时代的税收改革

艾伦·奥尔巴克（Alan Auerbach）

美国经济学会副会长（1999），加州大学（伯克利）经济学教授

我要谈到的内容涉及两方面的经济挑战——日益增长的不平等和财政压力，这也是多数发展中国家面临的问题。

一、日益增长的不平等

一方面，我认为不平等问题日益加剧，不过这取决于看问题的视角。纵观全球，不平等现象其实在减少，这主要归功于中国等国家在过去几十年里取得的经济成就，使许多人脱离了贫困，因此，从全球基尼系数或其他指数来看，这种不平等现象的确有所减少。然而，这种整体的趋势却与特定国家关系不大，如美国等国家，其不平等现象日益加剧。另一方面，财政压力的增大显然与许多因素有关，包括长期的人口问题，这在本次经济衰退早期就有所显现。我将逐一谈论上述问题及潜在的解决方案。

首先，我将重点谈谈美国及其他七国集团（G7）成员国的情况，因为它们在许多方面存在共性：相关的大型政府部门、极高的生活水准、快速老龄化的人口和全球金融危机的冲击及影响。

图1是自20世纪80年代中期起，G7成员国税收和转移支付前收入最高的1%群体的收入差距。也正是在这段时期，日益增长的不平等问题开始受到重视。当然，在这些国家里，美国的收入分配不平等现象最为明显，至少就高收入群体而言是这样。当然，从其他方面来看，尽管美国日益增长的不平等现象已经受到广泛关注，但其他国家仍然在步其后尘。多数发达国家都存在同样的问题。

如果问及美国不平等现象日益增长的原因，可能有人会说，政府制定的政策是罪魁祸首，尤其是小布什总统任职期间出台的减税和缩减为贫困人口提供的社会保障金等政策。但是，如果看看20世纪70年代美国的基尼系数（见图2），则会发现政府制定的政策其实并没有产生直接影响。就任何一年而言，针对市场收入的基尼系数都比考虑到转移支付或税收的其他系数显示出更严重的不平等现象。因为，转移支付主要流入了低收入和中等收入家庭，而考虑到税收系统的层次性，不平行等性会进一步降低，但从长远来看，三类系数的趋势一样。尽管每年都有许多声音在讨论，但并没有任何证据显示收入差距是由市场收入所导致的。目前，政府制定的政策可以施加直接或间接影响，但是我认为关键还得看全球化给市场带来的变化——贸易扩大、技能提升、作业流程得以更新和变革。因此，不平等现象是全球性的问题。

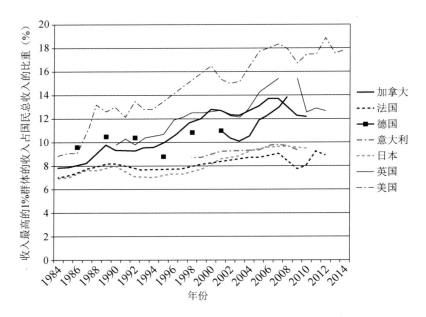

图1 G7成员国税收和转移支付前1%群体的收入差距

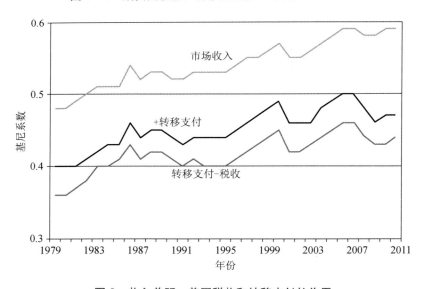

图2 收入差距：美国税收和转移支付的作用

目前，以高收入群体或基尼系数这两大指标来衡量不平等问题是否正确，我们不得而知。我脑海里盘桓着两个问题，这两个问题互相关联。

第一个问题是，要更多地考虑人生的质量。当然这个问题与中国的关联比较大，中国比较关注环境污染及其对生活质量的影响。而在美国，人们的平均寿命一直存在较大差异。图3和图4揭示了美国20世纪30年代出生的一代与60年代出生的一代之间的差异。低收入群体的寿命没有延长的迹象，而高收入群体的寿命则日益延长。对于女性而言，寿命反而呈下降趋势，低收入群体中50岁女性的寿命有所下降（见图4）。美国人存在诸多不健康的生活方式，一些人认为这与市场收入不尽如人意的表现有关，人们的收入预期降低可能导致一些人出现破坏性行为。同时这也说明，谈到不平等现象时，肯定与中国这样的国家有所关联，即使这种关联不如与美国的关联性强。我们确实需要更多衡量人们生活水平的指标，如过往经验、生活质量、寿命、医疗和教育等。如果从美国人50岁的全部收入来看，会发现结果和之前的研究相当吻合，也就是说，收入最高的人群所拥有的财富比很高。对女性而言，这个现象更为显著。寿命的优势可能会逐渐消失，然后收入集中在很小的一部分人群里。

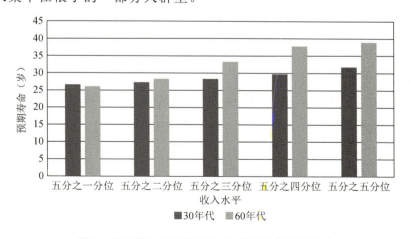

图3　根据收入划分的美国50岁男性的预期寿命
资料来源：NAS（2015）。

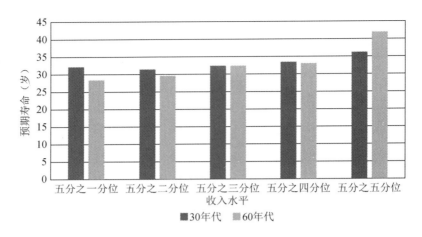

图 4　根据收入划分的美国 50 岁女性的预期寿命
资料来源：NAS（2015）。

第二个问题是，当研究收入时，要分析的不仅仅是年收入。首先，基尼系数所关注的通常不仅仅是收入分布的百分比，其参考的是给定年份中更多方面的因素，以及不同因素的作用。但由此可能忽视周期差异的相关影响，因为这些影响可能在给定年份中并没有显现。其次，给定年份的基尼系数可能会夸大收入不平等现象，因为百分比会出现回落，劳动力终归要进入退休阶段，由此加剧和夸大收入不平等现象。最后，政府制定的政策越来越多地以年龄为基准。以医疗、养老金和教育为例，这些方面对于个人在人生的不同阶段都有所助益。因此，考察特定时间点的个人收入情况或比较国外个人所得税政策（无论政策要求征税还是给予税收优惠），都可能得出错误的结论。实际上，我们更应该关注的是人一生当中的资源分配，包括现在的财富和未来的劳动收入，而不仅仅是现在手中拥有的财富，因为我们要考虑人生的质量。

我刚刚与拉里·科特利科夫（Larry Kotlikoff）、达里尔·凯勒（Darryl Koehler）合作完成了一项研究，并于几个月前发布了研究结果。我们在研究中探讨了以当前收入和终身收入衡量收入差距。研究发现，收入不平等程度或许会让人瞠目结舌。图 5 和图 6 展示的是高收入人群中各部分人群的当前收入,如果纵观一生的收入(从40岁开始),而不是考虑年老后的收入,实际上差异并不明显。另一方面,就政府制定的政策而言,与给定年份收入相比,终身收入对应的政策更积极。其中一个主要原因是,一大部分的转移支出被用于老年人,如果只考虑给定生命时点的公共支出,则会忽略掉这部分。这并不是说,政府制定的政策可以解决所有不平等问题,或者不平等问题并不严重;而是说,在商讨解决方案之前,我们首先需要正确衡量这一差异。此外,我们应当采取更为全面的考察方式,而不仅仅是考虑税前或税后收入。

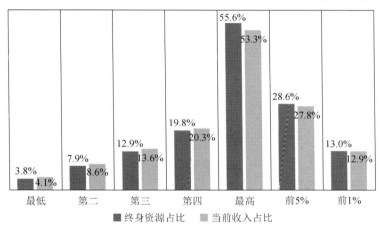

图5　不同资源分位区间下各部分人群的终身资源和当前收入(40—49岁)

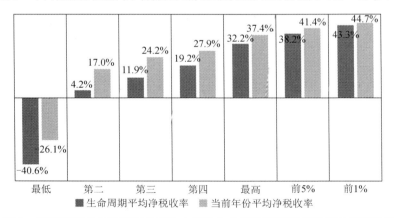

图6　不同资源分位区间下各部分人群的生命周期和当前年份平均净税收率

二、不断加剧的财政压力

目前,我们通常用政府债务的指标衡量政府不断加剧的财务压力。如果不过多考虑市场经济的影响,只从政府层面进行考虑,图7显示了遭受全球金融危机后的几年里,G7成员国的一般政府债务净额。面对全球金融危机,一方面,财政收入下降,另一方面,为应对危机进行财政扩张,导致多数国家的债务与GDP之比显著上升,意大利和日本的债务与GDP之比已经远远高于100%(见图7)。我在研究中使用债务净额是因为其在考察生产总值方面比其他经常使用的参数更有意义。我们还需要再回顾一下常用的衡量标准。我会将这些国家当前及预测得到的2050年的情况作为衡量标准。图8是G7成员国的老年抚养比,两种排名没有显著变化。日本目前及未来30—40年内都是这些国家中老龄化最严重的国家,但是其老年抚养比显著提升。

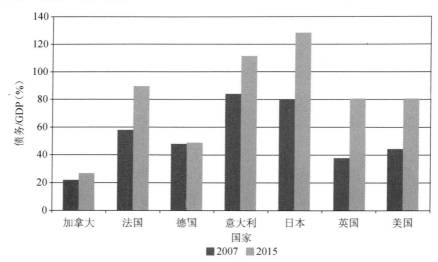

图7 2007年和2015年G7成员国的政府债务与GDP之比
资料来源:国际货币基金组织世界经济展望数据库。

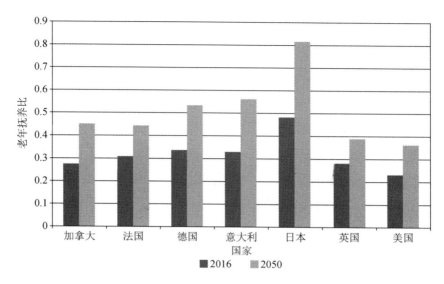

图 8　2016 年和 2050 年 G7 成员国的老年抚养比
资料来源：美国人口普查，国际数据库。

为什么就财政可持续性而言，老年抚养比显得如此重要？因为政府支出是基于不同的年龄层来制定计划的，尤其是老年人。以美国为例，存在三种津贴计划：针对老年人的养老金计划和医疗计划，以及针对贫困人口的医疗计划。在这三项计划中，有两项针对老年人。现在，这三项计划在美国政府财政预算中约占 50%，如果不考虑偿还债务的话，其比例将超过 50%，而且该比例还在上升。越来越多的人在谈论政府政策，询问政府的财政预算，对此他们应该关注针对老年人的各项计划，即使这些计划在财政预算中的比例没有上升，也应当看到老年抚养比的上升。随着老年抚养比的上升，这些计划即使在财政预算中的比例保持不变，政府面临的压力也将增加。

应当如何概括财政可持续性的问题？显然，不能只看现有债务、当前赤字或原始赤字，因为这些参数无法体现人口变化造成的影响。多年来我一直采用的方法是：通过计算财政缺口，考虑所能预测的变化及其在 GDP 中所占的比例，来得出为在合理的时间段内实现目标债务与 GDP 之比，每年原始赤字需下降的比例。该财政缺口取决于三种债务：第一个是历史赤字，国债是截至当天的赤字总和。第二个是当前赤字，在政策不变的情况下，如果人口因素或其他经济因素未发生导致赤字上升或下降的变化，那么无论当前赤字情况如何，都体现了政策对政府预算所造成的影响。第三个是未来赤字，这里的未来赤字是指根据经济和人口情况的改变，赤字自动发生的变化。财政缺口是一个会计衡量指数，旨在反映政府的长期预算状况。我在 1994 年首次提出，并在许多后续的分析中被运用。财政缺口衡量了暂时或长期的税收数量以及非利息开支的减少额度。财政缺口的计算需要知道国家未来盈余现值和当前的债务现值，其中主要盈余是收入和非利息开支之间的差值。相应地，长期来看，债务与 GDP 之比和当前保值不变。

在此，我特别关注的是可以准确预测的人口老龄化情况，以及为老年人提供的配套项目的变化，尤其是比重不断增加的医疗项目支出。美国 GDP 中医疗支出所占比例一直在上升，其他国家也一样，即使是采取人口控制措施的国家也是如此，这种趋势的持续会给财政预算带来压力。如今，如果需要进行假设，那么需要先用到预测数据，在这里我选用国际货币基金组织的预测。我从 2016 年开始计算，设定 60% 的债务与 GDP 之比的目标，并对政府的长期实际利率和增长率作出合理假设。结果表明，除意大利外，这些国家都不得不面临巨大的财政缺口。意大利的情况令人意外，因为其对养老金进行了彻底的改革，而日本、英国和美国等国的财政缺口极大（见图9）。这些就是目前债务与 GDP 之比的部分内容，考虑到美国的债务与 GDP 之比高于日本，则显然债务与 GDP 之比不是唯一的影响因素。

如果不考虑债务与 GDP 之比，财政缺口还剩多少？事实上，对于日本、英国等国，甚至是加拿大和美国而言，剩下的还挺多。即使还清债务，也无法解决长期的财政问题，在许多情况下，甚至不会起到明显的作用。因为，财政问题还与基本赤字、人口和经济因素引起的基本赤字增长密切相关。剔除人口和经济因素的过度增长，许多国家的财政缺口将会消失或极度缩减，除日本和美国之外，这两个国家的财政缺口在短期内将继续存在。这就说明，财政缺口是由多方面引起的，只看债务与GDP之比，甚至只考虑短期赤字，都过于片面。这些问题仍然十分严重。

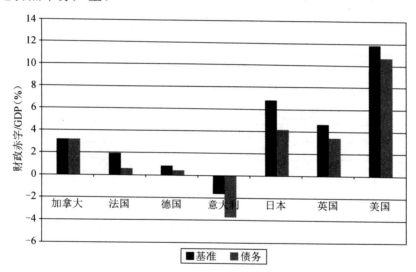

图9 到2060年G7成员国的财政赤字占GDP的比重

三、国际流动时代的税收改革

面对这些挑战，我们该如何应对？按照逻辑，当然是改变政策，开源节流。既然担心存在不平等，那么就增加财政收入，逐步减少支出。在税收政策方面，政府一直以来都侧重于对资本收入及财富征税，因为资本收入和财富更加集中于收入分配的顶端。这意味着，想要逐渐增加财政收入，除非有其他根本性的经济变化，否则很难有更好的方法。而这种经济变动与全球化有关，会加剧税收竞争。

图 10 是 G7 成员国过去 35 年的企业所得税税率，可以看到，随着不平等现象的加剧，企业所得税税率却在下降。这两者间当然没有因果联系，但可能都与第三者间存在联系，通常指的第三个因素是不断加深的全球化。近年来，企业分布及利润的竞争愈演愈烈，这表明提高税率（如企业所得税税率）不是明智之举。

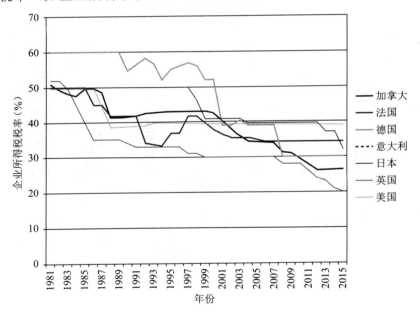

图 10　G7 成员国的企业所得税税率（1981—2015）
资料来源：OECD 税收数据库。

我们该采取什么措施？如果征收资本税，而目前的税收竞争在不断加剧，那么似乎只有改变我们的做事方式，才能解决问题。我将谈谈两大措施：其一是在全球范围内征收财富税。托马斯·皮凯蒂

（Thomas Piketty）多年前出版的一本书给了我这一启发。该项措施超出了经济学的范畴，但同时又在经济学领域引发了讨论。毕竟，这是一个全球性问题，许多国家正面临财富分布的不平等问题。为什么不在全球范围内征收相应的企业财富税？这会导致两方面的问题。

首先，财富的衡量和追踪极具挑战，需要国际协调和合作。最近，发生了"巴拿马文件"泄密事件，揭露了富人避税的问题，类似事件屡见不鲜。尽管有很多方式可以处理这一问题，但是我仍然认为这个问题比较棘手，假如我们提高财富税税率，这种问题可能变得更加难以解决。如果提高财富税和资本利得税的税率，将产生极大影响，这是依靠资本积累的经济体要重点考虑的问题。

其次，还有一种替代措施，即征收消费税，我近几年也越来越倾向于使用该措施，尽管最初看来这并非良策，但它有利于执行，因为衡量消费比单纯衡量资本收入更容易，当然这并不是说无法规避消费税。事实上，消费税也有避税途径。因此，我并不是指征收消费税能解决所有问题，但我认为这种方法所带来的问题比起征收资本利得税和财富税所带来的问题要少很多。征收消费税可以增加收入，但并不会抑制储蓄，因为储蓄是不征税的。全球许多国家极度依赖增值税，中国也引入了增值税并推广。当然，许多人反对征收增值税或扩大其征收范围，因为考虑其对累进税制的影响。当然，征收消费税并不会加剧不平等现象。但消费税也可作为累进税，其包含一系列针对消费的税项，不过比增值税的累进程度更深。这类征税方式通常还没有被采用，但确实是一项可采用的措施。我特别要提到的一点是，可以借助这类税项推动企业所得税改革。

我之前已经谈到，继续提高企业所得税税率比较困难，因为当前企业所得税制度中的税收收入之间存在激烈的竞争。不过，这个问题主要在于企业所得税的征收方式，具体而言，在于如何确定企业收益。目前，资本流动性更强，跨国公司更为活跃，所有国家的企业利润更多地来自无形资产。这部分资产是很难追溯的。所谓的无形资产到底指什么？无形资产无处不在，所以要确定像苹果公司这类公司的无形资产就越来越困难，因为无形资产的界定模糊不清。就当下环境而言，尝试征收企业所得税将愈发困难，这也是各国下调企业所得税税率的原因。英国近年来下调了企业所得税税率，宣布企业所得税税率将低于 20%。当前环境下，他们还将继续下调。不过，也不一定要遵守这种规则。继续向企业征收基于目的地的企业所得税，就像多数国家征收增值税的方式一样，根据销售所在地而非收益所在地征税，这就解决了传统方式征收企业所得税时面临的收入转移和资本流动等所有问题。

除了排除收入的转移、避免税收竞争以外，这种征税方式的一个突出优势在于，各个国家都能独立施行，无须进行国际合作。因为这与各个国家的自身利益相关，当一个国家施行这种方式后，其他国家也会跟着效仿。这种征税方式能鼓励国内进行投资和生产，因为不再针对其他国家的投资和生产进行征税。

我对此抱有乐观态度，并认为其他国家也对此颇感兴趣。在讨论有关新的政策建议时，人们通常会问学院派经济学家："如果这种方法可行，那么为什么没人愿意尝试呢？"其实，各个国家是以间接的方式增加对基于其他消费的征税，下调针对其他方面的征税，而非针对企业收入的征税，不过，他们不会像我所建议的那样直接调整税收。在法律法规层面，例如，已经有人质疑这种企业所得税改革方式是否符合世界贸易组织（WTO）规则？为什么？因为 WTO 规则是由人制定的，而制定者不一定了解经济学，不一定了解特定背景下特定时间段内的经济情况，不一定了解替代方案。

所以，我要谈论的是长远的问题，而非短期的问题。这些问题之所以是长远问题，并非由于它们本身无法适用于当前情况，而是由于目前的确有诸多法律和协议方面的限制需要克服。但是我认为，这是未来税收政策的发展方向。

当各个国家（包括中国）明白如何在增加财政收入的同时，不加剧不平等现象，同时考虑到不断扩张的全球化趋势及跨国企业的崛起时，我认为，这是唯一的解决方向。这是符合逻辑的说法，并非只关注短期政策或政策改革，如何施行这些政策则是更大的挑战。不过，我们千万不要有这样的想法：未来几年甚至几十年的政策变化就是我们唯一的前进方向。

中央银行是否权力过大？

查尔斯·维普洛斯（Charles Wyplosz）

日内瓦研究院国际经济学教授，货币及银行学国际中心主任

20年前，除专业人士外，没有人认识中央银行行长。但现在，大家经常在新闻媒体上看到各大中央银行行长的照片，这些行长们名气很大，给人的感觉是他们已经独揽大权，于是在某些国家出现了抵制中央银行的情况。显然，自从金融危机爆发以来的近十年间，中央银行已经开创了新的局面。

一方面，政府大幅地降低利率，利率已经下降至0，某些国家甚至出现负利率（见图1），这对人们的日常生活造成了影响。新的世界秩序发生了剧烈的变化，对经济生活的诸多方面产生了巨大影响。

图2列出了中央银行的储备金的波动情况，我们现在考虑的是货币基础，这个指数在2006年6月初为100，可以看到，中央银行的资

产负债表快速膨胀，已经翻了 2—5 倍。如今，该数据极为庞大，也已经与之前有所不同。

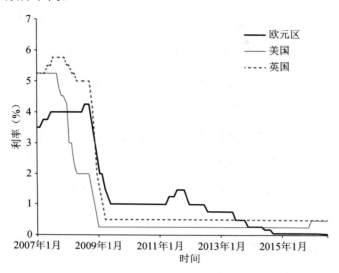

图 1　政府利率

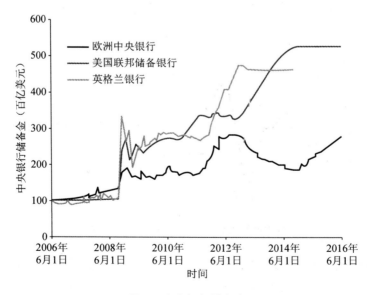

图 2　中央银行储备金

现在看来，过去十年采取的措施取得了显著成效，并不是毫无用处。首先，避免陷入大萧条。2008年爆发的金融危机在很多方面可以与1929年华尔街股市崩溃引发的大萧条相提并论，1929年华尔街股市崩溃导致了多年的经济衰退、大面积失业以及严重的政治危机。令人欣慰的是，2008年爆发金融危机后，我们只经历了一年的萧条，至少就全球整体而言是这样的。

图3显示了2007—2014年世界实际GDP与贸易量的增长率，全球GDP的增长率只有一年呈负增长态势，世界贸易经历了全盘崩溃，随后又触底反弹。因此，2008年金融危机对过往的经历而言，是个大的冲击，但至少就全球而言，一年或者最多两年之内，这次衰退就得以消解。虽然经济衰退还没有彻底过去，其余波还未很好地消除，我们仍需努力摆脱衰退的影响，但就整体而言，经济恢复能在如此短的时间内取得如此成效，从经济学角度来看是一项巨大成功。

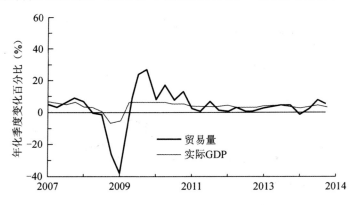

图3 世界实际GDP、贸易量年化季度变化百分比

金融危机爆发以来的十年间，发生了许多其他事情。货币战争论甚嚣尘上，但货币战争并没有真正发生。汇率当然也有所变动，但与

20 世纪 30 年代的大萧条相比，并没有陷入太大的失序状态。20 世纪 30 年代，各个贸易崩溃的国家发生了极其剧烈的变化，采取了仓促的应对措施。如今，我的研究贸易学的同事们担忧贸易是否已经放缓到了预期的严重程度，也担忧各国的贸易保护趋势。他们有权担忧，但至少目前而言，大萧条还没发生。其中一个原因是，汇率保持稳健，并受到严格管控，这部分归功于中央银行间的广泛合作。自从 2008 年金融危机爆发以来，各央行频繁会晤，确保信息对称，避免采取错误或危险的应对措施。与 20 世纪 30 年代的大萧条相比，这是我们取得的成就。

当然，金融危机意味着多个国家的多家银行崩溃，尤其是大型银行的崩溃。而我们看到的是什么？我们看到银行已经脱离了险境。金融危机爆发前，银行总是强调它们不是最终贷款人。但我们可以看看中央银行，再看看缓慢的进展，事实上，它们真的是最终贷款人，这种情况就是所谓的杯水车薪，不是中央银行的问题，而是贸易已经崩溃。与政府相比，中央银行频繁采取措施，积极应对。出于不同的原因，各个国家的中央银行都或多或少地与政府协调，至少中央银行出面了。总之，中央银行最终涉足了更多新的领域，这与其在金融危机以前的职责与理念有所不同。

金融危机爆发前，中央银行公开否认它们负责金融系统的稳定。现在，无论中央银行是否愿意，它们已经接受了这一职责，并被赋予此前不具有的权力，最明显的表现就是宏观审慎监管。各个国家之间的情况存在较大差异，但无论中央银行是否直接控制金融稳定，它们都发挥着较大的影响力。对银行的微观审慎监管同样发生了重大的变化，中央银行很少对其进行控制，但是也并未对其完全放手不管。新监管规则的大部分内容已经在瑞士的巴塞尔委员会上敲定，该委员会以各国中央银行官员和银行监管当局为代表，包括国际清算银行（BIS）和各类权力委员会。这些中央银行家正是未来公共领域监管措施的制定者。大量的活动和措施取得了显著的成效，但是问题在于，它们采取的措施是否达到了预期？

目前为止，我都在谈论输入，接下来我想谈谈输出。一个明显的事实是，全球经济复苏缓慢，即便是复苏较快的国家，也还没有回到金融危机前的经济增长水平。许多国家的银行体系仍然存在问题。2015年年底，意大利银行出现了重组热潮，意大利银行过去很坚挺，但是如今却在走下坡路。没有正确地清理存在问题的商业银行正是许多国家面临的困境之一。

中央银行本应借助宏观审慎监管措施来应对金融资产泡沫，然而，这一情况之前并没有先例，只有瑞士曾经采取过相应措施，还被民众广泛质疑他们能否胜任此举。

现在，银行对中央银行采取的针对银行体系的措施抱怨不断，抱怨中央银行的监管手段过于强硬，抱怨过低的利率，尤其是负利率问题。中央银行职权所在的银行体系已经发出了不快的信号，甚至在中央银行内部也存在不满情绪。事实上，相关措施已经获得成功，避免了大萧条和银行系统的持续崩溃。如今，金融危机最严重的阶段已经过去，我们只需应对金融危机的余波，新的机构正在快速成长，同时也面临着谴责和质疑。

问题来了，中央银行能否履行其新增的职责？我将逐一讨论上述问题。第一，增长率是否令人失望？关于该问题的文献日益增多。第一种观点是，这是剧烈的金融危机后正常的余波。第二种观点是，我们已经进入长期经济停滞的时代，中央银行对此也无计可施。第三种观点是，这些新的非标准货币政策并没有取得预期成效，它们的作用被过度夸大。第四种观点是，政府消极应对，这才是问题所在。事实上，这四种观点并非独立存在，可能兼而有之。同时，没有哪种观点得到完全的印证。我不想谈论长期经济停滞，这是个宏大的命题，相信大家都听过类似的阐述。我对此表示怀疑，先暂时搁置不谈。

现在来谈金融危机的余波，经济形势并没有根本好转，这是正常现象。与金融危机相关的著述可谓汗牛充栋，目前就后经济危机的形势已达成广泛共识：经济恢复较为缓慢。经验分析表明，一次金融危机通常需要 8—10 年才能彻底消解。如果将标准差考虑在内，则可能需要 6—14 年才能彻底复苏。由此，金融危机对各受害国的冲击并不令人吃惊。一些文章表明，金融危机过后，往往会遗留巨大的债务问题，这些债务需要多年才能偿还，这也是背负沉重债务的企业、个人和政府复苏乏力的原因。地方政府可以利用去杠杆的措施应对债务危机，但在此过程中，它们并没有扮演积极的角色。

类似地，金融危机也会给银行体系遗留巨额的不良债务，而银行为此买单通常都需要时间，除非能迅速清理不良债务。还有一些文献和经验分析表明，GDP 的增长潜力已经永久性地下降，因此很难重返之前强劲的增长轨道。

对于增长率而言，达成的共识较少，图 4 是经济合作与发展组织（OECD）针对美国、英国、欧元区和加拿大的一项研究，上半部分是美国和英国，下半部分则是欧元区和加拿大。如图 4 所示，各国的 GDP 呈现了一次性下跌。GDP 一次性下跌之后都在缓慢恢复，但潜在 GDP 已经永远不可能回到之前的状态了。问题是，在此之后，各国是否能回到之前的增长趋势？文献没有给出答复，原因在于结果差异较大。图 4（a）是美国的情况，可以看到实际 GDP 曲线紧跟着下方曲线，表明增长率即将恢复到之前的水平。有些国家增长率略低，但低得不多。至少目前来看，谈论 6—7 年后的长远情况，还为时过早。但是，显然经济不会回到之前的增长态势。图 4（c）是欧元区的情况，目前经济还未恢复增长，呈波动状态，但是并没有上升的迹象。因此，不清楚是否会回到最初的强势增长率。

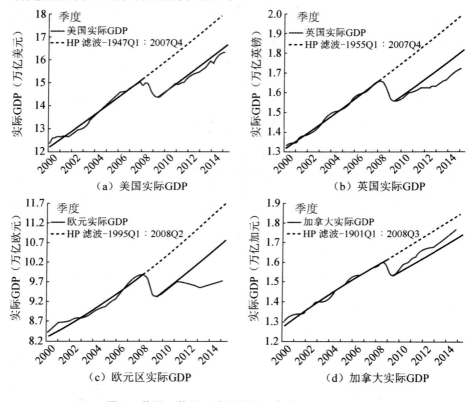

图 4　美国、英国、欧元区和加拿大 2000—2014

这篇关于金融危机的文献传达了两方面的信息：首先，金融危机剧烈爆发时，财政和货币政策均起到作用。政府在危机时出面解决问题，取得了如今所见的成效，即 GDP 经历短暂下降后，能恢复增长。

其次，浮动汇率十分重要。金融危机后，采用固定汇率制的国家步履维艰，其恢复时间更长，过程更艰辛。如今，这是对各国而言的重要启示，尤其是彼此间不存在汇率问题的欧元区国家而言，亦是如此，这也是此前提到的欧元区经济没有上升迹象的部分原因。

根据这些结论和经验，我们能看到什么？可以看到，我之前提到的扩张的货币政策，接下来我将谈论这个问题。事实上，政府所采取的财政政策十分有限。20国集团（G20）峰会已经决定在G20成员国内部，甚至全球进行财政扩张，中国已经开始进行强有力的财政扩张。

我将再次列举这些国家——美国、英国和欧元区国家。我展示的是结构性基本赤字的改变，采用的是标准衡量方法。事实上，不存在完美的财政政策衡量标准，财政政策措施是标准措施。如图5所示，下降表示财政赤字的增加，意味着实施扩张性财政政策；往上超过零，则意味着采取紧缩性财政政策。可以看到，各个国家财政扩张的政策力度不同，但是过去6年，衰退一旦恢复，该情况就得以好转，如今我们采取的是紧缩性财政政策。近来，此类财政政策已经趋于中立。因此，我们现在的情况是，经济缓慢复苏后重启紧缩性财政政策，但经济尚未实现令人满意的增长率，对此政府不会采取也不打算采取任何措施加快经济复苏。这就意味着，中央银行成为唯一关心低增长率的部门。如前面所述，银行系统没有彻底清理债务。这便提出一个问题：半重组的银行体系是否打破了货币政策,增加了央行的货币供给？伴随着这个传导链，会发生些什么？是否已经发生？比如，大幅下调利率，加大货币供应量（至少美联储如此）。问题在于，随着银行转型的进行，相关政策是否发生变化？

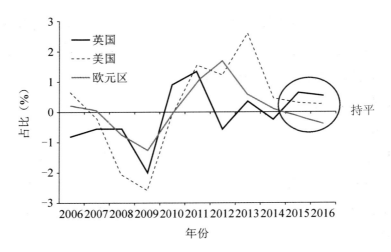

图 5　各国基本预算赤字的结构性改变（占 GDP 比重）

图 6 展示了英美等国货币基数的上升情况。美国的货币基数已经翻了 5 倍，英国也翻了 5 倍。从图 7 中可以看到各国的银行借贷情况，竖直的线表示 2008 年的情况，与起初的情况形成对比。对于过去的黄金年代的货币政策，我们称之为货币乘数的工具，很容易看到，如果货币基数增加 1，则根据乘数的不同，货币总额将增加相应额度。这只是规则，可以应用于更广泛的领域。如果货币乘数固定，则在竖线右侧，可以看到相同的增长率。从图 7 左边，可以看到银行贷款已经翻了 3—5 倍，而从右边，可以看到，除了美国的银行借贷略有增长外，其他国家的银行借贷基本没有呈现相应的增长。日本的银行信贷似乎也稍有变化，但只是十分微小的变化。可见，银行对货币基数的上升几乎没有任何反应。因此，货币乘数基本消失了，中央银行利用货币刺激经济，继而增加信贷以恢复增长的策略，并没有奏效。尤其在欧元区和英国，银行的货币刺激策略没有奏效，因此大多数人怀疑这些国家尚未完成银行清查。

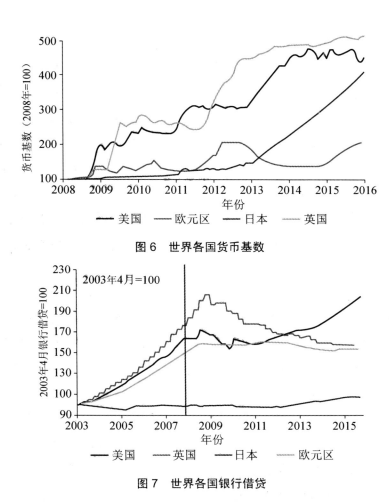

图6 世界各国货币基数

图7 世界各国银行借贷

由于扩张渠道没有发挥作用，这些特殊的扩张性货币政策并没有真正扩张。就其影响而言，日本施行的扩张政策所起的作用也让人失望。这就意味着，中央银行具有极大的权力，如果想创造货币基础，就可以创造，并且已经通过乘数因子完成创造。但这对真正关键的银行信贷所起的作用微乎其微。为何会形成这样的局面？简而言之，是由于无法恢复银行信贷，中央银行的权力有所削减。中央银行本可以在发生金融危机之前，将信贷适当增长或降低，显然，此后它们便无法进行这样的干预了。

面对令人失望的增长率、萎靡的增长形势，我们并不感到惊讶。中央银行已经尽了全力，只是还没有实现预期目标。简而言之，为什么大家对中央银行提出各种质疑？因为宏观审慎监管工具通常掌握在中央银行手中，但目前各国并未实际采用这类工具。据我所知，唯一使用这一工具的国家，就是我的祖国——瑞士。我们取得了一些成功，但是只是有限的尝试。因此存在各种质疑，质疑宏观审慎监管措施的方方面面，质疑其检测泡沫的能力，质疑其不受党派左右做出正确决定的能力。因此，中央银行拥有新的权力，但是许多人担心它们是否有能力或有意愿施行这些权力。

再说说宏观审慎监管。2007—2008年爆发金融危机的原因之一在于，多数国家的银行、监管机构没有履行好其职责，导致银行陷入非常危险的境地，铤而走险。这场金融危机的一个后果在于，许多国家的银行监管、监督职责更集中于中央银行。这并非传统中央银行的定位，更像是公共政策措施，因为它对居民、所有人或银行股东、债权人的收入或财富具有极大的影响。那通常是政府的职责，是公共政策的职责。中央银行向这个方向转变十分危险。如今银行对中央银行的抵制开始显现，银行体系谴责中央银行监管政策过于激进。银行体系称，目前无法刺激信贷是因为还处于从金融危机的余波的恢复中。如果央行推行过度的监管政策，实际上会损害银行体系的着陆能力。

最后，中央银行已经进行过大胆创新，尤其重要的是，在努力收拾政府留下的烂摊子。政府避开了某些传统职责，财政政策疲软，而监管方、银行和政府在尝试将责任推给中央银行。由于政府没有彻底地履行其职责，中央银行已经承担起比过往更多的责任。这是个危险的信号。中央银行具有极大的权力，但这些权力超出了正常的职责范围，因此它们在未来几年仍有可能受到质疑。

中国再平衡：企业债务方面的国际经验

戴维·利普顿（David Lipton）

国际货币基金组织第一副总裁

金融市场震荡使许多中国人开始质疑中国未来发展道路的确定性。现在，有人提出疑问，再平衡能够带来什么，以及企业债务高和金融部门疲弱等问题是否会改变中国"新常态"的轨迹。

中国面临的挑战是可控的，但再平衡需要采取一系列行动，不仅要为新来者让路，同时也需要对一切过时和过度开发的东西进行顺利缩减。如果中国要沿着理想的路径往前走，避免走危险的弯路，就需要及时做这些工作。我们在回顾经济转型历史或者全球金融危机的余波时都能发现，采取大胆和果断的行动能得到回报，而犯错则会受到惩罚。

今天，我建议围绕三个主题来依次讨论债务问题：第一，介绍国际货币基金组织对中国经济再平衡工作的看法；第二，概述债务问题的规模;第三,借鉴国际经验,分析解决企业债务问题的一些策略。

我在这里主要是提供一些国际货币基金组织的视角,国际货币基金组织曾经为那些在发展中面临可能与中国相似的问题的其他国家提出过一些政策建议,这些政策已被证明是有效的。但我同时也承认,中国的情况是独一无二的,其再平衡工作的量级和利害关系是前所未有的。

再平衡问题对中国的未来以及世界经济都至关重要。我们在过去20年里不止一次地认识到,一国的经济和市场混乱将对全世界产生影响,如2015年中国市场的突然动荡就产生了重大的溢出效应。问题的关键是,关于可持续发展的任何讨论都必须考虑到一个系统重要性经济体的脆弱性,以及纠正这些脆弱性所需的措施。

一、对再平衡进行评估

我先讲一下经济再平衡工作,它是中国推进发展的蓝图即第十三个五年规划的核心。该战略基于的认识是,中国经济需要再平衡。这些工作目前的进展如何?

不管以何种标准衡量,中国的经济增长依然强劲,或许唯一的例外是其低于中国过去25年里的增长水平。中国仅2015年的经济增量就相当于一个中等规模欧洲国家(如瑞典)的国内生产总值(GDP)。

因此,在这个变革的时代,保持正确的看问题的视角是很重要的。

中国在对外方面做出了实质性的调整。经常账户顺差已经从2007年占GDP的10%这个高峰下降至近年来的约2%—3%,净出口对经济增长的贡献一直在0上下波动,而过去它一直是增长的主要驱动力。2015年的资本大量外流有所放缓,实际汇率一直保持基本稳定。关于中国取得进展的一个衡量标准是,在确定人民币为可自由兑换的货币之后,国际货币基金组织 2015 年决定将人民币纳入特别提款权(SDR)货币篮子。

与此同时,中国的国内经济再平衡结果则喜忧参半。中国在将经济从投资向消费转型方面有所进展,消费在 2015 年对经济增长贡献了三分之二。与过去相比,中国经济增长对重工业和出口的依赖程度降低,而更多地由用于家庭消费的服务和制造业所推动。这些都是重要的变化。

但中国在企业债务及重组方面的进展非常有限,政府正在推出一项国有企业改革计划,并宣布了煤炭和钢铁行业去产能的目标。但是,随着 2015 年和 2016 年年初信贷规模的迅速增加以及投资率的居高不下,这个问题正变得日益严峻。这是中国经济的一个主要薄弱环节。中国当然有能力解决这个问题,而且重要的是中国要快速解决它,问题是如何才能做到最好。

二、中国的债务问题

为了更好地认识这个问题,让我们仔细分析一下中国的债务状况。总体而言,中国的债务总额相当于 GDP 的 225% 左右。其中,政府债务约占 GDP 的 40%,同时家庭债务约占 40%。按照国际标准来看,这两者都不是特别高。而企业债务问题则是另一番景象——约占 GDP 的 145%,不管以何种标准来衡量都非常高。

根据国际货币基金组织的计算,中国的国有企业债务约占企业债务的 55%,这个比例远远高于其占经济产出的比例(22%),这些企业的盈利能力也远远不及私营企业。在经济增长放缓的背景下,盈利下降,加上债务上升,严重削弱了国有企业在支付供应商货款以及偿还贷款方面的能力。银行持有的不良贷款越来越多,2015年的信贷热潮又进一步加重了这个问题。很多国有企业基本上已经是奄奄一息。

国际货币基金组织最新发布的《全球金融稳定报告》估计,中国银行业的企业贷款的潜在损失可能相当于 GDP 的 7%左右。这还只是一个基于不良贷款回收率的某些假设的保守估计,其中还不包括暴露出来的"影子银行"体系的潜在问题。

三、国际经验教训

尽管中国在许多方面是独一无二的,但它并不是第一个经历企业债务困难的国家。事实上,在发达国家、转型国家和新兴国家都有一系列国际经验教训可供借鉴。这些经验教训可以总结为以下三点:

第一,迅速采取有效行动,否则问题只会恶化。今天的企业债务问题可能成为明日的系统性债务问题。系统性债务问题可能会导致经济增长进一步放缓,或者出现银行业危机,或者两者都出现。

第二,在采取行动时,确保同时应对债权人和债务人。有些国家刚刚将不良贷款从银行资产负债表上移除,并对银行进行了资本重组,银行变得资本不足。其他一些国家则缩减企业规模,或允许其破产,企业变得无利可图。这两个问题最好都能得到解决。

第三,在修复企业和银行的资产负债表时,需要解决企业和银行部门最初产生企业负债的治理问题。否则,缩小债务泡沫只会带来暂时的效果。如果不必要的借贷死灰复燃,那么新的债务泡沫肯定会被重新吹大。

下面将对以上三点进行深入解读:

第一个教训是快速行动，中国正日益认识到这一点。政府显然已认识到必须解决这个问题。在《人民日报》最近发表的一次访谈《七问供给侧结构性改革》中，权威人士强调要解决"僵尸企业"和"债务积压"的问题。

华融资产管理公司负责人曾一针见血地指出，政策方面的当务之急是立即对债务问题采取行动："不良贷款就像冰激凌筒。如果你不处理它们，它们就会在你手里化掉，让你没有什么可以拿来卖。"

第二个教训是应对债权人和债务人的问题，这无法快速做到，因为它要求采取若干筹备性步骤。最近的危机表明，我们通常所说的"强化框架"十分重要，它由政府主导，但依赖于专业人士的技术专长来进行评估和调解。换言之，这个过程必须由商业判断而不是政治主张所主导。

一个企业破产框架应能促进有生存能力的企业的复原和没有生存能力的企业的快速破产清算，这要视不同公司的具体情况而定。企业重组需要一个执行机制，使债权人能够以可预见的、公平和透明的方式强制执行其债权。这可能会要求同时运用"胡萝卜加大棒"来强制执行支付纪律。同时，银行在确认损失方面必须始终谨慎，并确保自己具有足够的损失吸收能力。

在1997—1998年的亚洲金融危机之后，该地区国家普遍采用了这种强化的破产解决框架形式。例如，印度尼西亚、韩国、马来西亚和泰国均采用了这种制度框架。政府对重组进程提供了一些支持，但破产处置主要是在法庭之外进行的。

韩国是一个有趣的例子。主导韩国经济的一些财阀的控股股东因法院监督下的和庭外的重组而失去了权利。它们并没有破产，但是其从自己的银行大量借款的能力受到限制。

在一些国家，债务—股权转换发挥了一定的作用。通过将债务转成股权，使企业的财务结构去杠杆化，银行的债权得到了相应的重新调整。但只有当满足两个条件时，这种方法才有效。首先，银行需要能够主张债权人权利并进行分类，区分需要重组或关闭的没有生存能力的企业。否则，新的股权将没有价值。其次，银行需要具备能力管理其股权并维护股东权利，或者有能力将股权出售给能够维护权利的投资者。

一些国家还无法做到这一点。更广泛而言，银行没有动力去维护其作为债权人的权利并对重组施压，原因或者是互相持股、利益冲突，或者是政治因素。在这种情况下，政府不得不介入，并迅速采取行动。在某些情况下，例如在印度尼西亚，情况恶化到了银行自身不得不进入资本重组程序的地步。

近期欧洲的危机使现有的破产机制经受了巨大压力，导致政府需要采取行动并实施法律改革。在大多数情况下，由于《欧盟竞争法》的约束，政府的直接作用较为有限。许多国家（如意大利、西班牙和葡萄牙）的做法是通过鼓励庭外债务重组，尽量减少司法干预。

关于重组还需要指出一点：许多危机救助都引入了公共资产管理公司，包括东欧的一些转型国家。中国从早前努力解决不良贷款的过程中就熟悉了这个机制。需要记住的是，资产管理公司不应该是不良贷款的仓库，它必须被视为能使有需要的企业进行重组的训练房。这可以来自资产管理公司采取行动或者将资产出售给迫切要求进行重组的新所有人。

这些过程可能会比较缓慢，因为建立适当的资产估值体系、在冷清的市场出售资产都是十分艰难的，并且，重组可能会遇到一些社会和政治压力。为了解决这些问题，必须制定基于商业原则的、强有力的制度安排。

第三个教训是治理。我要引用哲学家乔治·桑塔亚纳（George Santayana）那句话："忘记过去的人，必将重蹈覆辙。"换言之，如果一个国家不把治理问题作为债务问题的核心解决掉，那么这个问题将不可避免地重演。

我们看看中国的经验。在21世纪初，政府免除了各大银行遗留下来的国有企业的不良贷款。但是，今天我们又一次在谈论国有企业债务所带来的威胁。因此，一旦问题得到解决，必须采取措施以确保它不会在未来重新出现。尽管解决问题很难，但它总是比之后的问题容易解决一些。部分原因是，一旦危机有所缓和，改革起来就更加困难。

在这方面，二十国集团（G20）的例子值得深思。2009年，在全球金融危机最严重的时候，政策制定者们面临巨大的压力，不得不采取行动。在那年春天举行的二十国集团伦敦峰会上，各国首脑采取了重要举措，力挽狂澜，包括：同意对世界经济实施大规模刺激计划，为国际货币基金组织增资，并且商定增强国家层面和全球层面的金融市场监督措施。但是，还需要改进治理，实施具体的金融改革，预防危机再次出现。这需要做更多工作，也需要花费更多时间来完成，但这是必需的。在美国，《多德-弗兰克法案》帮助加强了政府对金融机构的监督。在欧洲，建立银行业联盟的主要步骤在稳步推进，尽管在加强银行监管方面仍有很多工作有待完成。而国际货币基金组织和金融稳定委员会则在自己的领域内将各国汇集到一起，帮助维护全球金融体系。

中国在过去几十年里的改革是彻底和广泛的。但这些改革更多的是放开了经济活动，形成了市场和自由竞争，而没有对借款人实施纪律和严厉的预算约束。简言之，需要加强治理。如果中国要避免再次出现"信贷增长—负债沉重—企业重组"的循环，需要吸取的经验教训就是要改善企业治理。

治理当然必须建立在强有力的法律框架基础之上，即依据这类法规，能建立有效的破产和执行制度，形成支付纪律。但是改善治理还需要出台旨在加强对个人贷款层面风险进行适当评估和定价的监管政策。治理还意味着稳健的核算、贷款分类、贷款损失准备金计提以及披露规则。改善治理还意味着要建设一个能避免道德风险的系统。

但是，治理不仅仅是一个书本上的法律问题，它还涉及法律的贯彻执行。它需要营造公正性，以超越特殊利益和关系。它致力于从苗头上解决制度中的漏洞，而不是等到危机出现再来修补。它涉及加强企业治理结构建设，特别是加强股东的权利并将公开披露作为优先事项。所有这些因素都能保护债权人，也能保护债务人，并确保金融系统的齿轮顺利运转。

在包含国有企业的制度中，适当的治理应能使这些企业量入为出，不再需要政府补贴，措施包括执行严厉的预算约束。波兰和其他中欧国家在20世纪90年代向市场经济转型的过程中正是这么做的。这是一种有效的方法，创造了令人印象深刻的经济成功的例子。

随着重组进程的推进，将所有国有企业归为一谈或许过于简单。相反，必须区分经营有方和经营不善的企业。债务可以帮助运作良好的企业。因此，必须知道：企业将债务用在什么地方，是掩盖损失还是扩大产能？它们对影子银行产品的风险暴露情况如何？

这些问题是任何国家在进行艰难的重组决定时所必须解决的。这些决定必须依据确凿的事实和适当的分析，而这些分析通常只能由在估值和债务重组方面具有经验的独立专家提供。

这些问题也具有重要的社会影响。企业重组会影响员工及其家人的生活。因此，必须确保相关政策落实到位，以减轻重组带来的影响。在中国，"铁饭碗"日子已经一去不复返，但政府仍然有义务确保饭碗是满的。从这个方面说，必须指出，政府已经建立了 1000 亿元人民币的重组基金，用于吸收预计约 180 万受影响者的预期福利损失。

最后一点：让一家更强大的企业兼并一家弱小国有企业的诱惑一直存在。但是，如果只是让经营良好的企业当"有钱的叔叔"（用自己的利润去补贴其他企业的损失），那么这个问题并没有得到解决。这样做只是在破坏经营良好企业的盈利能力，并剥夺其他经济主体原本可以更好地利用资源的机会。这类并购战略若要发挥作用，强有力的国有企业必须有权力对亏损企业进行重组，否则，有时候让企业破产可能是最好的选择。

综上所述，中国面临着非同寻常的挑战。中国的经济增速放缓，但其速度仍然是任何发达国家所羡慕的。尽管如此，企业债务问题仍然是一个严重且不断恶化的问题，必须立即加以解决，并承诺实施重大的改革。

我今天想说的是，全球经济在企业重组方面有丰富的经验，国际货币基金组织也具有这方面的经验。我们有各种情形下总结得出的专业知识，包括从国有企业为主导向市场经济转型的经验。现在的问题是，在避免重蹈覆辙、实施能够重振经济增长的改革方面，国家是否已经做好了足够准备。

在过去的几十年里，中国已经展现出了出色的适应和变化能力。我们完全有理由相信，中国能够完成这个转型，确保中国经济的"新常态"是一种惠及中国和整个世界的可持续发展。

第二篇

中国经济的谜局与破局

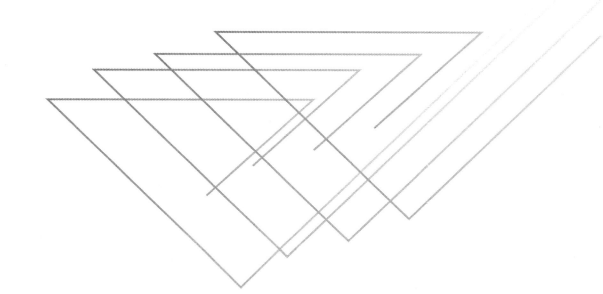

中国未来面临"硬着陆"还是长期停滞：错误的警告或真实的威胁？

德怀特·珀金斯（Dwight Perkins）

哈佛大学政治经济学名誉退休教授，前哈佛亚洲研究中心主任

2006年，托马斯·罗斯基（Thomas Rawski）和我合作发表了一篇论文，大致内容是，中国经济已经无法维持9%的增长速度。那篇论文大受欢迎，引起了很多关注，此后我开始更多地关注供给侧问题。如今，中国经济下行已成为众所周知的事实，这是所谓的"新常态"。因此无须我赘言了，我今天得谈点新的内容，即中国经济是否会"硬着陆"。

每次中国的汇率波动超过1%或2%，或者金融市场出现些许波动，就会有媒体开始唱衰，称中国经济即将"硬着陆"，那中国经济到底是会"硬着陆"还是"软着陆"呢？首先，我将阐述下自己对于"硬着陆"的定义，其次谈谈长期增长停滞，最后探讨中国经济在未来5—10年是

否真的会"硬着陆",或陷入长期增长停滞。

所谓"硬着陆"是指经济大衰退、经济呈现负增长的情况,但这种衰退不一定像2007—2009年美国的金融危机那么严重。问题在于,中国会不会陷入这样的处境?可能是由于我缺乏想象力,我实在想象不出中国会陷入那样的崩溃处境。而中国经济是否会陷入长期停滞呢?这里的经济停滞,并非指经济增速降至1%或0的情况;而是指中国GDP增速将继续放缓,最终降至2%或3%的水平。长期性经济停滞意味着中国的人均GDP难以赶上高收入国家,停滞在一定的增长率上。中国经济会放缓到如此程度吗?想办法阻止"硬着陆"有这么困难吗?我认为这是个严肃的命题,我将重点探讨。

有些观点认为,经济增速放缓与金融业有关:银行系统中留下太多不良资产,私有企业的倒闭引发了大范围的破产等等。在美国等经济体,这种情况肯定会导致钢铁需求的大幅下跌,经过市场的乘数效应,需求下跌会愈发严重,进而导致经济衰退。在中国,这种情况也可能发生。事实上,导致经济增速放缓的各类金融问题一直存在,关键在于中国能否立即解决,或者是否有解决这类问题的经验。尽管当今银行系统或金融系统中的不良贷款率在不断攀升,但是与20世纪90年代相比,目前的问题不算突出。

20世纪90年代,官方公布的银行不良贷款率为25%。中国银行系统中的资本比率可能是6%或7%,因此官方的不良贷款率是资本比率的4倍,但实际上两者的比率可能是6—7倍。不过,4倍或7倍并没有很大区别,因为政府会介入,为银行提供再融资渠道。金融从业人员认为,影子银行体系都有着极高的风险,这将导致各类金融问题,同时影响金融业之外的局势。比如,可能出现出口商品大幅减少或出口商品滞销的情况,等等。不管发生什么情况,政府会干预货币的发行与流通，最终增发货币，救助金融企业和国有企业。我认为，如果真的爆发严重的金融危机，政府可能会通过印钞票等货币手段，促使众多私营企业兼并重组。政府通常以资产管理公司的名义，采取债转股等措施，实际上则是免去企业的债务，或通过印发货币进行干预。

事实上，历史上中国就曾采取过类似措施，所以有理由相信，未来政府还会这样做。因此，一些危机一般都可以靠发行货币来缓解。

从中国在国际市场的策略角度来分析，如果中国增加境外借款来应对危机，将导致外汇储备显著下跌。一两年前，大家不太会讨论中国 4 万亿美元的外汇储备，但是当 2015 年中国外汇储备出现首次年度下降，对比 2014 年急剧减少了 5126.56 亿美元时，就开始觉得中国的外汇可能会有问题。与此同时，如果很多人向境外疯狂借款，却没有相应的汇率稳定策略，那么就可能陷入 1997—1998 年席卷泰国、马来西亚、印度尼西亚和韩国的金融危机。我认为，外汇储备下跌主要是因为大公司最终意识到人民币不会继续升值了，因此理性地调整了投资组合，减少人民币资产的持有量，增持其他外汇。总而言之，我很难得出中国经济将发生"硬着陆"的结论。事实上，有充分理由相信，中国政府一定会阻止该情况发生。

而关于长期增长停滞的问题，一言难尽。中国经济目前面临的基本问题是投资率过高。我估计生产消费品及相关机械设备实际所需要的投资额只需要占中国现有投资率的一半。中国过去几年投资额占 GDP 的比重高达 46%—48%，按照上述推断，只需 24% 的投资即可满足上述需求。问题在于 GDP 中其他 24% 的投资投向了哪些领域？从过去几十年的经验来看，多余的投资都流向了住房和交通基础设施的建设。

过去几十年，中国的住房和交通基础设施需求十分强劲。此前，中国采取前苏联的经济增长模式，不投资住房和交通基础设施建设。

我最初到中国旅行时，主干道都是两车道的收费公路，其他几乎都是沙石路。如今，中国的高速、限制级高速公路总里程已经超越了美国。因此，在该阶段，中国是可以利用20%或25%的GDP来进行有效投资，维持9%的增长率。

但如今投资率居高不下的原因究竟是什么？是因为中国GDP中家庭消费所占比重过低。目前，只有新加坡的家庭消费占GDP的比重与中国的数值相近，在此我不想具体讨论为什么新加坡与中国的情况不同，或者说，只有400万人口的城邦小国与有着13亿人口的泱泱大国间的显著差异。正是因为中国的家庭消费占GDP的比重过低，才会导致如此高的投资率。中国的消费率在改革初期时就很低，之后出现增长，直到近期才显著下跌，导致过多的资本流入基础设施建设。此前，基础设施的投资效率较高，但随着基础设施建设实际需求的减少，该领域的投资效率会下降。如果开始谈论再多修些路，甚至去尼泊尔等国家修建高铁，这些可能是效率极低的投资。

大家可以看到，这种情况已经出现征兆，增量资本产出率在2011年左右开始飙升。就投资回报率而言，近年来需要更多的资本投入来拉动GDP的小幅增长。大家知道中国还需要新建多少机场吗？的确，中国有各类小型机场和公路可进行投资，但中国当前的形势与日本有相似之处：政府采取经济刺激政策，投资各类基础设施建设，比如修公路、修桥梁。不过，日本的情况比中国稍好，虽然其整体投资效率还是不高。未来中国将如何进行投资，从而充分地利用资源？我认为，中国未来可以加大环保领域的投资，这些投资显然对提高人民的生活品质具有重要影响，对经济增长也会产生实质影响。

现在来谈哪些因素将导致长期增长停滞的问题，我发现利用增长核算框架最为有效，我更新了自己与罗斯基在2005年的研究，以便分析中国经济增长源头的变化。

我认为关键栏目是全要素生产率（TFP）。2014年，增量资本产出比呈上升态势，TFP已经下跌。未来为保持6%或7%的经济增长率，TFP不可能过高。如果要提高TFP，能够采取的策略就是切实贯彻十八届三中全会所提出的改革目标。彻底实施改革措施后，TFP仍将有上升空间；如果不实施改革，国有企业改革也不会成功，那么，TFP很可能会回归到0。显然，2014年，低水平劳动力供应略有上升，已近乎接近0，而受过高等教育的劳动力呈上升趋势，但可以轻松回归到0。如果能使TFP回归到0，就能将劳动力供应增长至接近0，经济增长则可以完全依赖资本增长率实现。

为重新调整典型增长速度方程，大家可以看到：

$$G_Y = MPK \times K/Y \times G_K + MPL \times L/Y \times G_L + TFP$$

公式中，MPK为资本边际生产率，MPL为劳动边际生产率，G_Y为GDP的增长，G_K为资本存量的增长，G_L为劳动力的增长。事实上，我已经将常用参数分解为增长率，资本边际生产率（MPK）与资本产出率（K/Y）的乘积是总资本产出比，不是增量资本产出比。问题是，K/Y发生了什么变化，MPK又发生了什么变化。K/Y的变化可以参考增量资本产出比，大家可以看到这个数值在上升（见表1）。从总资本产出比的增加可推断，边际资本产出率已经显著下降，但仍然高达15.1%。

表1　资本回报率的估计（来自增长速度方程）

期间	总资本产出比率	资本回报率*
1979—1996	1.91	22.56%
1997—2005	1.89	22.79%
2006—2011	2.30	18.68%
2012—2014	2.85	15.10%

*假设MPK（资本边际生产率）×K/Y（资本产出率）= 0.43。

距我开始谈论中国经济必然下行，已经过去了好几年。当时，卢锋、白重恩及其合作者发表论文，指出中国经济不会放缓，因为中国的资本回报率仍然较高。事实上，资本回报率仍没有显著下降，但卢锋的计算主要基于制造业。然而，从这个公式中可以看出，这是近期的计算，增长率和回报率呈下降态势（见表2）。

表2　对资本回报率的另一种估计

本文研究		白重恩[①]、钱颖一、Hsieh Chang-Ta[②]		卢锋[③]等（仅适用工业部门）	
期间	资本回报率	期间	资本回报率	期间	资本回报率
1979—1996	22.56%	1979—1992	25%	1978—1989	2%—25%
1997—2005	22.79%	1993—1998	20%	1990—1998	0—2%
2006—2011	18.68%	1999—2005	±20%	1999—2005	0—13%
2012—2014	15.10%				

问题在于，如果下降，要下降到什么程度才会导致长期经济增长停滞？如果继续下降，可以大致假设总平均资本产出比的数值，并进行特定的计算，就可以得到答案。假设，在一种情况下，资本存量增长率为10%，而在另一种情况下，资本存量增长率为5%；同时，边际资本生产率下降至5%或8%，GDP增长率将下降至1.2%—2%，那么会进入所谓的长期增长停滞。

现在的资本回报率为15%，有多大的可能性能回到6%或8%？我们都知道，资本存量增长率将继续上升，因为企业及家庭的消费率极低，储蓄率极高。如果家庭储蓄率高达38%，要使这一比率降低，则

---

① 白重恩：清华大学经济管理学院副院长、经济系主任。
② Hsieh Chang-Tai：芝加哥布斯商学院经济学教授。
③ 卢锋：北京大学国家发展研究院副院长。

必会涉及各类福利项目的推行。问题在于，即便降低了资本存量的增长率，投资回报率最终是否会下跌至 5%、6%或 8%？我也不知道。不过，虽然中国目前拥有众多投资途径，但其回报率不会高于测算数据。因此，中国不会立即陷入经济停滞，但也不完全排除停滞的可能，不过发生这样糟糕情况的概率不高。至少，我不认为中国近期会陷入停滞，虽然中国经济增速在下降。我认为，中国经济增速未来几年可能会继续小幅度下降，但在未来十年仍然会维持相对较高的增长势头，因为就目前的条件而言，中国发生经济崩溃或出现长期增长停滞的概率极低。

中国经济"新常态":当前经济形势与未来发展

海 闻

北京大学校务委员会副主任,北京大学汇丰商学院院长

今天,我就中国经济的几点看法与各位交流一下。本次会议的主题是"新常态",所以我主要讲新常态下的宏观经济。

一、如何理解"新常态"?

我认为,可以从两个方面理解"新常态"。

一是"新"。"新常态"的"新"是与前 30 年比较而言的,涵盖了三个维度。第一个维度是增长的新速度,第二个维度是产业的新结构,第三个维度是增长的新动力。二是"常态"。"常态"也就意味着这并非短期的现象，可能会持续 10 年、20 年，甚至 30 年。

过去几年里中国的经济呈下滑态势，GDP 增长率连续 5 年低于 8%（见图 1），这是中国改革开放 30 多年来没有出现过的情况。在前总理朱镕基和温家宝的任期内，中国制定的 GDP 增长率目标至少是 8%。1997 年亚洲金融危机爆发后，时任总理朱镕基制定的 GDP 增长率目标是 8%；2008 年全球爆发金融危机后，时任总理温家宝制定的 GDP 增长率目标也是 8%。然而，中国的 GDP 增长率已经持续 5 年低于 8% 了，8% 显然已不再是合理的经济增长目标。2015 年中国的 GDP 增长率只有 6.9%，这是 1991 年以来 GDP 增长率首次低于 7%。2016 年上半年甚至更低，已跌至 6.7%。

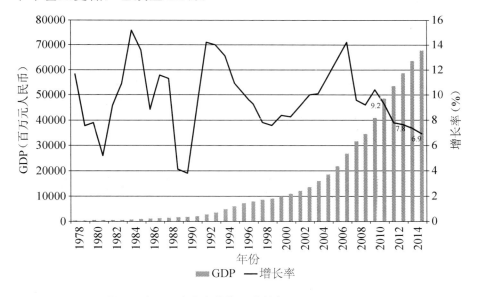

图 1　中国国内生产总值及增长率（1978—2015）

二、经济增速放缓的主要原因

我认为，这一轮中国经济增速放缓不是简单的宏观经济周期问题，而是一些综合因素的叠加。主要有三方面的原因：

第一，经济增速放缓是长期的趋势。首先，长期成本在不断增加，比如中国的劳动力成本和土地资源成本。劳动力成本的增长非常快（见图2），甚至超过了GDP的增长速度。劳动力成本上升，造成出口成本上升、国际竞争力下降、经济增长速度放缓。同时，土地成本也飞速增长，尤其是近几年来，资金大量投入到房地产行业，造成大都市土地成本迅速上升，最终导致了经济增长的放缓。这就是我想阐述的长期趋势问题。

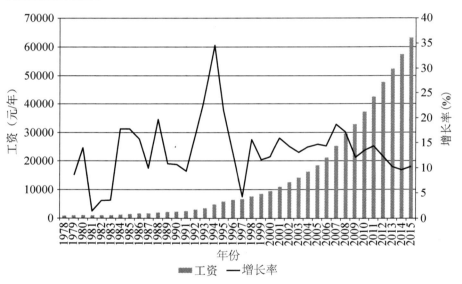

图2 劳动力平均工资（1978—2015）

但任何国家的经济在经历过一段时期的高速增长后，迟早都会放缓。随着经济总量的不断扩大，要保持高速增长越来越困难，这是所有国家早晚会遇到的问题，所以无须担心。

第二，经济的周期性波动。中国现在走的是市场经济道路，只要由市场来决定生产资源的配置，宏观经济的周期性波动就不可避免。

改革开放以来，中国已经经历过数次经济周期的波动，不仅有国内周期性有效需求不足的原因，也有来自国际的外部冲击。2008年的全球金融危机引发了新的经济周期性波动，与世界经济日益融合的中国也不可避免地受到了影响。美国政府干预较少，经济下滑得比较早、也比较严重，但经济调整得也比较早，目前已逐渐从衰退中恢复起来。中国在2008年金融危机时出台了较为强烈的刺激政策，导致本该放缓的经济没有及时放缓，现在需要回过头继续应对产能过剩的问题。可以说，目前经济增速放缓是2008年开始的周期性波动的延续。

第三，中国的产业结构面临"中等收入陷阱"的挑战。"中等收入陷阱"是指当一个国家的人均收入达到中等水平后，缺乏经济增长动力，既无法在工资方面与低收入国家竞争，又无法在尖端技术研制方面与富裕国家竞争，最终出现经济停滞的一种状态，而陷入"中等收入陷阱"的直接原因是产业结构没有及时调整。

我先来解释一下中国的经济周期。事实上，适应需求的产业结构调整一直是经济增长的主要动力。第一个周期的驱动力是什么？是农业。1978年改革开放时，中国首先要解决的是温饱问题，最重要的需求是粮食，所以农业的改革和发展拉动了最初的经济增长，农民成为率先富裕起来的群体。第二个周期的驱动力是什么？在人民解决温饱问题后，对自行车、衣服、鞋子等普通轻工业品的需求增大，因此轻工业的发展成为20世纪80年代经济发展的主要驱动力。到了20世纪90年代，当时的需求是什么？是耐用消费品，以家电为主的制造业迅速发展，成为第三个周期的主要驱动力。20世纪末，随着耐用消费品的逐渐满足，中国的经济增速再次放缓，这不仅是由于受亚洲金融危机的冲击，还因为国内经济增长的驱动力发生了变化。那么，耐用消费品之后拉动经济增长的驱动力主要是什么？是汽车和住房等产业。

中国没有进行金融改革前，几乎没有私人贷款。人们虽有需求，但也无法获得足够的资金支持去购车和购房。21世纪以来，中国进行了金融改革，大家可以贷款购房购车了，经济增长又出现了新的高潮。过去十几年里，汽车和住房等产业的发展成为中国经济的新驱动力。

从最早的农业到轻工业，从耐用消费品到汽车和住房，就如接力赛一样，接得好经济发展就比较顺，接得不好经济增速就会放缓。前几个转型基本上源于对物质的需求，从产业能力上讲，交接比较简单，转型也比较容易。

人们的收入达到一定水平后，需求发生了很大变化，旧的产业已经基本达到饱和，而新的产业没有及时跟上。人们达到中等收入水平以后的需求是什么？是追求生活质量，是对健康、文化、教育等服务业和高端产品的需求。对于这些新的需求，产业却一时无法满足，原有的低端制造品却出现过剩，于是便出现供需错配的问题。所以，中国的产业结构亟待调整。然而，从以物质生产为主的产业结构到以提高人们生活质量为主的产业结构转型比较困难，要求比较高一些。中国经济正是遇到了这个"坎"，因此，经济放缓也是一个正常的或者可预见的情况。

三、中国面临产业结构的问题

从中国的宏观经济数据中可以发现，这次经济放缓与传统的经济周期不同，与1998年或2009年也不同。1998年或2009年时，所有城市、区域和行业的增长均有所下滑。但是，这一次不一样，区域和行业之间的差别很大。就省份的数据而言，中国东北部地区的GDP增速极低，只有6%或3%，某些地区的GDP增速甚至为负值。但是，重庆的 GDP 增速竟然超过 10%，深圳接近 9%，广东、江苏等沿海地区的 GDP 增速也超过 8%。可见，区域间的发展十分不平衡。同时，不同行业间的发展也非常不平衡。表 1 反映的是 2013—2015 年中国宏观经济情况，GDP 在过去三年间整体呈下滑趋势，从 7.7%跌至 7.4%，再跌至 6.9%。具体而言，农业的 GDP 增速比较稳定地维持在 4%左右，制造业的 GDP 增速继续下滑。然而，服务业 2015 年的 GDP 增速实际上高于 2014 年，从 8%升至 8.3%，超过 GDP 的增长速度。同时，批发和零售业的 GDP 增速达到了 12%，金融业的 GDP 增速接近 16%。整体而言，服务业目前没有呈现下滑趋势，相反，其增长势头强劲。所以，这不是宏观经济的问题，而且是产业结构的问题。

表 1 2013—2015 年中国宏观经济

	产业比重（%）			比去年同期增长（%）		
	2013	2014	2015	2013	2014	2015
GDP				7.7	7.4	6.9
第一产业	9.4	9.2	9.0	4.0	3.9	3.9
农业、牧渔业				4.0	3.9	4.0
第二产业	43.7	42.6	40.5	7.8	7.4	6.0
工业				7.6	7.2	5.9
建筑业				9.5	9.2	6.8
第三产业	46.9	48.2	50.5	8.3	8.0	8.3
交通运输、仓储和邮政业				7.2	6.8	4.6
批发和零售业				10.3	9.8	12.1
住宿和餐饮业				5.3	6.2	6.2
金融业				10.1	9.7	15.9
房地产业				6.6	2.5	3.8
其他服务业				7.7	8.9	9.2

资料来源：国家统计局。

四、中国经济会硬着陆吗？

现在，各国都关心一个问题："中国经济会硬着陆吗？"我在参加一些国际会议或研讨会时，发现很多人很担心中国经济会发生"硬着陆"的情况。樊纲教授作出了一些解释，我的论据跟他有所不同，但我们得出了相似的结论：中国的经济不会"硬着陆"。与美国及其他发达国家的情况有所不同，中国经济有两个特殊的因素。第一，中国仍然处于经济起飞阶段，经济增长的动力仍很强劲。第二，中国仍处于从计划经济向市场经济过渡的时期，政府仍然有较强的干预能力。

首先，为什么必须认识到中国处于特殊的发展时期呢？在发展经济学中，有一个"起飞"理论。美国经济学家华尔特·罗斯托（Walt Rostow）在20世纪60年代写过一本名为《经济增长的阶段》（*The Stages of Economic Growth*）的书，其理论可以简单概括为：国家有两种基本经济形态，一种是传统经济，另一种是现代经济。两者之间的差异在于：传统经济主要依赖于土地、水等自然资源。传统经济几千年来都没有发生显著改变。但是，自工业革命以来，很多国家，如新加坡、日本或北欧国家，不再依赖自然资源，而是依赖科学技术以及知识取得高度发展。

罗斯托将从传统经济向现代经济的转型形容为坐飞机，飞机需要先在地面滑行，然后起飞，在高空中翱翔。所以，从传统经济向现代经济转型存在一个特殊时期，通常称之为经济"起飞期"（见图3），也是一国经济发展最关键最重要的时期。多数发达国家在18、19世纪完成经济起飞，第二次世界大战以后，东亚和南美洲各国也纷纷起飞了，从发展中国家转型成为新兴工业国家。中国从20世纪90年代也开始进入这一时期。因此，在谈论中国经济时，不能只是与发达国家或尚未起飞的发展中国家进行横向对比，必须看到中国正处于一个特殊时期。

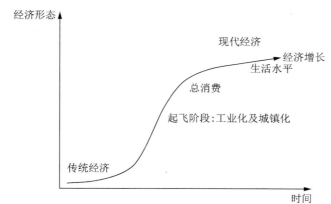

图3　经济增长阶段

这一时期要持续多久？取决于工业化和城镇化的完成需要多长时间。经济起飞阶段有两个重要的变化：一是工业化。经济起飞前基本以农业为主，制造业的发展标志着起飞的开始。起飞中期以制造业为主导，而到了后期，服务业则变得至关重要，当服务业成为经济的主要组成部分时，起飞接近尾声。二是城镇化。在经济起飞的初期，多数人口居住在农村，之后人口开始向城镇迁移，出现城镇化进程。在起飞的后期，多数人口将居住在城市。每个经济体都将经历这样一个特殊时期。第二次世界大战后，韩国和中国台湾地区都用了大约40年的时间，从一个贫穷的经济体转型成为一个工业化经济体。中国从20世纪90年代才开始起飞，刚刚起飞20多年。当然，起飞期的持续时间不是绝对的，也许中国所需的时间更短。但是，就中国经济的产业结构和城市化水平而言，我们仍然有很长的路要走。世界上发达国家的农业占经济的比重都很低，没有一个发达国家的农业人口超过5%，而根据统计，农业占中国经济的比重已经低于10%，但仍然有47%的人口生活在农村，至少还有30%的劳动力依旧在农村，大量劳动力需要从农村地区转移至城市地区。

城镇化仍然会是经济继续增长的引擎，城镇化的深入发展和产业结构的全面调整会继续拉动中国经济的增长。中国还处在起飞阶段，大概还需要一二十年的时间才能完成转型。从长期来看，我对中国经济是很有信心的。中国仍然需要大力投资住房和交通等基础设施，因为数亿农村人口在城市化过程中会涌入城市。从农村人口转为城市人口也会产生巨大的消费需求，也将对经济增长产生巨大的推动力。此外，中国有着强有力的政府，中国政府具有对经济进行调控的实力，到目前也没有出现重大失误。虽然中国的经济已经连续下行五六年，但降速还算平稳。所以，我认为，目前中国经济不会"硬着陆"，经济放缓只是起飞期出现的波动而已。

五、经济的新结构

现在，随着经济的发展，物质不再匮乏，人们的需求也发生了改变。过去，许多制造业企业只追求低成本、低价格，但产品质量很差。如今，这些低端制造业已经产能过剩，亟待改变。总而言之，随着收入的上涨，居民的消费会越来越多地用于服务和高端产品。

从发达国家或地区的产业结构来看，服务业占 GDP 的比重大多超过 70%。但是中国的这一比重较低，近期超过了 50%（见图 4、图 5）。与发达国家或地区相比，中国的产业结构仍然有很大的调整空间。随着经济和收入的增长，服务业也越来越重要。服务业的发展，不仅可以促进消费，同时可以增加所制造商品的附加值。消费者，尤其是年轻一代消费者，绝不只是购买商品，他们还关注品牌。中国已经进入了新的消费阶段，消费者的购买力很强。每逢节假日，巴黎、纽约、东京的高档商店里挤满了中国游客，中国游客的海外消费也逐年增长。

所以，中国消费者有购买力，但是中国产品的质量和品牌无法满足消费者的购买需求。生活水平到了一定程度以后，人们买商品不仅为了其使用价值，而且也考虑社会价值、心理价值、文化价值等。有些人可能认为这些是虚的，但恰恰这些东西是人们有了一定收入以后所愿意花钱购买的。

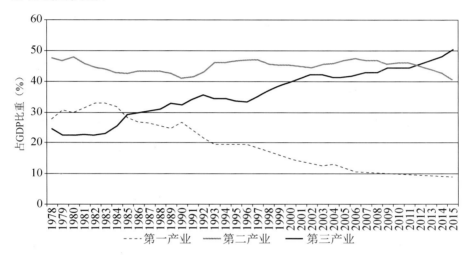

图4　中国产业结构变化（1978—2015）

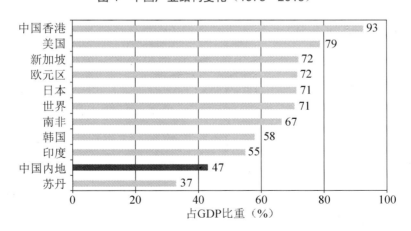

图5　2015年服务业占GDP比重

资料来源：中央数据库。

六、中国经济将来的动力是什么？

未来拉动中国经济增长的动力究竟是什么？未来经济增长主要来自四个方面：第一是转型升级的制造业，第二是城镇化拉动的基础工业，第三是改革发展的服务业，第四是"一带一路"开拓的国际新空间。

首先，通过转型升级，以高科技、高质量产品为主的制造业将继续拉动中国经济增长。目前为什么制造业下滑得如此厉害？主要是源于低端同质产品的产能过剩而优质制造品不足。中国的制造业企业规模小、实力弱，缺乏研发能力。通过供给侧改革和企业的优胜劣汰，中国的制造业又会获得新的发展。

中国的制造业不仅要淘汰过剩的产能，更重要的是要通过兼并重组增强企业的实力，提高制造业的创新能力。制造业企业兼并重组的一部分障碍来自地方保护。为什么地方政府如此看重招商引资，鼓励和保护地方企业发展？传统的解释是，因为地方政府的绩效考核及晋升主要看 GDP 的增速。我认为另一个动机更为现实，那就是税收收入。将 2012 年美国地方政府与中国地方政府的税收来源进行对比（见图 6）可以看到，美国地方政府的主要税收来源为非生产领域，即销售税和财产税。因此，它们不需要在当地建立如此多的制造业企业并对其加以保护。但是，中国地方政府的税收仍然有 53% 来自生产领域，包括增值税、营业税和企业所得税。因此，税收方面急需改革，否则就无法从根本上解决重复建设和产能过剩的问题，也无法建立真正的市场机制来完成制造业企业的兼并重组和转型升级。

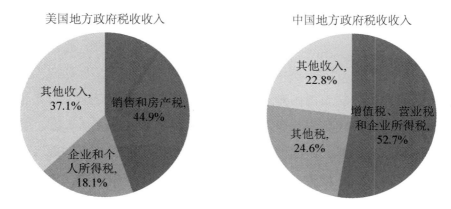

图6 地方政府税收收入来源对比：中国和美国（2012）

其次，通过改革加快的城镇化进程将继续促进基础工业的增长。人们会问，为什么中国的城镇化进程如此缓慢？中国的城镇化进程落后于工业化进程，并且出现了"农民工"和"留守家属"问题，这是由于中国特有的两个制度：一个是户籍制度，该制度限制了农村人口到城镇自由工作和生活的权利；另一个是农村土地制度，农民享有土地的使用权，但是没有土地的所有权。农民可以使用土地，但不可以出售。于是他们会担心，如果自己离开了，谁来照顾家里的土地。这最终就提高了农民进城的机会成本，阻碍了城镇化的正常进程。由于城镇化进程受到制度障碍及劳动力流动渠道不畅，导致许多农村多余劳动力没有被真正地释放出来。中国的城镇化刚完成一半，还有很大的空间。未来一二十年还会有两三亿农村人口进入城市，将对钢铁、水泥、木材、水电、家用电器等基础工业带来新的需求。

再次，改革发展的服务业将成为未来经济的新增长点。发达的服务业是一个国家高度发展的标志，中国的服务业在经济中的占比远低于世界平均水平。电商渠道设施的完善和建设，将会为中国进一步发展消费服务业提供良好的基础。同时，中国也到了产品品牌建设的阶段。一方面，人们不想再购买品质低廉的产品和服务；另一方面，中国的教育、医疗、文化等产业仍然无法满足人们的需求。总体而言，中国的学生想上好大学还十分困难，越来越多的中国父母让孩子出国留学。当前经济转型的困难之一在于中国的教育没有跟上，而无论高质量的制造业，还是现代服务业，都需要高科技和高素质人才。另一个问题则在于医疗，中国的好医院很少，中国居民也没有家庭医生。为什么会出现这种供需失衡？这是体制问题，所以中国需要改革，改革滞后使得医疗健康、文化体育、教育等需求日益增长的产业没有得到及时的发展。

下面列举一些数据，大家可以看出这些行业的潜力。全球医疗卫生服务业占 GDP 的平均比重为 10%，美国为 17%，日本和英国约为 10%，而中国仅为 5.5%，这与发达国家 10%的水平相比，意味着未来至少还有 5%的增长空间。另外，电影、音乐等文化产业在发达国家也很重要，美国的文化产业占 GDP 的比重为 20%—30%，日本为 20%，欧洲国家为 10%—15%，韩国为 15%。中国引进了大量的韩国电影和电视剧，而中国的文化产业仅占 GDP 的 3.8%。因此，中国的文化产业有很大的提升空间。

最后，作为国家战略，"一带一路"也将为未来经济增长拓展新的国际发展空间。以前，中国主要关注欧美国家，但是，现在这些国家的投资回报率越来越低，欧美市场基本饱和，需要寻找新的发展洼地。与过去相比，中国廉价劳动力的优势也不复存在，而欧美国家的市场也不如以前有活力。因此，中国政府正在寻求新机会，开始着眼新区域，提出了"一带一路"新发展战略规划。这一战略覆盖 26 个国家，辐射的国家多于 60 个，涉及的人口数量几乎占世界总人口的一半，但 GDP 总量只占世界的四分之一，贸易总量也只占世界贸易总量的四分之一（见图7）。中国会进一步加深与这些地区的合作，这将为中国创造巨大的发展机遇。

沿线国家：26个
辐射国家：多于60个

图7 "一带一路"沿线国家及辐射国家情况

中国经济周期及长期潜力

樊　纲

北京大学汇丰商学院教授，国民经济研究所所长，中国改革研究基金会理事长

目前，中国最突出的问题是经济放缓，包括国内生产总值增速放缓、生产放缓、投资放缓。中国的经济目前处于下行状态，CPI（居民消费价格指数）仍保持积极态势，但 PPI（生产者价格指数）已经连续 52 个月持续下降。经济下行速度为 4% 或 5%，有时达到 6%。这是由许多原因造成的。中国面临许多长期存在的难题，包括结构性、制度性和长期性的问题。但与目前相比，10 年前的情况可能更糟糕，而 20 年前就更为不堪。为什么中国会出现这种经济放缓现象？这是个技术性问题。这一增速放缓是从 2007 年约 14% 的年增长率，下降为 2010 年的约 10%。现在中国宏观经济面临的大部分问题，都是过去的 10

年里两次经济过热（2004—2007年和2009—2010年）的后遗症（见图1）。经济过热的后遗症需要一定时间才能消除，尤其过热产业的存货及过剩生产能力需要进行清理。

2008年，中国政府做了政策调整，但是在此次调整完成之前，全球金融危机爆发了。各国都采取政策来应对经济危机，中国出台了四万亿元经济刺激政策，因此造成了2009—2010年的经济过热，最终导致了产能过剩、银行坏账、影子银行和地方债务等多重问题。

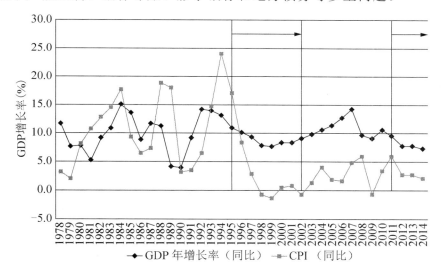

图1 中国的宏观经济表现

众所周知，泡沫产生和泡沫破裂的循环很正常，因为存在周期性因素。唯一的区别在于，标准的经济周期为泡沫—泡沫破裂—经济衰退，不仅仅是放缓，而且是经济的衰退。但是，中国没有发生上述经济危机。中国的危机不同于其他国家，出现的是经济放缓。经济放缓的原因有很多，其中一个原因是政府仍然保持强有力的干预。这些干预措施可以解决一些问题，比如防止经济崩盘和所有泡沫同时破裂，也可以防止可能形成经济高度过热的危机因素，因此也能够实现"软着陆"，也就是不发生突然的崩盘，而是逐步消化危险，或等到不得已的时候再采取强有力的措施。经济放缓或者说经济"软着陆"好的一面在于，可以避免导致大萧条，不用通过控制价格过度调整经济，而是对经济进行有序的调整，不好的一面则是耗时太长。从1995年算起到2002年，上一次经济过热持续了8年，但是这一次2008年经济危机所导致的两次刺激政策产生了两轮的产能过剩，比上次的情况还要严重。具体需要多久时间，仍尚待观察。

图2显示，中国经济并非一直保持10%的增长率。图中表示了增长率与通货膨胀的关系。为什么要强调通货膨胀呢？因为我认为，14%的增长率不是"旧常态"，而是不正常状态。近20年来，中国经济已经两次达到14%的增长率。

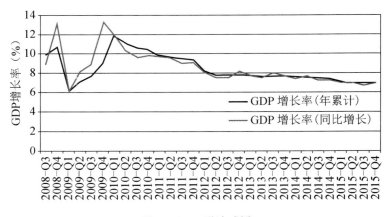

图2 GDP增速减缓

第一次是1992年，1993年、1994年经济继续呈现高度泡沫化的趋势，1992—1994年GDP增长速度分别达到14.2%、13.5%和12.6%。1995年，中国的经济增长开始放缓，5年持续放缓，3年触底，1999年跌到谷底，但没有触底反弹，持续保持较低增长率和通货紧缩，CPI也呈现紧缩态势。这次放缓始于 2011 年（见图 3、图 4），已经持续 5 年了，至少还将持续三四年。双重过热将带来更多、更严重的问题。不过，这次的情况明显不同，这一周期才刚开始，经济还需经历相当长的调整期。

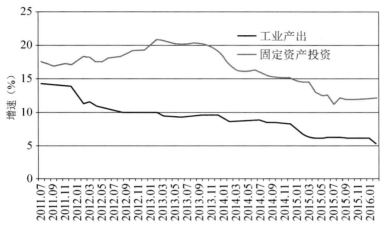

图 3　工业产值与投资增速下降

图 4　通货紧缩

基于这一观点，首先，要有耐心；其次，尽管仍存在诸多问题需要解决,但要恢复经济,并采取诸多措施应对这些问题。国内外媒体头条中包含四类有关"软着陆"的话题,既然多数报道都持悲观态度,我就尝试以更中立的态度,分析这四个方面中被较少提及的乐观因素。

一、人民币贬值和资本外流

无论政府采取什么政策和调控措施,人民币贬值本身只是对过去几年热钱炒作升值的纠正。

过去几年,人民币与美元挂钩,美元走强,而其他货币走弱,人民币则升值(见图5)。随着货币升值,资金流入无法实现。但是,当美国开始改变货币政策时,而此时的人民币又过于强势,人民币币值的调整时期就来临了,这还涉及调整对人民币汇率变动的预期,从升值预期调整为贬值预期。当然,这就会导致资本外流。过去几年的热钱与20世纪90年代东南亚国家的游资,尤其是短期资本流入和流出的情况十分类似。政府该如何采取措施来应对这些变化?我认为,人民币近期仍然需要继续贬值。

图5 经济过热的另外一个因素:人民币升值

有人认为，中国应当让人民币贬值，因为中国存在债务问题。我不赞同这个观点，中国的外债并不严重，而且主要是国内债务。中国在国际市场上的地位很独特，人民币贬值无法解决国内债务问题。与包括具有创新精神的东南亚国家在内的其他国家相比，人民币贬值与债务之间没有太大的关系。我认为，人民币需要进一步贬值，但不是对内贬值，因为如果对内贬值，会出现更严重的国内债务问题。

二、房地产市场

不少舆论称中国会出现经济"硬着陆"，届时会有众多行业崩溃。但是，过去5年里，并没有看到崩溃的迹象。

尽管政府采取了众多调控措施，但是就全国范围而言，实在微不足道。总体来说，政策的改变是为了大力控制经济泡沫。2010年春，中国政府出台了房屋限购措施，以应对房地产泡沫。人们即使有钱，也不能购买多套房产。这些行政干预措施确实起到了震慑作用，有效地防止房地产泡沫从大城市蔓延至中等城市，从一线城市蔓延至二、三线城市，最终遏制了房地产泡沫的爆炸式扩张。

但是，从中国的情况来看，的确有房屋库存过剩的现象。有人提及以城市规模考量这个问题，但城市大小是相对而言的，我不会将城市规模作为衡量标准。我的衡量标准是城市人口的变动，比如像深圳这类城市的人口在不断增加，与此同时，一些偏远小城的人口在不断流失，因此人口流出地会出现大量住房无人购置的情况。当小城市的开发商将楼盘修建起来时，人口已经涌向了大城市，大城市再次面临房地产泡沫和房价飞涨。所以，一线城市已经触碰警戒线，二线城市紧随其后。图6显示，目前二线城市的房价也在疯涨，但三线城市没有这种迹象。

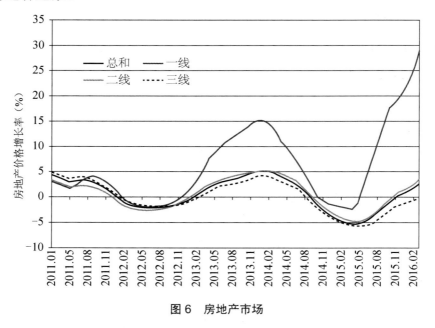

图 6　房地产市场

于是，中国会出现大量"鬼城"。在美国，"鬼城"都是小村庄，而城市中的"鬼城"则包括摩天大楼和高楼大厦。问题在于，人口外流的小城市的房地产投资最多占全国总投资规模的30%，所以房地产市场的问题虽然存在，但不会造成整个市场或经济的"硬着陆"。

三、产能过剩

化解产能过剩，必须推动供给侧改革。供给侧改革不是一朝一夕的事，教育改革、机构改革、资本积累都无法一蹴而就。目前，中国经济存在产能过剩等短期问题。人的成长是长期问题，人需要接受教育，慢慢地成长、发育成熟，到了20岁的时候开始工作，最终成为社会的生产力。一个人生病需要治疗，这是长期问题，但是一个人如果得了肿瘤，需要尽快动手术，那就不一定是长期问题了。

我认为，应当尽快解决供给侧的问题。失衡必须进行调整，而且势在必行，而现有应对措施不甚恰当。起初，供给侧改革遭到了来自广大利益团体的争议和抵制，现在，大家最终意识到必须立即采取相关改革措施，并开始思考具体措施的施行。部分产能过剩问题应当依赖技术提升，砍去部分产能。但对多数行业而言，目前及将来仍然需要产能，这些产能的确有实际作用。因此，问题就在于如何进行产业结构调整。

19世纪90年代，美国曾经陷入产能过剩危机，从铁路和钢铁行业蔓延到整个制造业。美国的应对措施是对钢铁业和金融业进行重组及行业整合。当然，涉及龙头企业如卡内基钢铁公司的并购时，银行将债务作为股权持有一段时间，但它们也依赖企业家进行并购。哪些产能是继续有效并发挥作用的？哪些是需要摒弃的？因为需要专业知识，银行可能无法完成所有重组，这正是我们可以借鉴之处。产能过剩的问题不仅仅是产能的问题，而是如何对行业进行重组，以增加产业集中度的问题。这个问题非常复杂，涉及众多企业。

同样在19世纪90年代，美国钢铁公司最终并购了240家钢铁企业，这种并购重组提高了产业集中度。汽车、铁路业等行业也经历了并购重组，200多家铁路企业合并为一家。但是并购重组需要一家领头企业来发挥引领作用，大家可能会提到国有企业，但是国有企业并不是真正意义上的市场参与者，它们需要听从政治方针。中国有众多企业，尤其是具有竞争力的制造企业，它们往往不以国有企业为领导。大量私有企业正急速成长，规模巨大。

同时，政府应当鼓励和允许私营企业发挥引领作用，也应当让一些国有企业扮演相同的角色。在此过程中，国有企业将进一步改革，成为更多元的股份公司。一旦并购其他小型企业，小型企业将获得股份，或者银行会在之后将股份出售给其他投资商。这或许也会成为国有企业进一步深化改革的契机，国有企业将更加公众化，逐渐转变为股份制有限公司，更多地受市场作用的影响。中国需要尽早实施产业重组，在此过程中进一步深化改革，不能等到国有企业成功改革后，才开始产能重组。

四、债务问题

戴维·利普顿（David Lipton）此前也提到三大债务问题，其中中央政府债务不算大问题。根据政府数据，政府债务占 GDP 的 40%。而增加国内债务后，即使政府负债率达到 50%，仍然无伤大雅。真正的问题是地方政府的债务，也是财政刺激阶段的最大失误。在颁布法律禁止政府向银行或公众借贷之前，当地借贷平台受到政府的控制。一旦刺激政策放开借贷渠道，每个人都会大量借款，这便是需要控制的方面。地方借贷的一个问题是，款项会用于铁路、地铁等长期基础设施投资，但从银行借贷往往是 5 年期的短期款项，最长 10 期，不足以满足长期资金需求。

目前，中国有债券置换项目——地方政府债券置换存量债务，保障在建项目融资和资金链不断裂，腾出更多资金用于重点项目建设，因此上述问题暂时得以解决。但从长远来看，真正的问题是政府应当采取控制措施，对地方政府的借贷进行控制。依我看来，某些债务过低，其中一个原因是中国的消费信贷并没有真正得到开发。近一段时间以来，所谓的 P2P 网络借贷平台等互联网金融带来了许多问题，但这不是大问题。这些问题正在解决中，相关政策也陆续出台。P2P 若仍然不受监管，才成为问题。P2P 应当被视为公共融资，可以引入小投资者，但借贷最大的问题应该是公共债务。

中国经济高杠杆形成的原因是什么？首先，中国债务与 GDP 之比高达 150%或 160%，但中国实体经济企业资产负债率仍然在比较合理的 60%左右，国有企业为 67%，私营企业为 57%，这是过去高投资、高积累的结果。

其次，中国的金融体系存在储蓄率过高的问题。中国的国民储蓄率仍然为 46%—47%，高额的储蓄都流入了银行业。目前，我国直接融资占比为 10%—15%，85%—90%依赖间接融资，也就是银行贷款，这自然导致过高的杠杆率。政府需要做出改变，鼓励投资基金的发展，促进资本市场的发展。面对如此高的杠杆率，尤其对于银行业而言，其风险有多大？中国的银行一直过于保守，20 世纪 90 年代以来，受不良贷款影响，银行业大刀阔斧地进行重组，所有交易都需要担保、现金流和保证金。整个银行系统一直过于谨慎，所需的存款准备金率为 17%。针对不良贷款，要增加额外 2.5%的准备金，还推出了针对小银行的存款保险制度。因此，形成了三重管理。

近年来，银行获利丰厚。2015 年 4 月 17 日，国务院总理李克强考察工商银行和国家开发银行，会上批评银行赚太多，所有企业均承受着借贷压力。尽管债务过重，但还不会立即引发经济"硬着陆"或金融危机。只要还能够进行调控，即使存在风险，也不是爆发性风险。因此，中国最好采取措施避免形势进一步恶化，但也并不像传言的那样——"中国正经历危机时代"。

同时，中国经济也有一些乐观的兆头。除了一些与高额投资相关的重工业之外，越来越多的行业已经趋于稳定。服务业正不断增长，占 GDP 的比重已经超过 50%。目前，涌现出一波新的创业浪潮，各类创新型企业、投资基金都在蓬勃发展，私募股权投资（PE）和风险投资都保持着良好的发展势头。领导层决意大力推进改革，其成效如何，让我们拭目以待。

政府能否在推进依法反腐上有所作为？过去三四年间，尚无法定论。如何推动商业的发展？在过去 20 年间，没有形成任何成文的规则。中国需要设定特定的规则，否则，在确定规则之前，人们往往迷茫，无所作为。目前，中央政府向地方政府划拨大量资金，而地方政府却将资金存到银行，储蓄额占到 GDP 的 2%或 3%，其对经济增长产生负面作用可想而知。

最后，我认为，中国经济和社会仍然稳定。其中部分原因在于收入差距正不断缩减，尽管幅度不大，但基尼系数已经下调。对于中等收入陷阱而言，收入差距是一个大问题。近年来，面对农民工进城、物价上涨、工资上调等问题，政府也采取措施尽力完善社会保障体系，尤其是制定完善社保制度。虽然户籍制度仍然存在，但政府建立完善了农村社会保障体系，给予农业户口大量扶持。

中国经济还存在诸多问题，但当前中国经济的低迷具有周期性、短期性，中国经济不会"硬着陆"，而且目前经济"软着陆"已经开始，部分产业已经走出产能过剩的阴影，例如汽车、机械工业、一般消费品等领域以及基础设施建设，正逐步恢复正常状态。

全球有众多组织在研究中国的增长潜力，普遍认为在 20 世纪 90 年代和 21 世纪，中国经济将保持在 7%—9%的增长速度。当增速达到 9%、10%时，便会引发通货紧缩，这是一个正向的差距。

我认为潜在增长率不会大幅下降，而是一个缓慢的变化过程。因此，现在的潜在增长率可能是 7.5%，或者在 7%左右，而 20 世纪 90 年代中国的经济增长率未达到 10%，因为一旦达到 10%，通货膨胀将会刺激资产泡沫，这是反常的。眼下，中国处于通货紧缩状态。因此，在这一阶段，仍然需要时间调整经济，从而实现经济"软着陆"。过了这个阶段，中国也许不再会面临其他的泡沫和过热。

中国经济长期发展面临诸多挑战，包括大国际市场增长放缓、新兴市场下滑、国内劳动力成本上升等，但发展潜力仍然巨大。而这种潜力能否有效开发，取决于中国的体制改革、社会稳定、发展教育、宏观经济稳定、城市化、经济结构调整以及生态平衡等因素。我坚信中国的经济增长率将回到7%以上，尽管还有较长的路要走。中国仍然是低收入发展中国家，需要解决所有的问题，同时进一步拉动经济增长。

资产负债表的扩张与中国经济增长转型

袁志刚

复旦大学就业与社会保障中心主任,复旦大学经济学院教授

一、中国债务水平带来的关注

中国的债务水平引发了各方关注。自1998年以来,中国的债务明显攀升。1998年以后,中国的债务增长速度超过其他国家。1998年,非金融部门信贷总额占GDP的比重仅为98%。根据国际清算银行(BIS)2015年的数据,中国非金融部门信贷总额占GDP的比重已达205.2%,高于其他主要经济体。

就某种程度而言,中国的巨额债务事出有因,因为中国的金融体系将高额的储蓄转换为债务。中国的储蓄占GDP的比重超过了40%

(见图 1),当金融体系以间接融资为主时,通过信贷的积累支撑了投资,储蓄没有转换为股权融资。中国广义货币/国内生产总值(M2/GDP)较高的原因也在于此。但这并不意味着货币供应过剩。金融体系中的间接融资将高额的储蓄转换为债务,信贷积累的同时促使广义货币增长,但居民消费价格指数(CPI)保持稳定。

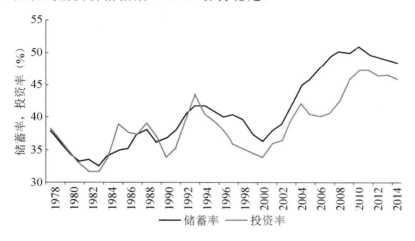

图 1 中国的储蓄率和投资率(1978—2014)

因此,中国的债务问题在于债务分布,而不在于债务水平。一个经济体的资产和负债的发展是同步的:一部分人的资产是另一部分人的负债。中国的债务分布于非金融企业、政府、住宅产业和金融业。中国的资产分布于金融资产和非金融资产,两者各自约占一半。

图 2 显示的是债务在房地产企业、工业企业、私营企业、国有企业和地方政府中的分布。图 3 显示的是资产在房地产、工业资产、基础设施建设、土地、外汇储备中的分布。

从图 4 中可以看到储蓄、居民储蓄、企业储蓄、政府储蓄所转换的投资走向。该投资的影响短期内表现为经济波动,长期内表现为经济增长。

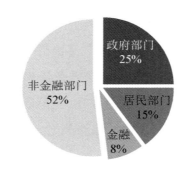

图 2　中国债务分布（2013）

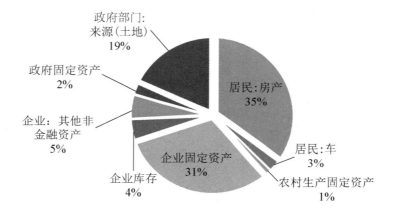

图 3　中国非金融资产分布

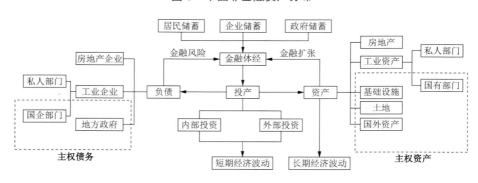

图 4　储蓄与投资转换

对资产和负债增长的担忧在于资产价格泡沫。首先是房地产泡沫：

土地供应短缺比货币政策的影响更严重。住房价格与收入的比值过高,达到 20∶1,而个人住房贷款与 GDP 的比值过低,仅为 20%。只有 60% 的购房者购房时选择贷款。住房贷款平均值与住房价格的比值仅为 60%。与其他国家相比,中国的个人住房贷款与 GDP 的比值仍然较低。

由伊曼纽尔·法伊(Emmanuel Farhi)和让·梯若尔(Jean Tirole)合著、2010 年发表在《经济研究评论》(*Review of Economic Studies*)的论文显示,适度的资产泡沫可改善企业的资产流动性,由此拉动投资和经济增长。在论文中,他们提到资本的挤出和挤入效应。资产泡沫和外汇储备可作为价值储备。如果国有企业回报小于泡沫回报,泡沫回报小于非国有企业回报,投资将从国企流向泡沫,国企的要素需求下降,因此非国企可使用更多、更便宜的生产要素。在此过程中,国有企业投资百分比下降,而非国有企业投资百分比上升。关键问题在于:泡沫回报会低于非国有企业回报或新兴产业回报吗?此外需要注意的是,住房泡沫可能不会引发系统性金融风险,但在当前投资和金融体系中,可能挤出实体经济投资。

二、中国宏观经济资产负债扩张的两个阶段

根据资产负债的增长与实体经济的发展之间的关系,中国宏观经济在 1998—2016 年期间,其资产负债的增长可分为两个阶段——"挤入"和"挤出"。

(一)资产负债扩张对实体经济的挤入阶段(1998-2007 年)

三方面的关键性结构改革导致了资产负债表的扩张。分税制改革加速了基础设施建设,住房分配改革促进了房地产发展,国企改革("抓

大放小")和加入 WTO 促进了制造业发展。全球化红利为实体经济带来了高额回报：在这一阶段，土地和住房被用作抵押，其价格随之升高，这意味着私营企业会有更好的资金流动性和借贷能力。固定资产投资加速伴随着企业融资规模扩大和债务积累，但这一阶段投资效率提高和投资决策优化带来了资产较负债的更快增长，导致企业在经济增长中的持续去杠杆化（见图 5）。

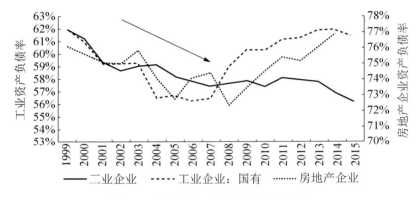

图 5　工业企业和房地产企业的杠杆率

资料来源：国家统计局。

（二）资产负债扩张对实体经济的挤出阶段（2008-2016 年）

转折点是 2008 年全球金融危机后，政府出台的 4 万亿元人民币的财政刺激政策。由于预算软约束限制和资产泡沫的持续发展，地方政府、国有企业和房地产企业的投资和融资决策均对利率不敏感。这一阶段融资体系出现传统信贷向"影子银行"的模式转变。实际利率高于工业企业盈利率（见图 6），导致诸多资金从实体经济涌入金融市场和房地产市场。在中国人口红利下降的背景下，实体经济的回报进一步下降，产业结构发展扭曲，要素配置效率低下及全球经济增长态势萎靡。

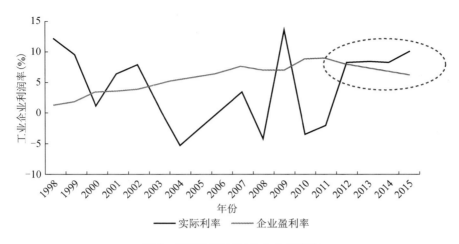

图 6　实际利率与工业企业盈利率

资料来源：国家统计局、中国人民银行。

资产负债扩张对于潜在 GDP 增长和全要素生产率（TFP）的影响分为两个阶段。第一阶段：实体经济中的资产和负债扩张具有"挤入"效应。中国的 TFP 和潜在 GDP 增长率同时上升。第二阶段：实体经济中的资产和负债扩张具有"挤出"效应。中国的 TFP 增长较缓慢，而潜在 GDP 增长率则显著下降（见图 7）。

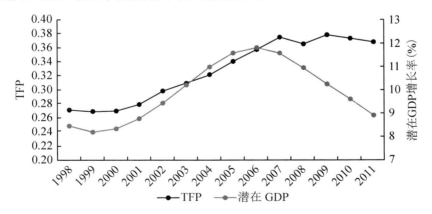

图 7　资产负债扩张对潜在 GDP 增长和 TFP 的影响

使用什么政策工具才能维持金融稳定？短期而言，已经引入诸多政策以解决债务问题。一是用于债务置换的市政债券：2015年，中国发行了3.2万亿元人民币市政债务用于债务置换，2016年，该数字激增至5—6万亿元人民币。二是债转股：通过债转股，商业银行可以将效益较差企业的债务转换为持股。具体政策和股权转换规模还未披露。三是不良资产证券化：中国从2016年5月开始实施不良资产证券化措施，鼓励私有资本参与到不良贷款市场中。短期而言，中国发生债务危机的概率较低。其原因在于多数债务为国内债务，国外债务较少；大型银行为国有银行，政府有能力为其注入资金。

同时政府还实施了供给侧改革，以削减杠杆化效应。政府已经意识到过高杠杆率的危害，基于债务的经济增长将威胁到经济长期增长势头和金融稳定性，高杠杆率将导致高风险。当GDP增长率回到正常范围后，就应当实施去杠杆化政策。2015年的中央经济工作会议明确了未来一到两年中国经济政策的大方向。去杠杆化效应是中国供给侧结构性改革的五大任务之一（见图8）。同时还有两项政策目标：提升经济增长率和促进社会稳定性；为提高市场效益而进行结构改革。

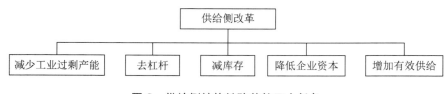

图8 供给侧结构性改革的五大任务

三、投资和金融体系改革是中国经济转型的关键

（一）投资仍然是中国未来经济增长的重要动力

总体而言，中国总体投资水平远没有达到饱和状态。根据白重恩

教授的观点，中国的资本产出比在世界主要经济体中位置适中。从资本回报率来看，1998年以后的中国经济的资本回报率一直稳定在20%左右，普遍高于大多数发达经济体。同时，中国需要继续加快投资步伐，为未来老龄化社会做好准备。

（二）投资结构性过度与非市场化的投融资体系

投资结构性过度是中国投资增长中的主要问题，投资效率在区域、产业和不同所有制之间存在显著差异。一是中西部地区非市场主导投资的效率低下，此类投资由中央政府的转拨款项出资。二是投资过度集中于房地产、基础设施建设和产能过剩的行业。三是与非国有企业相比，国企的投资更多，投资回报率更低。

应该如何解决这一问题？首先，深化国企改革和加强当地政府对融资工具的监管，将中国经济从挤出状态调整至挤入状态。预算软约束是国企和地方政府的主要问题。由于预算软约束的存在，国企的杠杆率显然高于其他所有制形式的企业。39%的地方政府债务来自地方政府融资平台（LGFV），它是地方政府主要的信贷扩张工具。中国实现健康的资产负债扩张的关键因素有两点：一是金融资源定价机制的市场化；二是基于金融资源价格的投资决策的合理化。

中国城市的人力资本分化

陆 铭

上海交通大学安泰经济与管理学院教授，中国发展研究中心主任

城市是现代社会经济发展的核心驱动力，中国也不例外。但不幸的是，在一些错误的政策之下，这一驱动力开始失效，或者其效力已经大大减弱。本文基于我与梁文泉开展的研究，我主要关注三方面的内容。

第一，高技能劳动力是城市发展的驱动力，可以提高城市劳动生产率和收入。它以人力资本的外部性为基础，对于现代经济增长至关重要。

第二，大城市促进不同技术水平的劳动力之间的互补。城市的发展需要低技能劳动力，这也是高技能劳动力和低技能劳动力都涌入城市的原因。

第三，户籍制度制约了高技能劳动力与低技能劳动力之间的互补，限制了低技能劳动力进入城市劳动力市场。当前户籍制度的相关政策，限制不同区域的人口向北京、上海等大城市迁移。户口是一项控制人口迁移的政策，同时，政府可以借助控制其他资源，作为促使人口向内陆省份转移的政策工具，小城市则进行粗放式发展。不是说给欠发达地区钱不对，关键是这些钱用来做什么？如果是用于改善公共服务，尤其是人力资本的投资，如教育、医疗，那么是可取的。但是，财政预算中一大部分是用于发展工业。相关研究表明，工业遍地开花，但许多工厂闲置，缺乏投资，偏远地区的基础设施过剩。因此，中国经济的投资效率正在下降。在我看来，2004年以来，由于政策的改变，全要素生产率（TFP）增长率和资源配置效率已经出现下降趋势。

接下来，我向各位展示一些数据。第一组数据有助于大家理解劳动力及土地政策。许多人应该都知道建设用地指标制度，这是中国独有的一项制度。就是说，土地供应的数量、结构和地区分布由政府控制。中央政府可利用土地使用配额制度，调控不同区域的土地使用权限。

图 1 是中国内地（中西部）的土地供应分配情况。从这组数据可以看出，2003 年是一个明显的拐点。自此以后，内陆省份得到了更多的土地配给，这些省份中有许多远离海洋和港口。图 2 中，右边的沿海区域，尤其是大城市，中央政府严格控制其用地指标，即对发达城市进行土地配给，这是中国特有的一种制度。在这些区域，人口涌入、房价飞涨，政府却限制土地指标。但在偏远地区，人口外迁，工业园、基础设施及新城镇建设如火如荼，但是最后这些地方大量都沦为"鬼城"。有需求的地方限制供给，无需求的地方加大供给，这是与市场规律严重相悖的。

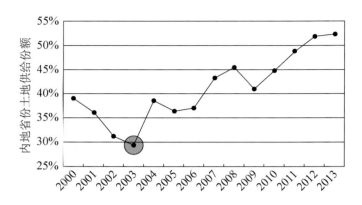

图 1 中国内地省份土地供应份额（2000—2003）

在中国，许多地方政府致力于投资工业园和新城，但投入－产出效率很低，对比一下中国各个省份 2014 年的债务与 GDP 的比值就能看出。图 2 左侧是更为贫困的省份，右侧则是较为发达的区域。在中国，更贫困省份的债务与 GDP 的比值反而更高。

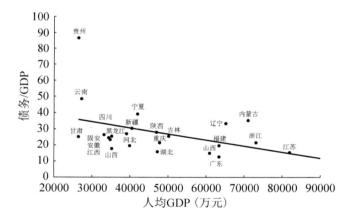

图 2 中国各省份人均 GDP 与债务（2014）

土地资源严重错配，但中国的教育回报却持续提高。图 3 是我对各类教育回报预测的总结。可以看到，这个数值仍在增加。我想强调一个历史背景，在 20 世纪 90 年代末，中国经历了高校扩招。因此，一般来说，当大量增加大学生供给时，教育回报应当更低。但是，事实并非如此，教育回报仍在上升。因此，一定存在某种因素可以提高教育回报。那是什么？我的研究表明是人力资本的外部性。就教育层面而言，城市中的人力资本的外部性，是一种社会教育回报，可扩大个人层面的教育回报。

中国城市中是否存在人力资本的外部性？答案是肯定的。根据我的研究，一方面可以使用城市中高技能劳动力所占份额衡量城市人力资本，另一方面则可以用各城市的人均教育年数来衡量。控制个体教育水平之后，我们仍然能看到人力资本的外部性。至于城市人力资本的内生性，我的估计使用的是20世纪50年代的历史背景，当时在不同区域间重新分配大学系所和专业。在计划体制下，这个工具变量对城市教育产生了外部冲击。可以看到，使用工具变量进行估计后，城市教育的系数显著提升。在我与爱德华·格莱泽（Edward Glaeser）合作中，我将复制CHIPS数据的研究结果（Chinese Household Income Project Survey）进行复制，利用工具变量后，社会教育回报达到21%。这意味着，就城市层面而言，如果平均教育水平增加一年，则个人工资将增加21%。我使用2005年人口小普查数据，替代之前使用的CHIPS数据，仍然得到20%—23%的结果。综上所述，即使使用不同的数据来源，人力资本外部性的结果也很接近。

基于这些数据，我想谈谈城市人力资本。在图3中，大家可以看到，横轴为2000年大学毕业生所占的比例，纵轴为2000—2010年，大学毕业生所占比例增加的数量。大家可以看到，这10年间，大学毕业生人数越多，大学毕业生增长率越大。这个数据结果与美国数据类似，即大学生会涌向拥有人力资本和人力资本外部性的地区。如果我们利用更多的方式来估计城市能够吸引的受教育人口，大家可以在表1

中看到，高技能劳动力比率高的城市，能够拥有更高的高技能劳动力比率上升幅度，但其高技能劳动力人数的增长更慢，存在一些趋同现象。

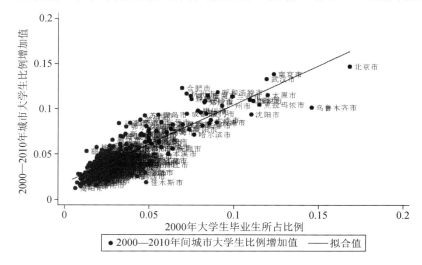

图 3　2000—2010 年间城市大学生比例增加值

表 1　高技能劳动力份额对高技能劳动力增长率的影响

解释变量	高技能劳动力份额		高技能劳动力增长率	
高技能劳动力（2000 年）	1.308*** (0.0676)	1.020*** (0.0917)	−6.147*** (0.925)	−7.813*** (2.700)
人口（2000 年）		0.00221** (0.000935)		−0.00309 (0.0240)
GDP（2000 年）		0.00518*** (0.000829)		0.135*** (0.0277)
工业结构（2000 年）		0.00131 (0.00174)		0.147*** (0.0294)
常数项	0.00876*** (0.000642)	0.0200 (0.0197)	1.353*** (0.0198)	0.996** (0.413)
N	260	260	260	260
adj.R^2	0.839	0.862	0.107	0.291

注：***、**分别表示在 1% 和 5% 的显著性水平下显著。

高技能劳动力对人口更具吸引力，而低技能劳动力则不。如果用低技能劳动力所占的份额替换高技能劳动力所占的份额，其对于高技能劳动力的增长的影响是负的。如果同时控制高技能劳动力和低技能劳动力所占份额，那么会看到表2第二行的高技能劳动力与高技能劳动力的增量呈正相关。我的意思是说，城市经济增长的驱动力在于大学毕业生，即高级人力资本。随着时间的推移，可以借助不同的衡量标准，看到2000年和2010年不同城市的人力资本分歧，无论使用标准偏差或"75/25"四分位比值，或隔离指数，可以看到在这10年间，不同衡量标准均显示出城市间人力资本差异越来越大，不同城市出现了人力资本存量的分化趋势。

表2　低技能劳动力份额对高技能劳动力增长率的影响

解释变量	高技能劳动力份额			
低技能劳动力（2000年）	−0.233*** (0.0198)		0.0288* (0.0194)	−0.0233 (0.0219)
高技能劳动力（2000年）		1.308*** (0.0676)	1.183*** (0.0741)	1.020*** (0.0917)
人口（2000年）				0.00221** (0.000935)
GDP（2000年）				0.00518*** (0.000829)
工业结构（2000年）				0.00131 (0.00174)
常数项	0.220*** (0.0170)	0.00876*** (0.000642)	0.0344** (0.0171)	0.0200 (0.0197)
N	260	260	260	260
adj.R^2	0.673	0.839	0.841	0.862

注：***、**、*分别表示在1%、5%和10%的显著性水平下显著。

中国人口众多，包括政府官员，很多人都认为北京、上海等大城市只需要大学毕业生，因此驱逐低技能劳动力，这是极大的误解。事实上，不同的劳动力间的差异技术可以进行互补，而非替代。因此，我们估计了城市中高技能劳动力的比例对于高技能和低技能两类劳动力的工资的影响，两个系数均为正值。这就说明，高技能劳动力有利于提高高技能和低技能两类劳动力的工资水平。此外，高技能劳动力也有利于吸引高技能和低技能两类劳动力。但是，对于低技能劳动力而言，由于户籍制度的限制，高技能劳动力变量的系数并不重要。同时，我们发现，如果城市拥有更多高技能劳动力，将降低受中等教育的居民所占的份额，因为后者无法在市场中与高技能劳动力竞争，但是他们也不会从事低技能劳动力从事的粗重工作。

为什么大城市中可以促进技能间的互补呢？根据文献资料和研究，有三个途径：第一，劳动力分工。不同的人在一起，要进行分工，这样可以提高劳动力市场的效率。第二，人力资本外部性，因为大城市人口密度高，可以促进人力资本的外部性。第三点也很重要，称为消费外部性。当城市人口增多后，高收入人群会将其部分家务外包，到市场上聘请家政人员，同时，更多在外面吃饭，而非自己做饭。因此，将会增加对于消费者服务的需求和对于低技能劳动力的需求。这就是所谓的消费外部性。

大城市是不是真的促进了技能互补性呢？根据我们近来的研究，如果企业很小，那么他们不会有劳动力分工和技能互补。如果企业大到一定程度，那么公司内部就会存在技能互补。但是，可惜的是，由于户籍制度的限制，大城市的低技能劳动力人口仍显不足，这时，大城市并未有效地促进企业内部的技能互补。

现在，让我们来一起看看中美两国间的对比。图4的右图显示的是美国的情况。实线表示的是大城市，而虚线表示的是中小城市。根据受教育水平的分布，大家都可以发现，与小城市相比，大城市的低技能劳动力和高技能劳动力都更多。回头来看看中国的情况（图4(a)），大城市的劳动力中受教育程度明显偏向右侧。可以看出，与美国相比，中国大城市的低技能劳动力仍显不足,我们的研究可以证明,落户门槛越高的城市,低技能劳动力比例越低。以上海和北京为例,如果城市发展过程中需要低技能劳动力,则这部分劳动力供应不足,其劳动力成本必将增加。人们感觉到,如果住在北京和上海,生活成本将十分高昂。这不利于增强这些大城市的竞争力,同时也会导致经济增长的损失。

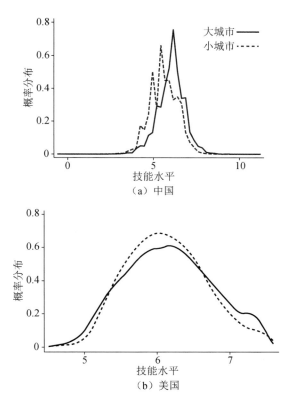

图4 中美两国城市的技能互补性

如果大家将小城市和大城市的教育水平进行对比,则可以看出,大城市更青睐于高技能劳动力,这种情况与美国城市的情况不同。我们的研究发现，户籍制度的确妨碍了中国的技能互补。首先，户籍制度影响了城市中的技能分布。户籍指数是衡量获得城市户口困难程度的指数，该指数与劳动者技能分布位于 10% 分位数上的可能性之间呈负相关性，与劳动者技能位于 90% 分位数上的可能性之间呈正相关性。这意味着，户籍门槛高的城市将吸引更多的高技能劳动力、更少的低技能劳动力。

户籍制度还会对技能的互补造成负面影响。我们近期的一篇论文指出，在户籍制度施行较严格的城市，国有企业内的技能互补性更低，但如果控制了户籍指数，国有企业与非国有企业之间的技能互补差异将消失。当我们谈到大城市的技能互补性不强时，不是由于城市太大，而是由于它们在控制人口的流入。控制户籍指数后，确实将增加大城市的技能互补性。这是另一个证据，表明事实上中国正在放缓大城市的增长引擎。

户籍制度同时还将对本地居民带来负面影响，其中一个途径就是消费外溢性。在近期发表在《世界发展》（*World Development*）的一篇论文中，我们利用中国的数据证明，在控制其他方面的因素（如收入、性别、教育等）后，没有当地户口的外来移民平均减少约 17%—21% 的人均消费，这是一个巨大的损失。为什么会出现这样的情况呢？因为他们对未来的预期较差。预计到中年以后，他们将回到故乡，未来收入水平将大幅度下降。同时，他们的社保覆盖率也很低，大约 20% 不到。考虑到在不同城市之间转移的成本较高，他们也不愿意消费耐用商品。这三种渠道将减少消费。当外来移民减少消费时，本地居民也将受损。根据梁文泉所做的研究，外来劳动力向家里寄的汇款增加 1%，本地工人的工资就将下降。为什么？因为外来劳动力减少消费时，也会减少服务行业的消费。但是一些服务工作是由本地工人完成的，如果消费缩水，本地工人也将蒙受损失，他们也是受损失的一方。

总之，我将得出以下三方面的结论：第一，高技能劳动力是现代经济增长的驱动力。第二，大城市应当且能够推动不同技能劳动力之间的互补。由于当前户籍制度的限制，中国未能充分实现高技能劳动力和低技能劳动力之间的技术互补。因此，中国的现状便是，在该出现经济增长的地方，驱动无力，而由中央政府控制的资源被分配到没有增长引擎的区域。由于中国幅员辽阔，这就会导致不同地区间资源的严重误配。为实现可持续增长，跨区域的资源再配置十分重要，尤其是在服务业和制造业发展越来越重要的时期。因此，我的分析中包含的政策启示为供给侧结构性改革。供给侧改革在中国是一个颇为流行的说法，但我想强调的是空间——空间的供给侧结构性改革，目的是提高不同区域间的资源配置效率。中国的城市应当逐步移除劳动力流动障碍，对高技能劳动力和低技能劳动力都要欢迎。尽管人们迁往大城市后，将面临基础设施供应和公共服务提供的压力，但是城市需要通过供给侧改革提高供给的数量和效率，而非控制需求。控制需求的政策只会让经济增长与社会和谐两者兼失，而供给侧改革却可以实现两者兼得。

股市的现状和未来

潘向东

中国银河证券首席经济学家,中国首席经济学家论坛理事

2014年,我谈对中国经济的预测时曾说道:"做3—5年内的经济预测,可能还不如看中央经济工作会议的目标怎么定。"因为中国是具有强势型政府的经济体,政府对经济的干预力度很大,且有充分的政策工具可以影响经济的短期运行。但是,政府也不知道中国经济的增长点到底在哪里。所以我当时说,中国处于一个混沌增长的状态。下降是确定的,但过程很难预测,因为政府也不知道"油门"和"刹车"如何配合。同时,中国的金融系统不太稳定。2013年出现了"钱荒",2015年又面临"股灾",现在又面临房地产价格的快速上涨。对于中国经济,各位专家们都已经做了比较详尽的论述,我今天不再多讲述了,就与大家谈谈资本市场。

一、当前中国股市的现状

说到中国股市的状况，大家都对短期比较感兴趣。但是，短期受到的影响因素比较多：第一，受企业盈利情况的影响。第二，受流动性的影响。这几年，在流动性积极充裕的情况下，2015年股市冲到了5000多点，当时中国的经济增速还在不断下降。于是，就有人得出一个结论：是不是经济下行股市就涨？第三，受股票政策的影响。第四，受市场情绪的影响，包括海外市场的波动都会影响中国股市。基于这些影响因素，对一个研究股市的人来说，预测短期股市的波动是困难的。

我们能做的是做一个中长期的判断。如果大家认为未来的中国经济会像拉美国家一样乏力的话，我们就不用谈股市未来发展的问题，因为资本应该回避这个风险。比如巴菲特，大家都说他是股神，其实他是搭了美国经济快速增长的快车。分析中国中长期的经济形势需要建立一个前提条件，那就是对未来中国经济增长和转型持有乐观态度。在这个前提条件下，我先给大家介绍我对中国股市现在和未来的一些看法。

2015年年底，中国A股的总市值占GDP的比重大约为80%（见图1）。2016年6月此比重进一步下降，目前A股的总市值大概是45万亿元。中国的GDP总量目前是69万亿元（见图2），到2020年，中国的GDP总量预计会超过90万亿元。按照目前成熟市场的发展规律，其股市总市值大多超过了GDP（见图3）。按这样折算，目前45万亿元的总市值，即便有一个回归，发展空间也比较大。这是第一个方面。

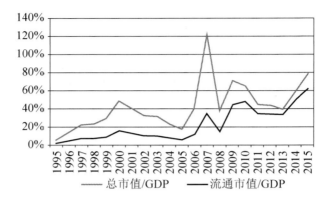

图 1 中国股市总市值、流通市值占 GDP 的比重

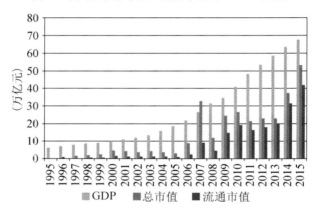

图 2 中国股市总市值、流通市值与 GDP

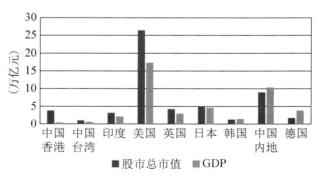

图 3 各国（地区）的 GDP 及股市总市值

第二个方面,中国与成熟经济体市场的证券化率比较,美国市场的证券化率达到152%,储蓄占GDP的比重仅为16.3%,而目前中国储蓄占GDP的比重高达50%(见图4)。和其他的经济体比较,比如印度、英国、日本、韩国等,中国市场的证券化率都低于它们。所以,从这个角度看,中国证券市场发展的空间也比较大。

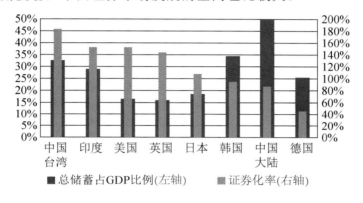

图4 各国(地区)的证券化率

第三个方面,与其他成熟经济体的市场结构相比,中国资本市场很好地反映了经济增长的结构状况:目前,A股市值主要集中在工业、金融和能源领域,这与过去30年所走的工业化道路密切相关。而其他成熟经济体的市值分布是相对综合的,包括电信、非日常生活消费品、日常消费品、信息技术、公共事业、医疗保险、原材料等。所以,预计未来中国股票市场的行业比重分布也会朝着这方面演进。

第四个方面,投资者的结构。现在很多人认为,A股是一个散户市场,散户都是非理性的。从全球来看有没有不同?中国的情况属不属于新鲜事物?其实美国在1945年、1956年、1967年的时候,主要投资者也是以散户为主,个人投资者的比重一度达到90%以上。英国的股市50%以上也是散户。那么东亚是不是有特殊的"赌文化"呢?

在拉斯维加斯或者澳门，可以看到很多"黑头发、黄皮肤"。但实际情况并不是这样。从韩国和中国台湾地区的投资者市值可以看出来：过去个人投资者占的比重也比较高。1980年时，韩国的个人投资者占56%，但随着市场一步一步走向成熟，个人投资者的比重不断缩小。而在中国台湾地区，过去个人投资者的比重一度达到60%左右，但随着市场的发展，现在个人投资者的比重降到了30%，而且，这个演进过程用的时间并不是特别长。由此可见，成熟经济体曾经的一些发展过程正是我们现在所经历的。

从现在A股的开户数、交易占比、持股占比看，持股更多的是一般法人，这是中国的特殊现象。但是，从交易情况和账户数来看，A股确实是以散户为主的市场。A股85%的交易来自个人。从账户数的角度来看，几乎都是个人，这是我们的现状。

二、中国经济转型的必然

在这个现状下，未来中国股票市场和资本市场会如何发展？要探讨这个可能的趋势，首先需要探讨中国的产业发展和变迁，亦即改革开放之后的产业发展的变迁。

首先看第一、二、三产业的发展变化过程（见图5），20世纪80年代初，第一产业发展比较快，80年代中后期，开始了工业化进程，第二产业开始快速发展。80年代的万元户主要来自哪里？主要来自乡镇企业。他们从事什么产业？食品加工业。与此同时在城市，在哪个产业就业家里会比较富裕？纺织工业。与之相关，外贸行业也比较富裕。所以当时城市的就业人口涌向了两个地方——纺织部门和外贸部门。当时要解决的主要问题是什么？吃和穿。所以当时这两个与之相关的产业得到了快速发展。到了90年代，大家的吃和穿有了保障以后，哪个产业发展最快？家电。90年代中央电视台的广告头牌都是生产冰箱、洗衣机、电视机之类的家电厂商。90年代后期，大家又开始思考另外一个问题——住和行。与之相关的就是房地产和汽车工业的快速发展。与之配套的，如钢铁、建材、水泥等行业都得到了快速发展。

过去的30年，我们解决了老百姓的衣食住行，与之相关的产业也得到了快速发展。中国的财富集中在了这些行业里面。现在福布斯排行榜上，上榜更多的是房地产企业。

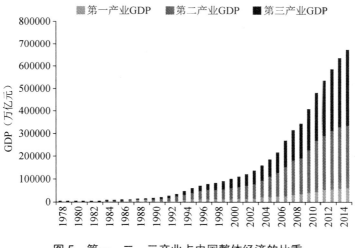

图5　第一、二、三产业占中国整体经济的比重

现在和未来什么产业会发展得很快？不需要问经济学家，做一个抽样调查就知道了。家里的长辈天天思考的是什么问题？健康和养老。而我们这一辈，天天想着孩子的教育问题。85后、90后在思考什么问题？娱乐、旅游。未来产业发展的方向在哪？大家其实可以得出结论了，就是健康、养老、旅游、娱乐、教育以及与之相关的产业。

但是，这些产业跟过去产业的融资模式不一样。过去重化工业发展的时候，只要具备两个条件就可以实现融资：第一，有一个强势型政府，特别是地方政府，它可以拿到土地，可以强制性拆迁，这个项目就可以上了。第二，有银行提供配套融资。海外有成熟的技术，老百姓有需求，盈利不用发愁。所以过去 30 年，这种模式得到了快速发展。但是现在城镇老百姓的衣食住行已经基本得到满足，未来银行会在这些产业贷款给你创业吗？现在大家手上都有 iPhone 手机，但 2008 年 iPhone 1 刚刚推出的时候，你更愿意用诺基亚或者摩托罗拉，而不愿意用苹果手机。大家可以想想，以它当时的盈利能力以及"不好看"的资产负债表，在中国的环境里能够得到银行的配套融资吗？从商业银行角度来看，首先考虑的是经营的风险控制问题。它贷出款的 100 个项目，如果有 10 个项目出现亏损，对于银行来说都是难以承受的，不良贷款率就会快速往上走。但是，在资本市场，只要公平、公正、公开就可以，追求的是高风险、高收益。做私募股权投资，投 100 个项目里，只要有 10 个项目成功就行。由此可见，这种融资方式跟中国的经济转型是密切相关的。

过去，中国经济发展可能更多地依赖银行，而未来，中国经济发展将更多地依赖资本市场。从这个角度来说，中国经济转型是否成功，与中国资本市场密切关联。从中美金融市场结构也可以看到巨大的差异：目前，中国依靠资本市场直接融资的比重不到 20%，而美国依靠银行间接融资的比重不到 20%。是不是东亚国家喜欢通过银行间接融资呢？在日本，通过资本市场直接融资的比重也超过了 60%。所以，未来中国投资依靠资本市场的空间还很大。

2016 年 5 月，中国银行业的总资产已突破 200 万亿元，几乎是 2015 年中国 GDP 的 3 倍。而 2016 年 5 月末，中国股票的总市值仅 44.86 万亿元，债券余额 55.45 万亿元，均不及银行业总资产的三分之一。2015 年年底，美国债券存量为 39.92 万亿美元，相当于美国 GDP 的 2.22 倍；国内股票总市值为 25.07 万亿美元，相当于美国 GDP 的 1.4

倍；银行业总资产为15.8万亿美元，不及美国GDP的90%。

在多层次资本市场（见图6）建设方面，现在谈得更多的是主板和创业板。但是看新三板的发展，短短几年时间就有七千多家上板企业，估计到今年年底会有上万家，到明后年可能会有两万家。将来一旦分层系统与转板机制成熟，它会慢慢成为主流。事实上企业融资方式已经开始朝着资本市场演进。在 A 股之外，纽约股票交易所、新加坡股票交易所、香港股票交易所都在不断成为企业的选择之地。

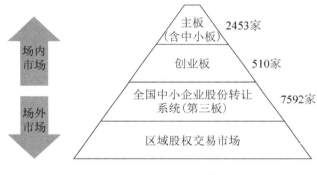

图6　多层次资本市场

三、老百姓生活改变的必然

中国有经济转型、融资方式转变的需要，企业有通过资本市场融资的需求，老百姓会不会有这样的需求呢？

首先来看居民可支配收入的增长状况。过去，居民的可支配收入一直低于 GDP 的增速，现在慢慢发生了改变——居民的可支配收入增速超过了 GDP 的增速（见图7）。我有一位同学的爸爸是中将。我曾经问他："你爸爸给你留了多少财产？"他说留了一千多块钱。在20世纪80年代，这已经很不错了。那时居民所赚的收入主要是满足家庭的吃和穿。到90年代，家庭的收入主要用于购买家电。2000年之后，老百姓的钱去了哪里？去购房、买车了。为了满足购房、买车的需求，老百姓的金融行为必然是选择把钱存在银行。因为买房需要首付款，买车需要集中支付。他必须通过把有限的收入进行不断的积累来满足衣食住行的需求。

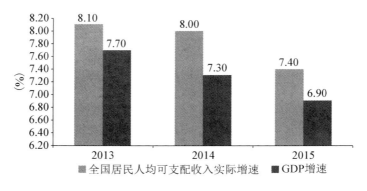

图 7　居民可支配收入增速与 GDP 增速

现在，城镇居民的衣食住行需求已经得到了基本满足。在这种情况下，他们的行为会不会又发生变化？我们问问现在周边的人，特别是 85 后和 90 后。他们的房子和车子大多是从父母那里得到的，他们的收入还会存到银行吗？不会，他们的财富会朝着"多元化"的方向发展。现在，有人选择收藏古董、字画、玉石，也有人投资黄金和白银。这些在 20 年前都是无法想象的。除了这些投资之外，大家的投资方式主要会朝着另外一个方向发展——理财。他们不再把这些富余的资金存到银行，而会选择资本市场。

2008 年，中国居民的现金存款占银行存款的比重达到 54%。到 2014 年，这个比重下降到 46%，他们还有不动产，甚至包括在境外的投资、保险，银行的理财也在不断上涨。居民的财富已经在朝着多元化的方向演进。

一方面企业有需求，另一方面老百姓提供了资本。两者一旦对接，未来资本市场的发展是不是会迎来一个快速发展的5—10年？10年之后会怎样？中国的资本市场也会成为一个相对成熟的经济体。将来要致富的话，恐怕只有像乔布斯这样的天才才可以。但是未来5—10年的资本市场会为大家提供这种快速发展的机会。

刚才谈到了资产管理的规模。在2014、2015年，无论是保险、基金、券商还是信托，都得到了快速成长。基于这个理由，我认为未来5—10年是资本市场快速发展的黄金十年。

如果要问哪一天是"底"？我无法告知。因为短期不确定性因素很多，包括国内和国外的，这种不确定性因素积累起来的金融风险可能会释放，导致金融市场反复。但是从5—10年的角度去剖析，只要对中国未来的经济抱有希望，我觉得中国的资本市场会迎来一个快速的增长期。过去10年，中国富豪榜上的富豪更多是集中在房地产领域，或者是传统周期性行业。未来10年，到2020年之后，我觉得中国福布斯排行榜上，更多的可能是金融方面的从业者。大家可以拭目以待。

今天我与大家的分享主要集中在经济发展的中长期视角。短期方面，目前也进入了一个合理的公平区间。我们做研究，最多只能判断一个区间，因为点位受市场波动影响，不可控的因素比较多。我们把市盈率或市净率做一个全球比较就会发现：目前中国沪深300指数比美国市场便宜，比其他经济体也便宜，应该说进入了一个价值投资的区间。

既然对中长期经济形势比较看好，短期也进入了价值投资区间，只要理财持有的年限能够达到5—10年，同时能够选择更好的标的，将来的回报一定会比较丰厚。

第三篇

经济战略的重启与重构

中国供给侧结构性改革的需求侧补充：软预算约束的终结

胡永泰（Wing Thye Woo）

中国留美经济学会会长，加州大学（戴维斯）经济系教授

2015年，中国的经济增长率为6.9%，未达到官方的目标值7%。于是，2016年出现在全球各大媒体头版头条中的中国经济便不复光鲜。国际媒体对中国经济疲软的现状大量关注，对中国经济前景的担忧层出不穷。例如，在接受彭博电视台（2016年1月21日）采访时，乔治·索罗斯（George Soros）宣称，中国经济"硬着陆"已经在所难免，甚至认为这是全球金融市场不稳定的"根本原因"。

2016年第一季度，中国开始进一步实施宽松的货币政策，以应对广为人知的经济增长的疲软。经济学领域备受尊敬的诺贝尔奖得主保罗·克鲁格曼（Paul Krugman）在接受采访时也表示，中国的情况使其担忧。为何他会有这种担忧？

如果回顾1978年以来中国的经济增长趋势，会发现1989年也曾出现过未达到经济增长目标的情况，由于事出有因且在预期范围内，没有导致连续两年实际经济增长率低于目标增长率的情况。总体而言，改革开放以来，中国的经济增长在达到目标值和突破增长模式两方面的表现都可圈可点。但近两年来，中国的经济增长有所放缓。2015年，中国的经济增长没有达到预计目标，世界银行官员预测2016年中国经济增长率约为6.7%，2017年约为6.5%，均低于"新常态"提出的7%的目标（见表1）。如果上述预测准确，那么中国将打破常规，创造新的经济增长模式。

表1 2008-2017年中国经济增长率

年份	GDP增长率（%）
2008	9.6
2009	9.2
2010	10.6
2011	9.5
2012	7.7
2013	7.7
2014	7.3
2015	6.9
2016（世界银行预测）	6.7
2017（世界银行预测）	6.5

为什么经济增长率会连续3年低于官方预定的目标？近年来，全球经济形势不容乐观，而中国保持经济稳定的只有出口业。以往任何可出口的商品，只要装箱就能够发运，但随着世界经济的衰退，这已经不再可行。2008—2014年，中国七大重工业——粗钢、水泥、平板玻璃、炼油、电解铝、造船以及纸和纸板行业的生产能力都有较大的

增长。然而，令人不安的是，各行业的产能利用率在下降，例如，粗钢的生产能力从2008年的6亿吨增长到2014年的11亿吨，但产能利用率大幅下降，从80%下降至71%（见表2）。事实上，2004—2014年，全球钢铁产量增长了57%，中国对这一增长贡献了惊人的91%。因此，中国的钢铁工业产量目前占全球产量的一半以上，超过其后四大钢铁生产国——日本、印度、美国和俄罗斯钢铁总产量之和的两倍。2008—2014年，中国水泥行业的生产能力从19亿吨增长到了31亿吨，增长率达66%，利用率却从76%下降到73%。据美国地质调查局和中国国家统计局的历史数据，中国2011年和2012年两年的水泥产量就超过了美国在整个20世纪的水泥产量。因为面临产能过剩的情况，中国确实没有理由再继续增加投资，而扩大产能会导致产能过剩，进而导致资不抵债的情况。

表2 中国七大重工业的生产能力和利用率

	产能（百万吨）			利用率（%）	
	2008	2014	增长率（%）	2008	2014
粗钢	644.0	1 140.0	77.0	80	71
电解铝	18.1	38.1	110.5	78	76
水泥	1 870.0	3 100.0	65.8	76	73
炼油	391.0	686.0	74.4	80	66
平板玻璃	650.0	1 046.0	60.9	88	79
纸和纸板	89.0	129.0	44.9	90	84
造船	28.8	39.1	35.8		

资料来源：欧盟商会（2016）。

我认为，产能过剩的原因在于中国已经发生翻天覆地的变化。如果中国仍然是20世纪80年代的国际市场价格的被动接受者，那么中国可以持续享有100%的产能利用率，每个行业都可以出口剩余产品，中国不会面临贸易伙伴的投诉。然而，今天的中国已经成为全球第二大经济体，世界其他国家已经无法在不影响本国工业行业大规模失业的情况下，吸收中国过剩产能的出口。为了出口剩余产能，中国企业不得不接受这种出口价格的下降。

总之，由于中国贸易伙伴的潜在反倾销措施以及价格竞争，中国无法出口其经济中普遍存在的过剩产能。现在，作为全球市场的重要参与者，中国不能再将出口作为稳定宏观经济的安全阀门。因为中国的影响力已经强大到当中国的需求上升时，其进口产品的世界价格将上涨；当中国的供应扩张时，其出口产品的世界价格将下降。

众多行业存在大量过剩产能的直接后果是，这些行业占据了很大一部分银行信贷资源，导致银行信贷资产质量日渐恶化，不良贷款率持续攀升。里昂证券有限公司估测，目前中国银行业的实际不良贷款率（NPL）的比例在 15%—19%的范围内，而官方估计的银行不良贷款比率为 1.6%。里昂证券估算的结果是，不良贷款相当于 GDP 的 10%—15%。

银行的高不良贷款率现象是一个古老的现象，但鉴于中国的 NPL 至少已经持续 10 年未出现过高的情况，我想谈谈这一情况背后的原因。

不良贷款到底有多少？1998 年，据尼古拉斯·拉迪（Nicholas Lardy，美国彼得森国际经济研究所高级研究员）的统计，当年四大国有银行（SOB）的不良贷款率为 48%，资本充足率（CAR）几乎略低于 8%，即 5%。为此，政府对银行进行了资本重组，到 2004 年将资本充足率逐步提高到 8%，到 2006 年，收购国有银行大量不良贷款，将不良贷款率降低到较低水平。事实上，在 20 世纪 90 年代末和 21 世纪初，中国的银行业不大可能存在崩溃的可能性，因为银行的所有者是财政部，国有资产可以保证银行存款的安全。反过来，中国的百姓没有理由想把自己的储蓄放在床垫下。政府可以为银行做担保，在银行岌岌可危、人心惶惶之时，政府有能力出手相救。

既然不良贷款没有引发金融危机的真正危险，为何政府要加以干预，对银行进行资产调整呢？政府必须采取措施的原因是，1998年，中国加入世界贸易组织（WTO）的谈判取得了良好的进展，并达成了协议。加入WTO后，中国的银行业势必在某种程度上更加开放。中国在2001年加入WTO时承诺，五年内将取消外资银行经营人民币业务的地域和客户限制，在审慎监管的框架下对外资银行实行国民待遇。2006年，外资银行被获准进入中国。考虑国内银行的最低现金流量需求（假设存款准备金率是0），中国加入WYO对国有商业银行的冲击可以用以下公式表示：

$$r_D D = r_L (D - \text{NPL})$$

其中r_D为存款利率；r_L为贷款利率；D为存款额。

如果NPL=1/3，存款利率下跌至4%，则国内银行收取的最低贷款利率为6%。如果一家无不良贷款的外资银行想进入中国，只要其存款利率略高于国内银行的存款利率，并将其贷款利率设置得稍低，就能吸引国有银行的整个客户群。因此，即使没有发生金融危机，中国仍然选择对银行进行资本重组。类似地，关于当前中国银行NPL的担忧在于，已经有大量外资银行涌入中国，且它们的不良贷款率极低。正因为如此，不远的将来，中国需对国有银行进行资本重组。

中国政府在21世纪初期对国有银行进行资产重组后，必须采取相应措施，以避免其再次产生不良贷款。2008年11月，G20华盛顿会议召开之后，银行贷款的增长率明显上升，各国承诺将采取积极行动应对大萧条以来这场最严重的金融危机。20国集团一致认为，在当前全球经济环境恶化的情况下，各国需要在加强宏观经济协作的基础上采取更广泛的政策行动，每个国家都有责任进行宏观刺激。因为，任何单独采取措施的国家很快就会面临巨大的贸易赤字，继而提前终止刺激政策。中国将继续坚持稳定出口和扩大进口并重，加快服务业开放步伐，推动对外贸易平衡发展。

2008 年 12 月，中国政府宣布开始施行预计 GDP 年增长率为 7% 的宏观经济刺激计划，以实现 8% 的目标年增长率。而国际货币基金组织对此完全不抱乐观态度，预测中国经济将不可避免地陷入负增长。

国际货币基金组织预测并称，中国 2009 年和 2010 年的经济增速为 6.7%，低于中国政府 8% 的目标。我对 2009 年 2 月中国经济的预测结果是在两者间选择了一个折中的数值。我曾预测，国有银行将很乐意服从增加贷款的指令，因为他们不再需要背负未来的不良贷款。而在软预算约束情况下，利润将私有化，损失将社会化。地方政府和国有企业将更热衷于参与各类投资。因此，我预计 2009 年和 2010 年两年的经济增速会接近 8%，而不是国际货币基金组织预测的 6.7%。结果，2009 年，中国的经济增速达到 9.2%，2010 年达到 10.6%，预算软约束得到极大释放。

如何积极看待预算软约束呢？我对 2009 年中国经济增速进行预测时，提到了"预算软约束"的概念，并将其用于解释"利润私有化，损失社会化"的投资情况。预算软约束是指，向企业提供资金的机构（政府或银行）未能坚持原先的商业约定，使企业的资金运用超过了其当期收益的范围。对于中国来说，预算软约束导致了道德风险问题，导致国有企业盲目投资，并愿意为相关投资提供资金。

我们可以看看中国的高速铁路。中国的高速铁路系统始建于 2008 年 4 月，修建效率惊人。2008—2014 年，高速铁路里程增加了 3.2 万公里，而 2002—2008 年高速铁路里程增加 7800 公里，比前 6 年增加了 4 倍（见表 3）。截至 2014 年，中国已经拥有全世界最长的高速铁路网,超过全球其余国家的铁路里程的总和。2008—2014 年,电气化铁路网络和高速公路网络的增长也大大高于 2002—2008 年的增长。要知道,几年前中国的基础设施仍然十分短缺。

表3 2002年、2008年和2014年运输路线长度

	运输线路长度(1000 公里)				
	铁路运营里程	电气化里程	高速铁路里程	总高速路里程	高速公路里程
2002	71.9	17.4	—	1 768.2	25.1
2008	79.7	25.0	0.7	3 730.2	60.3
2014	111.8	36.9	16.5	4 463.9	1119.9
2008—2014 年增长/2002—2008 年增长					
	4.12	1.57		0.37	1.47

高速铁路系统对于中国这样一个拥有众多人口的国家而言至关重要,因为它能够连接人口稠密的地区。但问题在于,如果你是钢铁制造商,政府向你下一份订单,要求在未来 6 年之内,交付修建 3.2 万公里高速铁路所需的优质钢铁,你是否能接下这一订单?如果企业要追求利润最大化,那么接下这一订单之前,你需要与政府进行如下协商:第一种情况是,你只向政府提供其中一部分钢铁,而其余需依赖进口;第二种情况是,你能提供所有钢铁,但是 6 年不够,需要 10 年,迫使铁路公司延长建设期;第三种情况是,考虑到未来货币贬值的可能性,向政府提出高额报价。

所以我想表达的是,没有私营企业愿意接这个为铁路系统生产钢铁和水泥的订单。主要原因在于,它们必须仔细考虑在交通项目完成后其附加生产能力的使用情况,即仔细考虑钢铁和水泥潜在的长期需求。从长期需求来看,其实大可不必杞人忧天,因为几乎所有的钢铁生产企业和水泥生产企业都是国有企业。如果再深入考量,产能过剩是可以通过出口来解决的。因此,在基础设施建设需要的情况下,为

了实现国家计划的目标，钢铁和水泥的生产大幅增加。短期内大量项目的完成导致了水泥和钢铁的产能严重过剩，没有以长期需求为基础。

不仅如此，提到城市化建设，大家都会想到1992年的胡同改造。还记得1992年时，我在空荡荡的胡同间穿行，全世界的人都在说，这将是全球最严重的地产崩溃。然后呢？两年之内，高楼大厦拔地而起。于是，就形成了"中国只要想修建基础设施，物资就能到位"的想法。遗憾的是，如果是在上海修建，那么物资肯定能到位，但如果想在西宁修建，物资到位的概率就小很多。

在某方面，产能过剩也说明中国的经济增长相当可观，对全球市场产生了的巨大影响。所以，"一带一路"是个好的提议，这是解决中国钢铁、水泥产能过剩的好举措，令邻国和中国双赢。

现在，我们来讨论一下消极的结果。在微观方面，大多数人都非常清楚产能过剩的情况，以及不良贷款的出现，政策制定者同样意识到了即将到来的不良贷款问题。在不良贷款问题真正出现之前，最佳的解决方法是什么？

有能力立刻偿还债务是防止出现不良贷款问题的最好办法。在无法支付利息之前，立刻偿还债务的最佳途径是什么呢？政府鼓励企业发行新股，以偿还银行贷款和利息。同时，政府开始向公众推广股票市场，作为储蓄的良好投资工具。再加上各种股市操纵行为的肆虐，致使2014年股市大涨。从2015年6月开始，戏剧性的股票市场繁荣以同样引人瞩目的股市崩盘而结束。当企业无法支付平均贷款利率时，其股票回报率是多少？低于银行平均贷款利率，因为毕竟企业无法支付银行贷款利息，产生的收益不够支付银行破产的收益率。

所以，2014—2015年，政府试图利用股票市场防止不良贷款问题，但制造的只是个必然会破碎的泡沫，更重要的是这将对预算造成压力，导致了金融市场的不稳定。

在经济学中，有两个很重要的数据，可以判断经济是否达到稳定状态。一个数据是以经济增长率高于利率为基础。如果经济增长率高于利率，GDP 就会保持稳定。如果不是，GDP 将会处于持续增长的爆发性状态。中国 2015 年的经济增长率至少为 5%，显然高于利率，这就是一个保障。所以，如果稳定性状态存在，可以看看下面公式。

$$当 y>r 时，（债务/GDP）_{稳态}=（f+b）/（y-r）$$

其中，y 为实际 GDP 的增长率；r 为政府负债的实际利率；f 为原始财政赤字率（（政府支出（去除还本付息）-政府收入）/GDP）；b 为银行不良贷款的增加/GDP。

1978—2011 年，GDP 增长率（y）的平均值高于 9.5%。自 2012 年经济增长放缓以来，政府将这一新增长阶段称为"新常态"。在 2015 年增长率达到 6.9% 之后，政府将 2016 年的增长目标设定在 6.5%—7% 的范围内。中国预算赤字率（f）的历史值通常在 2%—3%。1998 年的不良贷款率上升为 48%，这基本上是 6% 的增长。

在乐观情景下，$y=8\%$，$f=2\%$，$r=3.5\%$，我们发现：

当 $b=6\%$ 时，（债务/GDP）$_{稳态}=178\%$；

当 $b=3\%$ 时，（债务/GDP）$_{稳态}=111\%$；

当 $b=1\%$ 时，（债务/GDP）$_{稳态}=67\%$。

在"新常态"经济情景下，$y=6.8\%$，$f=2\%$，$r=3.5\%$，我们发现：

当 $b=6\%$ 时，（债务/GDP）$_{稳态}=242\%$；

当 $b=3\%$ 时，（债务/GDP）$_{稳态}=152\%$；

当 $b=1\%$ 时，（债务/GDP）$_{稳态}=91\%$。

在乐观情景下的模拟显示，当 $b=1\%$ 时，可以达到 67% 的稳定状态，这非常接近欧元区 60% 的目标。所以如果能够减少发放不良贷款的银行的数量，那么就可以维持每年 1%的不良贷款率所带来的 GDP 增长的稳定性。但在"新常态"经济情景下的模拟强调，即使在 $b=1\%$ 的情况下，财政可持续性也不能得到保证，因为 6.8%的较低经济增长速度不可能使得经济从债务中成长。总之，在目前的"新常态"经济增长阶段，软预算约束必须完全消除，才可以使财政可持续性成为可能。

基本上，在"新常态"经济下，更重要的是有能力完全阻止不良贷款的产生。从稳定性方面来说，"僵尸企业"是最大的挑战。

"僵尸企业"是指那些无望恢复生气，但由于获得放贷者或政府的支持而免于倒闭的负债企业。"僵尸企业"的利润来源于各种类型的补贴，例如贷款利率优惠，银行债务转为银行持有的股票。我们发现，"僵尸企业"的全要素生产率（TFP）的增长率低于"非僵尸企业"。2008 年以来，"僵尸企业"的增长与陆丁[①]和伍晓鹰[②]两位学者在最近的研究中发现的 TPF 下降的趋势一致。

陆丁发现，中国在 2011—2015 年，TFP 增长率为 0.71%，是 1996 年以来的最低水平。1996—2000 年 TFP 增长率为 2.3%，2001—2005 年为 2.92%，2006—2010 年为 3.65%。伍晓鹰的发现类似，1991—2001 年，TFP 增长了 1.72%，2001—2007 年增长了 0.54%，2007—2012 年增长了—2.10%（见表 4）。可见，陆丁更加乐观，而伍晓鹰就没有这么乐观了。但是即使 TFP 是取两者的平均值，经济增长的前景也不佳，而技术创新是经济增长的最终引擎。所以，供给侧结构性改革的想法是非常正确的，在很大程度上是因为必须通过增加 TFP 来维持合理的增长途径。

---

① 陆丁：新加坡国立大学经济系副教授，新加坡东亚研究所兼职研究员。
② 伍晓鹰：日本一桥大学经济研究所教授。

表4 每年TFP净增长率

陆丁（2016）	
1996—2000	2.30%
2001—2005	2.92%
2006—2010	3.65%
2011—2015	0.71%
伍晓鹰（2016）	
1991—2001	1.72%
2001—2007	0.54%
2007—2012	-2.10%

中国在"新常态"下的经济增长目标是7%，由于2015年的经济增长率为6.9%，中国存在3年经济增长率低于目标和经济逐渐放缓的可能性。为了使中国的经济增长率回到7%，两个最常见的改革方案：一是扩张性的宏观货币和财政刺激政策；二是供给侧结构性改革。

那么，应该出台怎样的对策呢？从经验中可以知道，宏观刺激有即时影响，主要解决当期经济增长速度下降、产能过剩问题。而结构问题一般是长期问题，结构性改革的效果一般要通过较长时间才能表现出来，其影响的存续时间也较长。根据中国目前的情况，这两种改革方案在短期增长稳定和中长期结构均衡之间进行平衡，可以避免陷入中等收入陷阱。

目前，中国政府优先重视供给侧结构性改革的政策，而供给侧结构性改革有四个最重要的组成部分：一是为下岗职工建立完善的社会保障制度；二是为下岗职工建立有效的再就业培训计划；三是使市场在中国的要素市场（资本、土地和劳动力市场）的资源配置中发挥决定性作用；四是加强国家创新体制建设。前两项改革对国家稳定和经济快速增长至关重要，现代经济是快速变化的经济，需要劳动力技能组成的变化。因此，中国必须加快将其分散的社会保障体系整合和覆盖到全面的国家体系中，并加强再就业培训。

改革应该在资本、土地和劳动力三个因素市场同时推行，对此，我重申一下金融市场改革、土地政策改革和户籍制度改革的重要性。陆丁之前说过，户籍制度成为中国创造力最大的障碍，这在很大程度上是因为没有人知道中国下一个最聪明的人是否出生在农村？这将使他无法接受高质量的教育，而唯有良好的教育才能让他成为下一个爱因斯坦。这次谈及的许多土地政策也非常重要，当然，在整个供给侧结构性改革中，创新能力也很重要，创新是供给侧结构性改革的关键，是能力、激励和制度因素的复杂相互作用。

还有反腐败，这是我所见到的在社会政治氛围上的社会结构改革措施。所以，我认为，中国找到了正确的对策，不需要更多的货币刺激政策，但是还必须解决一些影响增长的制度性障碍。

最后，我再次强调，这一切发生的原因在于预算软约束的存在，消除预算软约束非常重要。目前，主要有以下两种方法。其一，重新实施政府之前的有效做法，由银行的高级管理层对不良贷款负责。如果不良贷款继续存在，银行实行保守政策，解雇相关负责人。其二，对国有商业银行进行改革。如果预算软约束不被消除，供给侧结构性改革将不能发挥其全部潜力。

宏观经济形势：政府政策与未来增长动力

海 闻

北京大学教务委员会副主任，北京大学汇丰商学院院长

我想简单向大家介绍一下中国当前的宏观经济形势，另外解读一下政府的某些政策，最主要的是谈一下中国未来增长的空间和动力。

一、中国当前的经济状况

中国当前的经济状况比较困难。我最近去了美国、新加坡、马来西亚等几个国家，国外对中国经济的看法是比较悲观的，他们认为中国经济很可能会"硬着陆"。确实，从中国当前的宏观经济状况可以看到，GDP连续5年下滑且增长率低于8%，这一点可以说是30年来没有的。2016年第一季度的GDP增长率（6.7%）比2015年全年（6.9%）

还要低。这是一个现象。大家可以回顾一下，为什么说GDP增长率低于7%的话，问题比较严重？最近20年，中国经历过两次经济衰退：一次是1998年，1997年的东南亚经济危机以后，中国的经济增长遇到了挑战，当时的任务是保8%。另一次是2009年，2008年全球金融危机以后，中国经济又遇到挑战，当时的任务也是保8%。现在根本不敢再提保8%，因为目前GDP增长率实际上连7%都不到，1991年以来第一次低于7%。

过去一段时间，中国的经济发展是一直往下滑的。媒体也问，货币增加以后是不是就会出现通货膨胀？中国的通货膨胀根本不是问题。从稍长的趋势来看，现在的生产者价格指数还在负增长区间。当前中国经济增长放缓的主要原因是什么？正常不正常？这一点是大家关心的。当前中国经济增长放缓实际有三个原因：

第一个原因是经济增长的长期趋势。一个国家的经济不可能永远保持10%的高位增长，当前的增长放缓是一个正常现象，这就是我们说的新常态。从高速增长过渡到中高速增长是正常情况。现在算不算中高速？现在还不算中高速。

第二个原因是中国现在面临的宏观经济周期并没有结束。一个国家只要搞市场经济，经济就必然会有波动。全球经济发展基本上有过以下几个周期：20世纪80年代初全球有一个经济周期的低谷，90年代初有一个低谷，21世纪初也有一个低谷。这些低谷与中国也有关系，中国也一样，80年代初有一个低谷，90年代初有一个低谷，21世纪初有一个低谷。2008年全球金融危机的时候，中国照理也应该有一个低谷，但由于当时4万亿元的经济刺激政策，中国的经济发展上去了一下。我认为，如果当时没有这个刺激性政策，中国可能仍然处在2008年开始的一个经济周期。就像一个人，本来过一段时间就要发烧、生病，但是如果没有让它自然发出来，而是强制压下去，问题并没有解决。可以说，这次仍然是 2009 年经济衰退的一个延续。

第三个原因，对中国来说，这次的经济衰退又与前两次不同。1998 年和 2009 年，几乎所有的企业都不景气，几乎所有的地区都受到了经济放缓的影响。但是这次不一样，这次经济衰退，全国的 GDP 增长率是 6.9%，但是东北地区甚至华北地区的经济增长率，远远低于全国的平均数。这段时间，习近平主席、李克强总理赴东北调研，希望采取措施稳定东北经济。与此同时，华东、中部以及西南地区，经济保持了非常高的增长速度，最高的是重庆，2015 年的经济增长率超过 10%，沿海省份均超过 8%，深圳是 8.9%，在深圳根本感受不到经济在发生严重的衰退。如此说来，此次经济衰退不是一个全国性的问题，而是一个区域性的问题——"冰火两重天"。经济增长不平衡的背后反映了什么？产业的不同。

三大产业的增长速度不一样。全国 GDP 的增长速度在下滑，但是下滑最厉害的是制造业，农业的总体增长在放缓但基本稳定，而服务业的发展远远超过了全国平均水平。再看细分行业，全国的经济增长率从 7.7%下降到 7.4%，2015 年下降到 6.9%，但农业的增长率基本稳定在 4%左右，制造业下降得比较厉害，服务业虽然也下降，但是仍然保持了 8%以上的增长率。

在经济继续下降的时候，2015 年的服务业逆势而上，增长率从 2014 年的 8%提高到 8.3%；批发和零售业的增长比较明显，增长率从 2014 年的 9.8%提高到 2015 年的 12.1%；金融业的增长速度从 2014 年的 9.7%提高到 2015 年的 15%。所以说，今年中国反映出来的经济衰退，跟前几次的宏观周期不一样，其背后是产业结构的问题。为什么现在会出现产业结构问题？这里面既有经济体制的问题，也有国家进入中等收入时期必须要进行产业结构调整,但又未及时调整所引发的问题。

当然,之前的经济衰退也有这个问题。中国经济增长过一段时期就会放缓一点,都是因为产业发生了变化,人们的需求发生了变化。比如 20 世纪 70 年代初,温饱问题都没有解决。改革开放以来,经济增长速度很快,首先解决的就是温饱问题。当人们解决了基本温饱问题以后,需求就发生了变化,当时的需求主要是自行车、收音机、缝纫机等。所以,中国在 1984 年进行了改革,对 80 年代的产业结构进行了初步调整,确定了一些民营企业如服装厂、自行车厂、收音机厂的发展,带动了经济的增长。到了 90 年代,这些需求被满足以后,经济发展又有一个放缓的过程。后来通过引进生产线,拉动经济增长,促进产业结构调整,从军工业走向耐用消费品生产。90 年代末,需求本身再次发生变化。当时大家有钱,但是钱还不够多,基本的家电需求都满足了,下一步的需求是住房和汽车。可当时的金融机构并不能支持大家去买房子和汽车,再加上东南亚金融危机,经济发展在这种情况下就放缓了。21 世纪以来,最主要的拉动经济增长的动力是住房和汽车。

现在又到了需要调整产业结构的时期。这次产业结构调整与之前还不一样,前面几个阶段都是对物质的需求,现在开始是对生活质量的需求。这次产业结构调整的挑战更高。中国不再贫穷、不再短缺,中国需要的是高质量的产品,包括金融、法律、文化、教育、医疗等,还包括制造业方面。所以,中国现在所面临的不仅仅是宏观经济周期放缓,更重要的是面临着中国历史发展阶段的一个新的结构调整阶段。

为什么这次的衰退期比较长?从 2009 年开始,到现在已经 7 年了,可能还会延长一段时间。因为这次的结构调整不像之前的阶段,之前只是"感冒",过一段时间就好了,现在是得了一个比较重的病,需要"动手术",需要时间恢复。所以要有思想准备,这次中国经济调整的延续时间,不像之前,3—4年就调整好了,这次可能需要6—8年的时间进行调整。

关于调整时间,有两种不同的观点。一种观点是"L"形趋势,但我认为这不是趋势,"L"形趋势是短期的,不会一直这样下去。另一种观点认为中国经济很危险,可能会"硬着陆"。什么叫"硬着陆"?经济出现很大的问题,企业大量破产、工人大量失业,经济继续下滑得比较厉害,这是所谓的"硬着陆"。这是悲观学者的评论,特别是国外媒体,对中国经济的评论很悲观,宣扬中国问题很严重。

我认为虽然经济在下滑,但是对中国问题的判断,还必须考虑两个特殊的因素,所以我不会那么悲观。

第一个因素,中国还处在起飞阶段。中国所处的历史状况与欧美不一样,欧美国家已经完成经济起飞,现在是处在高空稳定的状态,而中国正在起飞的过程中,这个过程是需要一定时间才能完成的。从这个角度来说,中国还处在青春期,不管是经济体制,还是增长潜力,仍然存在很多发展空间。

第二个因素,中国还处在从计划经济向市场经济的转型期。政府的力量还存在,这一点是欧美国家做不到的。20世纪90年代初,海湾战争以后,老布什在美国的声望很高,但是正好遇上经济衰退,他很想稳定经济,提出了一系列政策,比如减税政策、刺激财政政策、宽松货币政策等,但是政府没有实施政策的能力,国会不同意老布什提出的很多措施。在这种情况下,美国政府对经济的控制能力是有限的。但是中国不一样,政府绝对不会让中国的经济出现很大的危机,所以这一点也是应当考虑的因素。

这里我进一步解释一下什么叫起飞。历史上任何一个国家,迟早都会从传统经济发展到现代经济。美国经济学家华尔特·罗斯托(Walt Rostow)把国家的经济发展比喻成一架飞机起飞的过程。一个国家在大部分时间属于传统经济、农业经济,随后,迟早会变成现代经济,如欧盟国家、东亚国家,包括一些东南亚国家。中国台湾地区的经济水平在20世纪50年代以前与内地基本是差不多的,人均GDP是一百多美元,但是第二次世界大战以后,其经济起飞了,现在发展成了新型的工业经济。从90年代开始,中国经济也起飞了。起飞是一个经济体在整个发展过程当中的特殊阶段。所以,看中国经济的问题,不能简单地去跟欧美或者其他没有起飞的国家比。

起飞需要一定的时间,需要足够的动力,否则会出问题,比如战争或者重大问题的爆发。动力一定要存在,动力主要来自工业化和城镇化。开始"起飞"时,主要动力是农业,大部分人住在农村,从事农业工作;随后是工业化,也就是产业结构的变化,本身就是动力,像火箭上升时有特有的动力系统。另外一个动力是城镇化,伴随着工业化的过程,农民会逐渐地进城,这也是历史上唯一的一段时期。在农业社会,农民是不进城的;发达国家的农民不需要进城,剩下百分之几的农民也不进城。只有在这个历史阶段下,农民逐渐进城,当然所谓逐渐也就是几十年的时间。一个国家从70%、80%的居民是农民变成只有10%、20%的居民是农民,这个过程就是城镇化。中国还处在城镇化的过程当中,发展动力依然存在。

我们可以用人的成长周期理论解释。人在成长过程中也有这样的特殊时期,就是青春期。青春期是人长得最快的时候,虽然会得病,但是问题不大,在成长时期,很多小病随着身体的慢慢成熟,会被战胜。这就如同中国现在的情况,在这种情况下,应该相信中国的问题有其特殊性，有其特殊的缺陷，但也有其特殊的潜力。

二、中国的政策

面对经济下行，政府通常会采取什么政策？中国现在有什么政策？1929—1933年，全球经济曾经出现过一次非常严重的衰退，叫作经济大萧条。这次大萧条是从美国纽约股市狂跌开始，引发了全球长达4年的各种经济衰退。2008年，全球股市也是大跌，有媒体报道说，这是百年不遇的金融海啸，用了很多严重的词来形容。但是，这一次与1929—1933年不一样，因为人们在错误当中学习和吸取经验教训以后，总会纠正。就像治病，几十年前，得肺结核、痢疾就能死人，现在不会了，因为有了很多药方。政府的宏观经济政策就是药方之一，在经济不景气或出现严重衰时，政府可以通过增加政府开支和货币供给来稳定增长，经济学称之为"凯恩斯主义"。1998年、2009年的宏观经济政策，基本上都是用稳增长的措施，增加总需求。增加总需求有两个主要政策，一是货币政策，二是财政政策。

大家熟悉的货币政策是增加货币供给。从2015年下半年到2016年第一季度，中央大量地使用了货币政策，包括降准降息、降低银行准备金率、降低银行利率以及增加货币，这些都是刺激总需求的措施，会推动人们的消费和企业的投资。

相关影响是，当实施宽松货币政策的时候，本国的货币就会相应地贬值。最近人民币持续贬值，人民币兑美元的汇率从6.1、6.2到现在的6.7，引起了国际社会的关注。最近人民币再次贬值，为什么？本币要贬值，以刺激出口。传闻美国要加息。美国跟中国相反，美国是病好了，经济开始要爬坡了。美国是防通货膨胀，防过热就要提高银行的利率；中国是要防经济过冷，要升温，所以采取宽松的货币政策。美联储宣称要提高利率，这就会造成人民币的进一步贬值。人民币是否存在贬值压力？只要中国经济不景气，美国经济过热，人民币一定存在贬值压力。

从总需求角度来看，人民币贬值对中国经济也有刺激作用。货币贬值以后，出口就会上去，因为部分商品相对便宜了。货币政策最近广受争议，前段时间《人民日报》刊载了一位权威人士的文章，在学术界引起很大的争论和关注，这篇文章实际上代表了中央在一段时间里的两种不同的声音。一种声音认为，现在最主要的任务是保增长，所以要用更宽松的货币政策。另一种声音认为，现在不能再增加太多的货币，不能再提高杠杆，所以更多的是要调整产业结构。前段时间有分歧，但中央经济工作会议以后，基本步调一致了。中国不要过多地使用货币政策，因为今年所面临的不是总需求不足的问题，不是没有钱的问题，而是调结构的问题。

当然经济继续下滑也不行，特别是东北，经济继续下滑就会导致失业。这时候财政政策可以作为保增长的一个重要政策。什么是财政政策？就是政府花钱，通过工程建设直接进行投资，创造就业，拉动经济，包括民生工程、基础设施建设以及最近的扶贫。扶贫实际上是一种财政政策，通过财政的转移支付，让生活水平比较低的人得到更多的收入，增强他们的消费能力，通过他们的消费增加对整体经济的总需求。像深圳这些地方政府的钱较充足，教育、科研等都是政府该花钱的地方，都属于财政政策。

因此，面对这样的经济衰退，传统的方法是通过增加总需求来拉动经济，主要方法是增加货币供给或者增加政府开支。现在的情况是要保证经济增长，但面临的问题是要同时调结构，否则不能解决经济衰退的根本问题。中国现在是在"发烧",不仅要把"高烧"压下去,最主要还要把引起"发烧"的根本问题解决。"发烧"的原因可能是"长了一个瘤子",是否要"动手术"?所以,现在不仅仅是维持现状的问题,最重要的是调结构。

中央现在对于调结构的态度非常坚决,不但要维持现状,还要从根本上解决问题。调结构就是除了刺激总需求以外,要调整总供给。主要政策有:第一,减少过剩产能。像钢铁、水泥等行业的生产能力过强,这些产业在中国不是夕阳产业,造成产能过剩的是制度问题。不是没有需求,而是相对于需求,供给更大,这叫产能过剩。第二,对某些行业去杠杆。由于使用杠杆后,有更多的供给,就需要把过多的供给减下来。第三,降低企业的负担,我们称之为降成本。中国跟20世纪80年代美国的供给政策不太一样,当时美国也出现过这样的情况,石油危机以后,企业成本很高,一方面通货膨胀,另一方面企业大量地倒闭。在这种情况下,里根总统还是用凯恩斯的做法去刺激需求,结果没有解决问题。因为这是供给方面的问题,光靠刺激需求解决不了。他后来开始想办法,降低企业成本,大量地给企业和个人减税,这是80年代里根实行的供给方的改革。

中国总体需要增加供给,局部需要减少供给,要让企业在不景气的情况下有生产能力。但中国企业的负担比较重,所以要减轻企业负担,降低企业成本。最近的"营改增"就是降成本的一个措施。要发展供不应求的产业,这是补短板。

我们如何理解中央一会儿说保增长,一会儿说调结构?实际上两极目标都要保证。保增长,确保经济不要大幅下滑,但同时要坚定不移地调结构,"手术"一定要动,再不动,经济衰退的根本问题就解决不了,将来又会出现新的问题。这就是总体思路:一方面要保增长,仍然要用财政政策和货币政策，特别是针对一些经济特别不景气的地区和行业；另一方面，要调结构，要在总供给方面进行调整，使供给和需求更加平衡。

治理过剩产能的具体措施有：首先，淘汰"僵尸企业"，兼并重组。其次，城镇化。当然，城镇化是涌向有发展机会的城市。如果城镇没有就业机会，是不会有人去的。此外，控制对过剩产能行业的贷款和投资，对产能短缺的产业放松管制、降低成本、鼓励创新等，都是对刚才政策的解读。

三、中国经济未来的动力

我们不光看现在，还要看未来。企业家能否成功，最重要是在于有没有眼界，越是不景气的时候，越要看到希望，乐观的心态能不断推动社会的进步。企业家要乐观地去分析将来的潜力。我个人认为以下四个方面是未来推动中国经济增长非常重要的动力。

第一，改革和发展服务业。一个国家发展程度越高，服务业的比重越大。因为服务业与居民消费相关，百姓在吃饱穿暖后，会将更多的钱放在健康、生活、娱乐等消费上。中国人已经开始把大多数的钱放在消费上。每次从上海出发的游轮都是满的，而且游轮公司是由外国企业经营，说明它们很早就看到了中国未来的发展机会。我们自己怎么能够更好地看待中国将来的发展机会？

中国服务业产值占GDP的比例现在才刚刚达到50.5%，世界平均是70%左右，美国服务业产值占GDP的比例是78%，将近80%。美国的农业很发达，但产值只占GDP的1%；美国的制造业也很发达，包括军事和航空，但是产值只占GDP的20%；美国大部分是服务业。

服务业对中国经济发展的拉动主要表现在以下几个方面：首先，服务业让居民消费更加方便。消费是否能够拉动经济，和消费网络、消费便利有一定关系，和互联网、电商的发展也有关系。2015年我国的零售业务增长速度超过12%，说明零售渠道的设施和普建逐渐完善，这将为中国进一步的消费增长提供很好的基础。

另外，要注重产品的附加值。今后，中国的产品不应仅注重生产，而且应注重品牌建设。欧美的服务业品牌对产品所加的附加值非常高，很多中国人到巴黎买LV包，LV包为什么那么贵？因为品牌价值高。所以，中国确实到了重视品牌建设的时候。但是大家不要认为中小企业不需要品牌，将来的附加值不仅仅是产品的质量，产品的质量是可以快速改进的。最近马云说，很多企业生产的假冒产品的质量，不比正牌的差。确实是，但这实际上是一个知识产权保护问题，假冒的企业没有品牌，而且侵犯了他人的品牌。所以现在不只是产品质量问题，而是怎样建立自己品牌的问题。

中国服务业的潜力在哪里？以两个行业为例——医疗健康行业和文化产业。首先，美国的医疗健康行业产值占GDP的17%，整个制造业产值只占GDP的20%，这是一个国家经济发达的表现。国家发达的时候，会把大量的钱投入健康领域。因为物质生活很便宜，占的比重很低，因而可以把大量的钱放到健康上。日本的医疗健康投入约占GDP的10%，英国也是10%左右，世界平均在10%左右。中国医疗健康行业的产值目前占GDP的5.5%，说明还有增长空间，距离达到日本的水平至少还有5%的空间。

其次，文化产业的产值在美国占到GDP的20%—30%，这非常重要。人们的生活水平提高到一定程度后，就会有对音乐、艺术、电影等文化产品的需求。日本的文化产业的产值占到GDP的20%，韩国占到 GDP 的 15%。中国的文化产业的产值只占 GDP 的 3.8%，不到 4%，说明中国存在短缺与发展空间，这当然需要改革。没有改革，中国的医疗健康行业和文化产业都无法发展。

中国的文化产业有两个问题：一是体制，二是能力。美国有些电影的前瞻性很强。比如《阿凡达》，除了技术以外，这部电影的理念不仅仅是一种价值观，其本身是一种科学的引领。前段时间的《火星救援》，可以在电影里看到很多未来的东西，它在引领这个国家的科技，引领这个国家的视野。这是能力问题，值得我们学习。

第二，城镇化还有很大的空间。中国的城镇化刚刚走了一半，还有很长的路。没有一个发达国家的城镇化率是低于 90% 的，但中国的城镇化率现在才 50%。日本只有 2% 的居民是农民，韩国的这一比重是 5%。首先，城镇化对基础设施的需求很强。中国的高速公路与发达国家相比，还远远不够。我对美国的第一个印象就是，你可以开车到达任何一个地方，很多地方进去以后可能也就是一个小镇，没有多少人，但是高速公路基本上都可以到达。虽然中国的高速公路等交通设施建得也不少，但与发达国家的差距仍较大。城镇化进程中，农民进城以后需要家具、家电等基础设备，这些行业并不是完全的夕阳产业，只是相对过剩而已。其次，新型城镇化带来了对包括环保、节能等产业的需求，还有两亿农民要进城，他们具有很大的消费潜力。

第三，制造业现在到了一个创新和整合的阶段。首先是技术创新。技术创新既包括应用型创新，又包括基础科学的突破。所以创新不仅仅是企业的事，还包括科研单位，现在企业和科研院所对创新的投入仍然不够。其次，知识产权的保护也很重要。

除此以外，商业模式创新也非常重要。同样是制造业，怎样跟互联网结合？怎样跟服务业结合？服务业需要接触制造业，为制造业服务。但制造业如何创新商业模式也是非常重要的，尤其在移动互联网时代。现在中国的制造业到了兼并重组的时候。中国面对的短期宏观问题比较容易解决，但是长期问题是产业结构的问题。产业结构的问题有：一是需要服务业的改革开放，二是需要制造业的兼并重组。现在制造业都是"小而全"，这在初级阶段是可以的，因为以价廉物美为重。美国的制造业不都是中小企业，中小企业只生产一个零部件，真正进行产品配套的是大企业。中国未来制造业的趋势是兼并重组，是要通过市场而不是完全通过政府的兼并重组。中小企业要做到大企业里面的"大而专"。专很重要，中国很多制造业企业生产很多产品，有一定危险性。企业在很小的时候不难解决生存问题，但这个阶段过后，市场发生很大变化时，你如果没有精力集中做一两个产品，你的产品是达不到要求的。所以，为什么制造业必须兼并重组？不仅仅是为了淘汰所谓过剩产能，更重要的是为了加强未来制造业的科研创新能力。比如，辉瑞制药每年有100亿美元的科研投入，通用汽车每年有40—50亿美元的科研投入。制造业将来必须做研发，才能保持高精尖，但做研发是要有实力的。

第四，实施"一带一路"国际化战略。"一带一路"是一个新的拓展空间。中国之前的眼光是看着欧洲和北美洲这两个发达地区，现在这两个地区的市场基本饱和了，发展空间有限。从中国的角度来看，在这两个地区发展空间都有限的情况下，就要分析哪里是发展的洼地，哪里有发展的潜力。

从学者角度看，"一带一路"确实是一个新的市场开发点。从中国的利益来看，短期利益是市场开发，长期利益是成为一个世界大国的重要机遇。我们不完全从经济角度考虑，还要让全球分享中国的增长成果，这是一个很高的高度。中国走出去不仅仅是转移过剩的生产能力，也是为了今后作为一个大国崛起的时候，有更多的朋友。

"一带一路"辐射的国家超过60个，其中潜力在什么地方？"一带一路"相关国家的人口约占世界人口的一半，但 GDP 总量只有世界的四分之一，贸易总量也只有世界的四分之一。所以，机遇是什么？就是它的潜力，经济总量将来至少要逐渐占到世界经济总量的一半以上。

　　讨论是否有用，取决于每个人的理解。2008 年也举办了同样的研讨活动，当时分析宏观经济不景气，经济很热，通货膨胀率很高，但是也分析了宏观经济走势正在加强，当时政府主要使用的手段是连续提高银行存款准备金率。当时我们分析经济可能会不太景气，结果 2008 年 9 月 9 日发生的金融危机加剧了中国经济的衰退。第二年，有位企业家跟我说："我特别感谢你，听了你的讲座以后，我就收缩了，躲过了危机。"有些人看不到经济衰退趋势，还在扩张，因为大家都在扩张。反过来，在大家都不看好的时候，恰恰就要有一种乐观的态度，这可能就是机会所在，去寻找周边的、长远的机遇。

从"十三五"规划
看中国经济的新阶段与新布局

巴曙松

北京大学汇丰商学院金融学教授,中国银行业协会首席经济学家,香港交易及结算所有限公司首席中国经济学家

    金融投资的从业者受宏观经济的影响非常直接,所以我从"十三五规划"等角度,讨论一下当前中国经济政策短期波动和结构变化的新特点。另外,从中期角度,作为参与"十三五"规划相关工作的研究人员,我将从新增的"十三五"指标来探讨未来宏观经济政策的重点。因为"十三五"规划的整体指标共20多个,这一次新增的七八个指标也是经过不同领域的专家反复的权衡,我认为这些新增加的指标背后隐含着一些中期的宏观政策的导向,值得关注。

一、中国经济的新阶段：周期与结构

（一）从中国经济新常态看 2016 年经济走势：进入窄幅波动下的探底阶段

从周期波动的角度来看，当前的经济处于什么阶段？把它放到过去的 10 年、20 年的波动趋势来看，从图 1 中最左边的低点再往左边看，上一轮的金融危机是 1998 年的亚洲金融危机，随后中国为了应对金融危机，采取了一系列政策举措，包括：加入 WTO，推动国企改革，国有银行剥离不良资产并股改上市，以及激活房地产市场，让中国经济保持了持续上升的趋势。应该说，这是改革开放以来经济上升周期持续时间最长的阶段，在 2007 年达到高点。

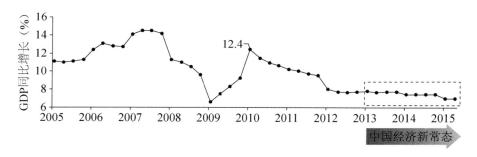

图 1　GDP 同比增长趋势图

2008 年金融危机爆发，中国经济在外部冲击下出现一个陡峭的回落。2009 年 GDP 同比增长率达到低点，同年出台了以 4 万亿元为代表的一揽子经济刺激计划，带动经济"V"形回升。到 2010 年，更准确地说是 2010 年的一季度，达到一个阶段性的高点。随后，在内外部因素的影响下逐步回落，目前为止还在回落的趋势之中。目前，综合测算投资的走势，到 2016 年年底、2017 年年初，这一轮回落有望触底，这是第一个判断。总体上看，这一轮从2010年开始的经济回落探底，持续时间比较长，经济运行也呈现出了一些新的特点。

第二个判断，从图1中可以看到，在2013年之后，中国整体经济波动的特点出现了明显的变化，和以前相比，波幅明显减缓，从季度值观察，常常是上下波动0.1、0.2个百分点，大幅收窄，在很小的区间内波动，但是在总体波幅减缓的同时，不同产业的分化非常显著。大家交流投资项目时，可以发现，有的产业投资非常乐观，有的又非常悲观，这种总量上波幅明显收窄的叠加过程反映了新的增长动力在逐步培育，而旧的动力在逐步衰减。用《人民日报》2016年5月9日权威人士的表述就是，这种窄幅波动就是"L"形。"L"形并不是不动，而是指它的波动出现了与原来不一样的特点，叫作"新常态"。

新常态期间最大的特征是中国经济进入了结构转换期，面临新动力形成和旧动力逐渐弱化这两股力量的双重交织。全球经济治理结构也在重构，旧的均衡被打破，新的均衡还在建立，市场的动荡难以避免。

（二）中国经济新常态："新经济"与"旧经济"

图2和图3分别是2005年和2015年不同产业对GDP同比累计的贡献率。10年时间里，工业的贡献率从2005年（贡献45个百分点）到2015年降低了15个百分点。而到2015年，不同产业的贡献率更加均衡，而不是像2005年，过于依赖一个行业。经济新常态通常指"三低"：低通胀、低增长、低利率；同时，不同产业、区域出现分化。而中国的经济新常态则是在这样的国际环境下的速度变化、结构优化、动力转化，我们需要洞察这些新趋势，并寻求经济金融发展新动力，可以将其归结为：把握新经济趋势，推动调整旧经济。

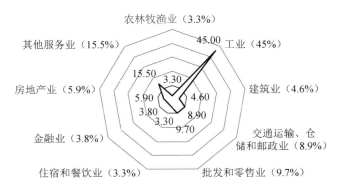

图 2　GDP 累计同比贡献率（2005）

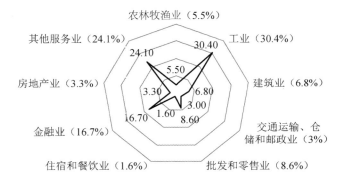

图 3　GDP 累计同比贡献率（2015）

（三）曾经的红利日渐式微，转型就是寻找新动力

所谓动力转化，或者新常态，或者转型，我们把它理解为原来支持经济增长的红利在逐步衰减，转型就是需要寻找新的动力。

第一个是人口红利。原来一直强调的人口红利，指的是劳动人口年轻且供应充足，在岗工作的劳动人口占总人口的比重大。但是从 2013 年开始，在岗工作的劳动人口数量出现了绝对下降，人口结构在迅速老化。

第二个是投资红利。新增的房地产投资里有一个很重要的因素，就是房地产新房销售。现在房地产业界的研究认为，2013 年的 13.1

亿平方米是房地产新房销售的一个峰值。中国大规模的城镇化带动了基础设施投资，当然还有很大的增长空间，但是因为城镇化的增速在减缓，带动基础设施增长的空间也在回落。因为影响经济短期波动的因素主要是投资，因此，只有这几个投资的高增长因素触底了，可能经济才真正触底。短期的观察因素，主要就是房地产如何触底。

第三个是贸易红利。在过去的三十多年里，中国在全球化过程中，面临的国际环境基本上一直是贸易的增长速度一直持续高于 GDP 的增长速度。2008 年经济危机以后，全球化出现了新的特点，其中特别表现在：贸易的增长速度开始持续低于 GDP 的增速，所以有人称之为"去全球化阶段"。

第四个是资源红利。中国目前的能源消费总量占全球能源消费总量的 20%，而且也成为第一大碳排放国，因此对于资源和环境的关注程度在迅速上升。

第五个是储蓄红利。随着人口结构和发展阶段的变化，中国的储蓄率也在出现回落，近年来，开始呈现每年下降 1—2 个百分点的态势。

所以结论就是，支持中国过去三十多年经济增长的红利在逐步减弱，当前强调的经济转型就是要需要大力培育支持经济增长的新动力来源。

（四）中国经济：窄幅波动中的脉冲式探底

从投资来看，2014 年以来，整体投资的增长是一个温和的回落过程。把固定资产投资的主要构成——房地产、基础设施、制造业加起来，就是图 4 中的固定资产投资完成额。2016 年 1—4 月的固定资产投资累计增速为 10.5%，较 2015 年年底有所回升，是不是就探底了呢？如果细分讨论，会发现这个探底不可持续，仍面临再次探底的可能性。

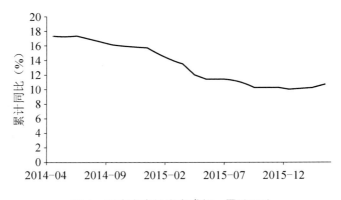

图4 固定资产投资完成额：累计同比

资料来源：中国经济数据库。

在投资的具体分类中，房地产开发投资2016年1—4月实现7.2%的同比增速，单月来看同比增速在加速回升；基础设施建设投资回升；制造业投资持续下行。从图5中做分解，是什么带动固定资产投资回升的？最下面的这条线有一个陡峭的回升（见图5），是什么原因呢？房地产。房地产的回升能持续吗？很显然，回升主要是一二线城市的销售增加。从全国总的情况看，2016年第一季度，在房地产销售明显加速的同时，房地产的库存也增加了，也就是说，销售在增加，在建的库存面积的规模更大。从全国来看，房地产去库存的压力还是非常大。所以，房地产这个陡峭的回升很难持续，还将面临调整，并带动整个投资的回落。

带动基础设施投资的力量，是政府基础设施建设的投资继续加码，受债务的影响，空间不是很大，而且目前基础设施的显著回升，也是房地产回暖带动土地收入上升支持下的，因此如果房地产市场出现调整，土地收入会直接影响地方财政收入状况，进而影响基础设施投资。

而制造业的投资走向还在往下（如图5所示）。还有另一个趋势值得关注，从国有和民营投资对比看，最近两个月最引人关注的趋势是民营投资的陡峭回落趋势。

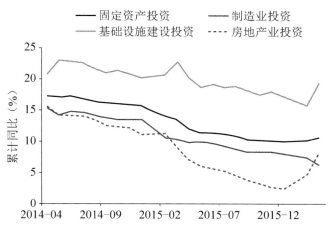

图 5　具体分类投资完成额：累计同比

资料来源：中国经济数据库。

在总体增长比较平稳的同时，不同产业的盈利有了显著分化。从图 6 中可以看到，虽然总体来说，2016 年 1—2 月，工业企业利润同比结束过去一年多的负增长，同比转正。从不同的行业利润看，产业结构分化更加显著，采掘业的利润增速还在深度下滑，相比之下，生活资料、加工业则相对改善（见图 7）。

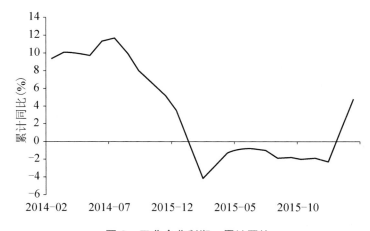

图 6　工业企业利润：累计同比

资料来源：中国经济数据库。

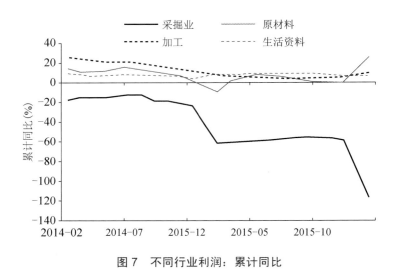

图 7　不同行业利润：累计同比

资料来源：中国经济数据库。

（五）全球经济短期仍然复杂多变，经济周期分化显著

从国际背景来看，不同的经济体分化非常显著，处于不同的经济周期，属于去杠杆的不同发展阶段。如果从更长远的情况看，这也意味着现在处于新一轮经济增长新动力的酝酿阶段。我们也可以从更为积极的角度把当前这个阶段称作新周期的新起点和新增长动力的培育阶段。

（六）从新常态到五个理念再到供给侧改革

在这个背景下来梳理中国经济政策的决策逻辑，可以看到一个逐步演变和深化的过程。2014 年 5 月，决策者首次提出"经济的新常态"，显示出国内和国际环境对这一变化的新判断。2014 年 12 月，决策者对这个描述做了一个界定：第一，就是增速减缓了；第二，结构要调整，要优化升级；第三，不能再靠要素和投资驱动经济了，要靠创新驱动。这是决策层对环境变化的认识和确认。环境变了之后，中国该怎样应对？2015年10月份，十八届五中全会提出了五个理念——"创新、协调、绿色、开放、共享"，实际上这五个理念基本上主导了"十三五"规划不同章节的主线。

当前的具体政策该如何制定？决策者又有进一步的思考和部署。2015年11月，中央财经领导小组第11次会议上首次提出"供给侧改革"，通常用的文件语言把它叫作"三个提高，七个优化"。

首先，重点要提高供给质量。意思是需求还在，例如，即使每家每户已经都有了电饭煲，但还是有人要去日本买电饭煲，说明大家开始关注供给质量。

其次，要提高对需求变化的适应性和灵活性。在"十三五"规划里有一个描述，早期的消费是排灌式的、大批量的，解决了"有和没有"的问题。而现在的需求变得更加小批量、个性化、弹性化，所以企业在供给侧层面、微观层面要有一个重要的能力，就是去捕捉这种变化的、小众的需求。这种对毛利要求更高的一些新的需求，微观层面和企业层面可以把它界定为供给侧改革。

最后，要提高全要素生产率。近期引起国内外权威人士关注的是对宏观政策界定做的一些阐述，2016年5月9日，《人民日报》刊载了权威人士的专访——《开局首季问大势》。这篇专访传递的一个很重要的政策导向就是：不能过分强调需求方面的刺激，供给方面的产能过剩不消化、库存不消化、杠杆不降下来，一味地刺激需求只会使问题恶化。所以供给侧才是当前和今后一段时期的主要矛盾，需求侧托底不能越位。这是一个很重要的变化，而且从总体上判断，经济增长会呈现"L"形，经济有足够的韧性。在应对经济下行压力时，应更多地从长期视角考虑，结构性矛盾才是关键。突出强调金融高杠杆是金融市场脆弱性的"原罪"和金融高风险的源头。楼市该怎样去库存？

要通过人的城镇化去库存，不应通过加杠杆去库存。要强调预期管理，保持政策的一致性，加强与市场的沟通和前瞻指引。

我们发现，政策重点出现了变化，本次专访与 2015 年 5 月 25 日的《五问中国经济》（以下简称"五问"）存在明显差异。在经济下行压力方面，"五问"对投资、消费等需求侧刺激、应对经济下行压力着墨甚多，本次专访则强调长期视角、结构性矛盾才是关键。在防控经济风险方面，本次专访主要强调金融市场的高杠杆，"五问"则主要强调实体经济的高杠杆。在预期管理方面，本次专访突出强调预期管理，"五问"只是在宏观调控部分提及。在资本市场方面，本次专访提出股市、汇市、房市要回归各自定位，"五问"没有明确提及资本市场。

我们把这三次讲话（2015 年 5 月 25 日的《五问中国经济》、2016 年 1 月 4 日的《七问供给侧结构性改革》与 2016 年 5 月 9 日的《开局首季问大势》）与金融市场（包括股市、汇市和债市）做出的反应做了一个分析。从图 8 可以看到，在重要讲话发表出来的时候，三次股市都是下跌的。按我自己的解释，原因如下：第一，决策者在讲话里一直强调去杠杆，减少信贷的刺激，强调促进金融资源"脱虚向实"。第二，去库存、去产能、去杠杆对经济来说，都可以说其影响是"短空长多"的。比如去产能，短期来看，会增加银行不良资产，增加就业压力、财政支出，造成一定的增长下滑。但是当过剩产能一旦开始消化，这种消化的效果就会反映在所在行业的产品价格上，钢铁去产能有进展，那么钢铁价格就会逐步地回暖，剩下的产能的盈利就会改善，企业盈利的改善才是支撑经济回落探底非常坚实的基础。所以，从短期来看，三次讲话后，市场做出了下调。从汇市上来看，这有利于汇市短期内的稳定，说明基本面对政策导向是认同的。

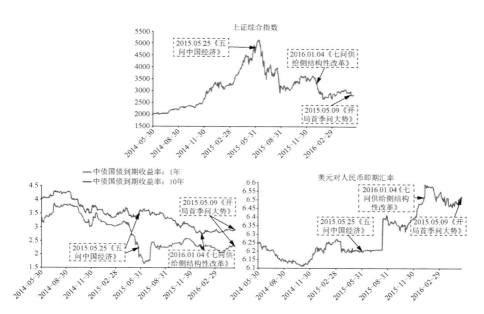

图 8 三次权威人士讲话后资本市场的反应

(七) 客观总结中国应对汇市波动的经验

在动荡的国际环境下,特别值得拿出来讨论的就是汇市。因为在一个开放的条件下,无论是国际市场,还是中国经济,都很难独立于全球经济而独善其身。

从 2015 年 8 月汇改以来,人民币较为成功地应对了一轮货币贬值压力(见图 9)。在这个过程中,体现出了一些重要的政策逻辑,是值得系统总结的。下面来具体分析。

应对汇市的波动要和汇率水平的灵活调整结合起来。如今汇率企稳、资本外流收窄,汇率水平的灵活调整、波动性增加起到了重要作用。

2015 年的 "8.11 汇改",小幅的人民币贬值就导致全球金融市场大幅的振荡,这以另外一种方式证明了人民币确实在当前的国际环境下是很重要的货币。以前就加入特别提款权（SDR）展开讨论的时候，有观点认为人民币只是在国际贸易结算环节重要，在金融市场上并不重要。但人民币轻微的小幅贬值就可能震动全球市场，证明不是这样的，人民币不仅在贸易结算方面重要，在金融市场上也很重要。所以现在关于人民币汇率走势，各方非常关切下一步怎么操作。这也是我们近期研究关注的一个重点。

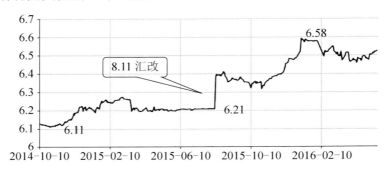

图9　在岸即期汇率

现在随着美联储加息预期的上升，如果美联储继续加息并带动美元走强，市场可能又会出现人民币贬值的预期。下一步央行会如何操作人民币汇率市场及外汇市场？与其猜测政策的蛛丝马迹，不如从一个专业人员的角度，看看从"8.11汇改"到现在，平息贬值的措施以及背后体现出来的政策逻辑。把握好这样的政策逻辑，比把握市场走势更为重要。

2016年人民币汇率的波动有哪些新的特点？官方对于人民币汇率的完整表述是："人民币汇率是以市场供求为基础、参考一篮子货币的、单一的、有管理的浮动汇率制。"当然在一篮子货币里面，最重要的货币还是美元。2016年的汇率市场操作很有趣，我们发现有两个锚，或者叫作双锚体系，一个是美元，一个是一篮子货币。当美元走弱的时候，我们选择美元作为锚一起走弱；当美元走强的时候，我们就放弃美元这个锚，选择一篮子货币比较弱的锚一起走弱。哪个弱选哪个，市场将其称为"非对称贬值策略"。这就为即将可能到来的美元加息和美元可能出现的升值做了前瞻性的调整。

我得出的结论是：在这种"非对称贬值策略"下，人民币短期内面临着美元加息和大幅升值的压力，对于国际经济、国际市场的冲击，应当会小于"8.11 汇改"，因为现在央行已经事前做了调整。"8.11 汇改"以前，外汇市场人民币汇率每天波动 30、50 个百分点，现在每天波动 100、200 个百分点，市场坦然接受。这是一个很重要的市场进展，表明市场开始接受人民币汇率是一个波动和灵活的汇率。港交所在两三年前推出了人民币兑美元的期货产品，但是当时似乎没有什么交易，因为当时人民币汇率还是每年单项小幅升值 3% 到 5% 的基调。经过"8.11 汇改"，人民币汇率波动的灵活性增加，这个产品一下子变成全球交易最活跃的人民币期货产品，这也是人民币国际化进入新阶段的产物。

从这个意义上说，"8.11 汇改"对于人民币汇率以及人民币的国际化来说可能是一个拐点。汇改以前，人民币国际化很重要的驱动力是结算驱动，加上人民币的单向升值预期，吸引着想持有人民币资产来获得升值套利好处的一部分投资者。"8.11 汇改"以后，人民币汇率波动幅度越来越灵活，人民币国际化进入一个新阶段，主要的驱动力开始转变成在国际市场发展一系列以人民币计价的金融产品。因为只有以有深度的人民币计价的金融产品为支撑，人民币国际化才能走得更远。否则很多持有者只是基于套利投机的动力持有人民币，一旦套利因素减弱，很快就会转向其他货币，短期内会导致国际市场上人民币的规模下降，10000 亿元、8000 亿元、7000 亿元，香港市场的人民币到了 7000 亿元的水平。下一步，在人民币汇率灵活性不断提高的背景下，这可以说是考验一个金融中心提供以人民币计价产品的能力的阶段，也是人民币国际化的一个新阶段。

从"8.11 汇改"到现在，央行在汇率操作上有哪些新的特点？体现了哪些值得关注的新逻辑？首先值得关注的是，为应对汇市的波动，要把央行的短期干预、防止短期过大的波动和汇率水平的灵活调整结合起来，而不是一味地拿外汇储备稳定一个僵化的汇率。比如，人民币兑美元从 2014 年年初的 6.0 到 2015 年 8 月"8.11 汇改"前的 6.2，再到 2016 年 1 月的逼近 6.6，人民币当时在短期内一度遭受了较大的贬值压力。如果央行还坚持维持人民币汇率在 6 的水平，人民币能够那么快平衡贬值预期吗？所以央行在政策操作过程中，基本上顺应了外汇市场的供求趋势，做了汇率水平的灵活调整。

从市场的角度看，央行如果能够及时推动这种灵活的汇率水平调整，那么就不会把整个市场的投资主体都变成央行的交易对手，通过政策的调整使市场主体的贬值预期分化，这样就会有不同的市场主体对短期的人民币汇率存在看多和看空两种看法，市场就会找到均衡点。

同时，在人民币汇率出现贬值压力的时候，有的专家就建议恢复资本项目管制。我们观察美元波动的周期会发现，在国际金融发展历史和金融市场波动历史上，每一次美元的走强往往会导致美元资金的回流，部分新兴经济体在美元走弱期间因大幅借贷造成的货币和期限错配带来的风险就可能会逐步显现。这些新兴经济体常常会把从国际市场借的短期资金用于本国的基础设施建设，借短用长。货币和期限这两个错配在美元回流的时候，风险常常会同时爆发。这个时候，不少人会建议恢复资本项目管制，不让钱出去。但是从国际经验、教训和历史来看，如果草率地用资本项目管制，容易导致海外市场的贬值预期与国内资本项目管制带来的恐慌叠加，使汇率贬值的压力放大，冲击汇率的稳定。所以在应对汇市波动的时候，还是要坚持资本项目的开放，以及基本政策的连续性不发生非常大的变化，不能草率地用资本项目管制应对汇市波动。

基于这一点认识，中国央行的政策导向应当说是非常明朗的，"8.11汇改"时有贬值压力，但是央行其实一直在稳定地开放资本市场，只不过对开放的方向做了微调，从国际市场流入中国市场的流动性债券市场的开放力度大一些，资本流出的开放力度稍微小一些。但是总体开放的政策导向是非常清晰的，这是一个有力的、稳定市场预期的政策导向。在表1中，我们简单地梳理了"8.11汇改"以来央行、外管局的政策，一直稳定地推动资本市场的开放。

表1　汇改至今资本项目开放仍在有序推进

时间	部委	核心要点
2015.8.9	中央、外管局等	调整房地产外资准入政策。
2015.9.1	外管局	将人民币购售业务范围拓展到直接投资项下的跨境人民币结算需求。
2015.9.10	外管局	全面升级跨国公司外汇资金集中运营政策。
2015.9.14	发改委	取消企业发行外债的额度审批。
2015.9.23	央行	提高跨国企业集团跨境双向人民币资金池业务的上限；降低参与跨境双向人民币资金池业务企业的门槛。
2015.9.30	央行	允许境外货币当局和其他官方储备管理机构、国际金融组织、主权财富基金依法合规参与中国银行间外汇市场交易。
2016.1.23	央行	将本外币一体化的全口径跨境融资宏观审慎管理扩大到四地。
2016.2.4	外管局	放宽单家QFII机构投资额度，简化额度审批管理，便利资金汇出入。
2016.2.24	央行	鼓励境外机构投资者作为中长期投资者投资银行间债券市场。

应对外汇市场的波动应该抓大放小。在干预外汇市场的时候,央行有一个非常重要的特点,就是在干预外汇市场每天交易时抓大放小。从国内的外汇市场每天的交易情况来看,国际贸易是百亿级的,而投资往来是十亿级的,居民外汇流动是个位数,所以重点是将贸易、投资等大的方面稳定住。如果把有限的监管资源重点放在查居民外汇这个环节,不仅效果有限,而且很容易传播恐慌。所以,对国际贸易这个环节的监管要适当加强,对居民外汇部分的监管应相对稳定。

应注意调节在岸和离岸之间的汇差。保持一个相对稳定的汇差,减少套利的机会,也有助于稳定市场预期。为了使离岸市场可以支持和承接央行的干预活动,就需要适当培育离岸市场,丰富调控工具。随着人民币国际化,在国际市场上已经形成了一定规模的人民币积累,在中国香港地区,高的时候有一万多亿元人民币,现在降下来也有7000多亿元人民币。在新加坡、伦敦、纽约、台北等地,人民币结算也有了突破。这样就形成了在海外市场的离岸人民币和在岸人民币价格之间的差异,叫作离岸和在岸之间的汇差。在汇差比较大的时候会衍生大量的套利交易,而且会导致离岸市场的汇率贬值预期传导到在岸。所以,汇率预期什么时候开始稳定?从2016年的市场运行看,往往就是央行开始在离岸市场入市时,离岸市场干预使离岸和在岸之间的汇差稳定在一个很窄的区间。图10中阴影部分表示汇差的波动,当阴影部分开始收窄时,也是人民币汇率贬值预期逐步稳定之日,这是一个非常重要的政策操作的动向,值得继续跟踪观察。

应汲取俄罗斯等国应对汇率波动的教训。在货币有贬值压力时,俄罗斯不主动对外汇市场运行机制、汇率水平等进行调整,而是纯粹寄希望于消耗外汇储备来入市干预,结果大规模消耗外汇储备后还是不得不放开,造成了较大的负面影响。

图 10　在岸和离岸汇差

俄罗斯对外汇市场的干预，可以作为一个反面的教训，但是其中也有一部分经验值得借鉴。在卢布面临贬值压力的时候，俄罗斯开始是拒绝做调整的，一味强调用外汇储备进行干预，结果导致外汇储备直线下降，下降到非常低的时候，外汇储备快用完了，不得不放松卢布的汇率，导致卢布的汇率有一个陡峭的上升（见图 11）。这对金融市场的冲击更大，比中国市场慢慢地调整更被动。但是一旦放开以后，外汇市场很快又站稳了，外汇储备也开始逐步地上升。这就告诉我们，在外汇储备和汇率水平之间，总要进行一个优先选择。

最近就中国的国际经济领域的政策，我与国际、国内不少金融机构的研究人员交流过，他们间有一个重要的困惑，就是不知道中国的宏观政策偏好选择在什么地方。比如，在国际金融学里面有一个所谓的"不可能三角"，在利率或者本国的货币政策稳定性、资本流动和汇率浮动之间，总要放弃一个。比如我国香港地区放弃了汇率的灵活浮动，所以资本是自由流动的。那么我们到底要选择什么？在现实操作中，能不能同时做到外汇储备不要下降，汇率水平不要有贬值压力，资本流动还要可控呢？如果不能同时做到，那总要有一个政策的优先次序。

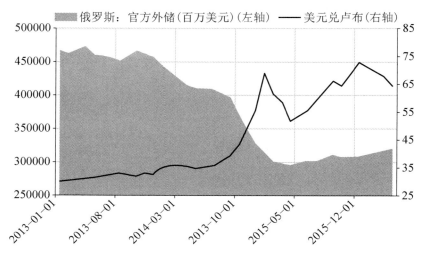

图 11　俄罗斯外汇储备和卢布汇率

二、从"十三五"规划新指标看中国经济新布局

刚才谈的是偏短期的，"十三五"规划实际上是偏中期的，考察"十三五"规划有多个研究角度，我想选择的角度就是在"十三五"规划里面，每一个新指标的增加、减少都经过非常广泛的讨论、争论。我是这样理解五年规划的：我不觉得它的每一句话都那么正确，以前的五年规划被证明也会出现不少产业导向性的错误。但是，经过许多人努力起草出来的这份五年规划，它的价值是什么呢？在实际的政策讨论中，如果其他的部门，或者不同的省市对五年规划里面有一段内容坚决不同意，估计就会不同程度地进行一些修改。所以，我对"十三五"规划起草的内容的理解是，这是不同领域、不同视角的决策者

通过讨论起草五年规划，寻找经济政策共识的过程。在这个过程中，大家共同寻求一个对未来五年的经济形势、政策走势的具有共识的判断。五年规划中增加的新指标就反映了政策的一些变化趋势。

目前简要来看，新增的指标主要包括如下几个方面：

1. 常住人口城镇化率、户籍人口城镇化率

在常住人口城镇化率指标的基础上，"十三五规划"增设了户籍人口城镇化率的指标。常住人口城镇化率是根据国际上进行人口普查时常用的统计方法所做的计算，在一个城市居住一定时间以上的居民就可以计作常住人口。户籍人口是被教育和医疗体系、户籍制度等所接纳的居民人口。两者之间的差距有多大？中国大概差20个百分点，也就是说，有2.6亿人在城市工作生活，但是不被城镇户籍体系所覆盖。造成两种数据口径不一致的主要原因是城乡二元结构和户籍制度，流动人口无法融入城市。所以，新增指标就意味着中国城镇化发展，从前一阶段的以农村向城市迁移为主要动力开始进入第二个阶段。现有的城镇怎么吸纳、接受在城镇工作的常住人口，让他们融入城镇生活？这是一个新的发展阶段，又提出很多新的课题来。

其实就是这样，看起来一个小小指标的增加，就会带来很多新的值得探讨和思考的问题。比如农民从四川、湖北、湖南到北京打工。我问过一些乡镇负责人，说最能体现农民身份权益的有三个本——第一个是宅基地的本，第二个是承包土地的本，第三个是作为村集体投资一些企业而占有的股份的本。如果接纳农民到城市体系里面，这些本是继续保留，还是需要放弃？如何操作和评估其影响？

同时是城镇化，原来农民从农村向城市迁移，城市总体上是积极接受农民的，因为这些进城的农民以其勤劳，带动了当地的经济。现

在，城市如果接纳了这些人，就需要考核所在的城市可能要付出的成本。怎么样让地方政府的决策者有动力去接受这些人、去负这个责？怎样建立激励机制？这就必然要带来农村土地流转制度、户籍制度、财税制度的一些变革。

例如，有研究表明，很多城市已经很少有可以拍卖的土地了，但是土地的使用效率还有很大的改进空间。例如，沿海一些城市，可以将工业用地转换成住宅用地，地方政府就能从中获利；如果把这个转换的指标和每年吸纳的农民工挂钩，就可以建立一个鼓励地方政策接受农民工的激励机制。所以，要进一步提高中国城镇化的质量，尤其要加快农民工的市民化，形成新的内需增长点，带动配套制度改革，如土地制度改革、户籍制度改革。

2. 互联网普及率

互联网对产业发展、社会治理、公共服务、人民生活的影响巨大，中国拥有最大的用户群体。表 2 中是中国和美国两大经济体就互联网指标的比较，一个是最大的发达经济体，一个是最大的新兴经济体，很多互联网的指标中国还占优。所以，互联网普及率的新增，体现了中国对通过信息化来促进经济转型、培育新增长点的高度重视。

表 2　中国和美国互联网指数对比

消费者	互联网使用		
	■ 用户（百万人）	632[1]	277
	■ 普及率	46%	87%
	网络零售		
	■ 规模（10 亿美元）	295	270
	■ 占零售业百分比	7%—8%	6%
	电商平台	淘宝/天猫	eBay
	■ 商品数量（百万）	800	550

续表

消费者	■ 活跃买家（百万）	231	128
	智能手机普及率（占手机总装机量的比例）	54%	69%
	互联网用户中社交网站普及率	60%	73%
企业方	云服务渗透率	21%[2]	55%—63%[4]
	中小企业运营中互联网使用率[3]	20%—25%	72%—85%

注：1. 到 2014 年 7 月；
2. 2012 年麦肯锡中国首席信息技术官（CIO）调查；
3. 采购、销售、营销中对使用互联网的回答；
4. 比例随云计算解决方案类型而变化。
资料来源：2013 年 Kable 信息通信与技术领域（ICT）客户洞见调查；2013 年中国小企业协会调查；iResearch；中国互联网网络信息中心；国际数据公司；Strategy Analytics；美国人口普查局；Pew 研究中心；中国小企业协会；麦肯锡全球研究院分析；麦肯锡研究。

根据有关研究机构的预测，考虑到互联网的发展速度和各行业的运用程度，预计 2013 年至 2025 年，互联网将帮助中国提升 0.3—1.0 个百分点的 GDP 增长率。这就意味着，在这十几年中，互联网将有可能在中国 GDP 增长总量中贡献 7%—22% 的增长率。到 2025 年，这相当于增长 4 万亿—14 万亿元的年 GDP 总量（见图 12）。

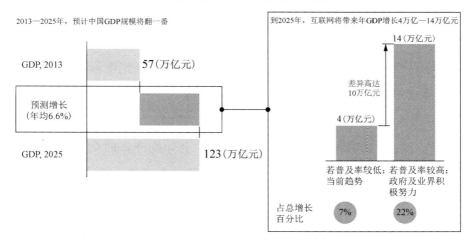

图 12　互联网对中国 GDP 的贡献

3. 科技进步贡献率

科技进步贡献率是指科技进步对经济增长的贡献份额，是衡量区域科技竞争实力和科技转化为现实生产力的综合性指标。从产业趋势来看，"十三五"期间劳动力人口拐点将倒逼全要素生产率升级。当前中国与先进制造业国家差距较大，这将是下一步的增长重点所在，也是全球并购重组的重要动力之一。我们最近在研究全球并购，发现了一个很重要的特点：中国的企业在进行全球并购时，前一阶段主要是以国企的全球资源投资为主；而现在，跨境并购的一个很重要的变化是民企和上市公司越来越活跃，收购的重点是核心技术和核心品牌，特别是能够运用和对接到中国市场以促进经济转型的技术，能够把国际的技术、品牌和中国的需求对接。

我担任过中国证监会并购重组专家委员会的委员，从上市公司的并购重组看，这个趋势也很明显。我做了一个梳理，早期中国证券市场的并购重组很大一部分是为解决历史遗留问题，早期的上市是额度制。上市以后发现关联交易很多，导致监管起来很麻烦，所以只好整体上市。而现在越来越多的是通过资本市场的平台把国际的技术和中国的需求对接，来提高科技进步的贡献率。

根据世界经济论坛的全球竞争力报告，想较于上一个十年（1995—2004 年），近 10 年内（2005—2014 年），全球经济体的全要素生产率的增长普遍呈现放缓趋势。相比而言，中国的全要素生产率有所上升，但幅度较小，需要继续提升（见图 13）。

4. 提高劳动生产率

全球竞争力指数（GCI）显示，2013 年以来，中国的竞争力指数仅排名第28位,创新能力仅排名第34位。中国制造转型中国"智造"、中国"创造",提高劳动生产率是保持经济稳定增长的关键。

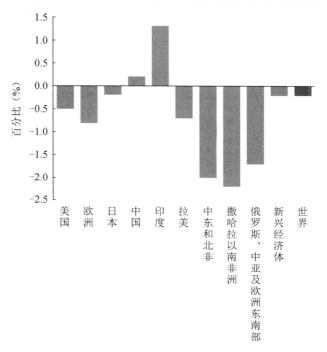

图13 相较于上一个十年(1995—2004),
过去十年(2005—2014)全要素生产增长率差额(%)

5. 全员劳动生产率

全员劳动生产率是指根据产品的价值量指标,计算平均每一个从业人员在单位时间内的产品生产量,综合反映企业生产技术水平、经营管理水平、职工技术熟练程度和劳动积极性。该指标的增加反映出经济增长更多地向依靠人力资本转变的导向。在提升人力资本的长期目标上,"十三五"规划将义务教育巩固率提高到了95%,体现出把提升人的发展能力放在了突出重要的位置,并新设了"提升全民教育和健康水平"篇。

6. 空气质量和地表水质量指标

为了促进环境的改善,带动环保产业的投资,"十三五"规划首次明确提出,把空气质量和地表水质量指标作为约束性指标。从财政部公布的第一批、第二批PPP示范项目领域来看,主要集中在市政、水务、交通等领域(见图14)。经统计,第二批PPP示范项目中,环保相关项目有94个,占比接近于项目总数的50%(见图15)。同时有上市公司、私募股权投资、专业服务机构参与其中,为多个相关行业发展带来了更多专业服务需求。

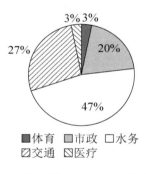

图14 第一批PPP项目领域分布
(2014.12.04)

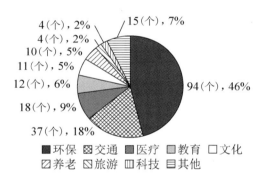

图15 第二批PPP项目领域分布
(2015.9.29)

7. 将"城镇保障性安居工程建设"改为"城镇棚户区住房改造"

前几年,保障房建设进展得很快,这一次"十三五"规划也对保障房的建设做了一个调整,把原来覆盖面非常宽泛的"城镇保障性安居工程建设"取消了,进一步聚焦,只提出了"城镇棚户区住房改造"。因为相对来说,城镇棚户区改造的财务压力不大,可自我持续,在地方政府债务压力比较大的情况下,不需要地方政府做太大的投入。

相对于其他城镇保障性安居工程，棚户区改造问题更加突出，已成为城市中"二元结构"的一大表现，有必要加快改造的步伐。从这几年的实践来看，推进各类棚户区改造，既能改善民生，又是扩大内需的一项重要举措。棚户区改造产业关联度高，带动力强，不仅能够增加投资，而且能够带动消费，可以推动消化钢铁、建材、家电等上下游产能和产品。

8. 首次强调关注"三个特殊"

当前，全球和中国都面临一个共同的经济问题，就是收入差距的拉大。美国当前选举中支持特朗普的人群，主要就是在美国长期经济增长中没有得到好处的人群，从经济增长的受益覆盖面来看，中国也有这样的问题。"十三五"规划里面首次强调三个特殊——特殊区域、特殊人群和特殊领域，而且专门设置了"扶持特殊类型地区发展"一章，加大对老少边穷地区发展的支持力度，加大公共教育投入、医疗资源倾斜。

因此，从特定的角度看，"十三五"规划的新指标体现了"十三五"期间政策的重点，是值得我们关注的，我把它归结为四类：

第一，这部分新指标意味着，中国的经济发展已经进入到一个新阶段，需要顺应新阶段的新特点，比如在新指标中就要推动户籍人口城镇化率，要提高全员劳动生产率。

第二，这部分新指标意味着，现在旧的增长动力在逐步衰减，新的增长动力要逐步培育的转型阶段。怎样培育新动力呢？在新指标中，那就是提高互联网普及率、科技进步贡献率。

第三，这部分新指标意味着，强化对环保、可持续发展的关切，在注重可持续增长、关注资源环境这方面增加了两个指标——空气质量和地表水质量。

第四，这部分新指标意味着，更加关注民生和社会公平，增加了包括城镇棚户区住房改造和农村贫困人口脱贫的指标。

用更加积极的财政政策保增长、促转型升级

吴晓灵

第十二届全国人大常委、财经委副主任委员,清华大学五道口金融学院理事长兼院长,中国人民银行前副行长

在中国经济处于新常态的时候,让经济保持适度的增长,同时更重要的是能够转变经济增长方式、提高经济效益,是当前发展经济非常重要的任务。讲四个问题:

第一个问题,在全球宽松的货币政策效力递减的形势下,用积极的财政政策促进结构性改革有利于经济的长期、健康、可持续发展。

尽管我知道很多人都特别关心当前的货币政策,希望有更加宽松的货币政策支持经济的发展,但是我个人认为,从金融危机到现在,各国中央银行都在竭力实行着量化宽松的货币政策，有的国家甚至已经进入了负利率的时代，应该说中央银行在这一轮经济危机的处置过程中，在促进经济发展的过程当中，都尽到了自己最大的努力。客观的情况让我们看到，并不是信用扩张得越多，经济就能够发展，货币只是经济发展的一个条件。货币和金融只是为经济服务的一个工具。如果实体经济自身的结构和发展处于困难的状况，光靠印钞票、扩展信用是不解决问题的。因而，无论是对全球还是中国来说，不能把眼睛都放在中央银行，不能够指望中央银行用更加宽松的货币来支持经济的发展。应该在经济的结构、经济发展的方式和运行的机制上下更多的工夫。这方面积极的财政政策可以有更大的作为。

我在陆家嘴金融论坛上也曾谈到了这个观点。现在央行宽松的货币政策的效力是在递减的：1949—2008 年，我国整体投放的信贷资金是 30 万亿元，但是 2009—2015 年，我们投放了 63 万亿元的贷款。当然，在改革开放之前，中国是计划经济，货币信贷需求不大，但即使是这样，我们也不至于用 7 年的时间投放了相当于之前 60 年的信贷投放量 2 倍多的信贷。更何况前 60 年中还包括了改革开放的 30 年的货币化过程。到目前为止，中国的货币供应和信贷投放，不能说是不多的。大家都可以看到，尽管由于生产的供给能力非常强，在工业品、生活用品等方面，物价确实涨得不多，但是我们应该看到，资产价格涨了多少，特别是房价涨了多少。房价已经成了很多年轻人在大城市待下去的一个非常头疼的问题。很多学生说，我非常想在北京创业，但是北京的高房价让我难以待下去。因而在信贷投放过多的时候，虽然消费物价上涨得可能不是太多，但是资产价格可能上升得很快。

我们可以看到一个现象，中国在这几年，当股市好的时候，房价可能会上升得慢一些，当股市不太好的时候，房价就会上升得快一些。

当股市和房市都比较低迷的时候，凡是能够炒作的东西都会被人用来炒作，我们炒过普洱茶、蒜和姜，后来也有人炒比特币。还有非法集资，过去几百万元、几千万元的非法集资就是大案了，90年代还曾经为此事判处过死刑。但是现在我们看一看，一旦爆发了非法集资，少则几千万元、几亿元，多则几百亿元，说明什么？说明钱太多了，过多的钱在市场上游荡，找不到好的项目。中国经济现在存在一个非常大的问题，就是"钱又多又贵""钱又多又难融资"。所以，我认为当前中国经济改革和经济发展的瓶颈不在于资金的多少，而在于我们的机制。

接下来我要围绕的主题就是财政政策。财政政策对于营造一个好的公平竞争的市场环境至关重要。

第二个问题，中国经济的杠杆率在全球处于中等水平，但非金融企业杠杆率较高，政府和居民还有增加杠杆的余地，为促进企业活力有必要调整中国社会的杠杆结构。

表1是李扬、张晓晶、常欣等编制的中国国家资产负债表（2015），数据是2014年的，也可能2015年有所变化，但是我认为整个结构框架没有发生大的变化。表1一共列举了14个国家的资产负债情况，用居民、非金融企业、政府这些主体的债务与GDP的比重，来描述债务的情况，最后三者相加得出总债务比。当然对于一个国家和一个社会而言，杠杆率用什么来衡量？最近学界也有很多的讨论。有人说用债务与GDP之比没有多大作用，应该用资产负债表中的负债与净资产之比。我想是这样的，衡量一个企业偿债能力的时候，我们需要用负债与资产之比，但是对于宏观经济来说，因为经济的产出本身表现了偿还债务的一种能力，所以，全社会的负债和这一年的产出之间的比值，尽管不是个体的，但从宏观上来看，也能说明一定的问题。

表 1　中国与发达经济体债务结构的比较（占 GDP 的比重，%）

国家	居民债务占比	非金融企业债务占比	政府债务占比	总债务占比
日本	65	101	234	400
英国	86	74	92	252
西班牙	73	108	132	313
法国	56	121	104	281
意大利	43	77	139	259
美国	77	67	89	233
韩国	81	105	44	231
加拿大	92	60	70	221
中国	**36.4**	**123.1**	**57.8**	**217.3**
澳大利亚	113	69	31	213
德国	54	54	80	188
巴西	25	38	65	128
印度	9	45	66	120
俄罗斯	16	40	9	65

资料来源：李扬、张晓晶、常欣等著，《中国国家资产负债表 2015》，中国社会科学出版社，2015 年 7 月。

对于中国的经济杠杆，应该用什么样的指标来衡量？怎么样来判定它的健康与否？这是一个值得研究的问题。

我用表 1 描述中国整个宏观经济结构的情况。大家从表 1 中可以看到，在表中所列的主要国家的债务水平中，中国处于倒数第 6 位，正数第 9 位，应该说还是中等偏下的情况。大家可以看到，中国的居民债务占比，在全球来说是比较低的，政府债务占整个 GDP 的比例也不是太高，最高的是非金融企业债务占 GDP 的比重。因而，从整个宏观经济结构中能够看出什么问题呢？得到的结论有两点：第一，中国的总体债务在全球不是最高，是中等水平。第二，对于债务结构来说，政府和居民的杠杆率并不是太高的，还有上升的空间。而我们现在经济出现的问题在哪里呢？主要是非金融企业的债务率比较高，杠杆率比较高。当然这个与我国是以间接金融为主的金融体系有关，因为我们的资本市场不发达，企业主要的融资渠道是银行信贷。

根据这样一种情况，我们可以得出一个结论：在中国，完全可以在杠杆率不过分增长的情况下做结构性调整，使经济发展得更加健康。这就是我刚才说的，中国经济的杠杆率在全球处于中等水平，非金融企业的杠杆率较高，政府和居民还有增加杠杆的余地，为促进企业活力，有必要调整杠杆的结构。

第三个问题，用政府加杠杆为优胜劣汰的市场运行机制创造条件，为企业降低社会保障负担。

建立优胜劣汰的市场运行机制是提高社会资源配置效率的根本途径，是改善人民生活环境、最大限度地满足人民物质文化需求的保障。我们的生产目的是什么？过去很多年，往往迷失了方向。在改革开放之前，中国的经济发展速度在全球来说不低，但是我们的经济发展未能满足人民的生活需求，因而在改革开放之前，所有的生活用品都要凭票证供应。直到进行了改革开放，1984年之后才逐渐告别了票证时代，人民基本的生活用品能够到市场上购买。因而我们要牢牢记住，生产的目的就是要满足人民日益增长的物质和文化需求。时至今日，由于环境的污染、对资源过多的消耗，现在也不得不提出环境保护的问题。因而，青山绿水、蓝天白云也是我们要追求的生活环境。对生活环境的追求，再加上不断增长的物质文化需求，这就是我们生产的目的。但是要达到这样的目的，怎么样把我们的生产搞好呢？

第一，就是要用安全、环境、技术、质量等标准限制、淘汰高污染、高消耗的企业。这是国家的一种法律规定，也是企业投入运行之后必须要遵守的规则，只有每一个企业在达到安全标准比较高、环保标准比较高、使用在本行业能够节能降耗的先进技术的要求下，产品的质量才能够达到要求。只有每一个企业都能够按照这样的标准来生产，我们的生活环境才能得到改善，老百姓生活用品的质量才能得到不断的改进。这是一个企业进入生产领域以后最起码的要求，尽管在经济下行的时候，这种要求对于很多企业来说可能是很残酷的，对于地方政府发展经济的目标来说可能也是很残酷的，因为当不达标的时候，就需要停止生产，或者通过改进达标之后才能够继续生产。

第二，当企业达到了最起码的技术标准之后，还要用公平竞争的环境和财务可持续的财经纪律，让善于控制成本的企业在市场竞争中胜出。尽管有很多企业很可能在未来法制环境比较完善的时候，能够达到各项技术的要求，但是我们还是要让那些更会利用资源，能够更好地降低成本、提高效率的企业，得到更大的发展，这就需要一个公平竞争的环境。哪些企业是优秀的企业呢？一是企业遵守了各项技术标准，二是企业在财务上是可持续的。我不相信那些永远靠别人补贴的企业是一个优秀的企业。当然，在科技发展的过程当中，可能一些企业有阶段性的财务亏损，可以靠它的大股东来补贴，逐渐地发展下去。但是我想一个企业不可能永远是亏损的，如果财务上永远是亏损的，说明它没有给社会带来新的增加值，这样的企业我个人认为还是应该淘汰。

建立一个优胜劣汰的市场机制，能够保证社会资源的有效配置和提高资源的使用效率，但是我国现在面临的最大问题是什么呢？企业市场退出渠道不畅，这是优胜劣汰机制难以建立的重大障碍。如果一个企业不能够在经营失败的时候顺利地从市场退出，那么各类资源就难以调配到好的企业中去，这也就是我们当前讨论的问题。许多"僵尸企业"占用了大量的社会资源，降低了社会资源使用的效率。让低效率的企业从市场退出需要解决两大问题：第一是资产和债务如何处理的问题，第二是人员如何安排的问题。

凡是一家企业的财务状况不可持续的时候，肯定就是债务负担过重的时候，这时候，需要对债务进行重组，或者对债务进行了结。债务重组就是企业的重整，债务的了结就是破产清算。在债务重组及企业破产清算的过程中，企业的资产是要变现的，大家会对资产进行一定的评估。到底在重组的时候哪些资产是有用的？哪些资产是无用的？该用什么样的价值对企业的资产作出评价呢？这一系列的问题都会遇到。在债务重组和资产处置的时候，我们应该秉承市场的原则，就是我们应该让买卖双方自由定价。但是这里面最大的一个问题就是银行的债务处理问题。银行在债务处理的时候，可以采取债务延期的方式，也可以采取减息、免息的方式，甚至可以采取本金打折的方式。按理说，选择债务处理的方式是银行股东的权利，因为在免税的拨备额之后基本上所有的冲销冲的是股东的权益，这是债务重组产生的损失。在国家的税务政策之内，超出的部分都是股东的权益，这个自主权应该给股东。但是，过去由于我们的银行是国有银行，因而《贷款通则》规定，债务处理权限都在国务院，如果债务打折，产生了银行的损失，这个要由国务院批准。所以，我们应该尽快地废止《贷款通则》，把银行债务重组的处置权、主动权交给银行股东。

另外一个难题就是人员的安置，这是由于我们的社会保障机制不健全。人员安置是当前最大的问题，资产的处置和债务的处置相比人的问题来说更容易，现在之所以有很多的企业难以从市场退出，特别是国有企业难以从市场退出，最重要的问题就是人员的安置问题。所以我提出了一个观点：要用扩大中央财政债务的方法和划拨国有企业股权的方法，充实社会保险基金，完善社会政策托底工作。我国从20

世纪开始已经在建立社会保障体系，特别是上一轮国有企业脱困的时候，加大了对社会保障体系的建设力度。1998 年，朱镕基总理带领国务院队伍，立下了三年让国企脱困的誓言。在他的带领下，三年实现了国有企业脱困，靠的是政策性破产。政策性破产是什么？是社会保障体系不完善的时候，用破产企业变现的资产优先安置职工，解决人员安置问题，最后剩下的钱再用来还银行的债务。我们当年参加过政策性破产的过程。如果是正常的破产，银行债务可能得到 10% 以上的清偿，但是政策性破产的时候，连 5% 都没有，只有 1% 左右。为什么呢？大量变现资产的钱都用于安置职工了。从那以后，我们逐渐开始完善社会保障制度，提出来要实现省级统筹，最终实现全国统筹。但是到现在为止，社会保障制度统筹层次还比较低，很多省并没有实现真正的省级统筹。如果统筹面太低，缴费的人和使用的人就难以得到很好的匹配，所以很多地区面临着养老保险和失业保险的巨大缺口。特别是在资源枯竭地区的企业，市场退出面临着养老保险、失业保险入不敷出的问题。

针对这样的状况，我提议，要尽快实现基本养老保险全国统筹，用划拨国有企业股权和中央财政举债的方式弥补资金缺口。我国现在的养老保险，有些地区是能够满足当期支付的，但是有很多地区已经不能够满足当期支付了，之所以不能够实行破产让这些企业职工离开企业，就是因为当地养老基金无法满足破产企业应该给职工的钱。那么这个缺口该怎样弥补呢？社会上说了很多年了，就是说把国有资产的一部分，即一部分国有股权划归社会保障基金，这是有根据的。因为在过去计划经济的时候，企业所有利润都上缴了财政，并没有给企业留下养老的钱。这些利润上缴以后，其实都变成了国有股权，那么现在企业职工要养老了，过去没有量化到个人身上的那些社会保障的钱，还是应该划给企业职工的。也就是现在形成的国有资产，其中有一部分就是过去的国有职工的养老金没有量化到个人身上之后所形成的财富，把这部分财富划到社会保障基金，应该说是行得通的。但是即使这样仍存在问题，第一有量的差距，第二也有能不能马上变现的问题。如果全部变现也会有问题，这时候就会有一些流动性缺口，应该用中央财政举债的方法加以弥补。

在弥补资金缺口的同时，要延长企业和个人缴费的年限，并降低养老保险的费率。现在养老保险的年限是缴费15年就可以享受退休。当时为什么定了 15 年？就是因为国有企业长年没有建立养老保险的制度，从80年代才重新建立养老保险制度，缴费年限是比较短的。如果定了15年，然后让国家把国有企业欠缴的费用补够15年，就可以把国有企业的职工安置和社会养老保险制度衔接在一起，就能够有保障了，所以定的年限是比较低的，是为了解决财政为这些没有上养老保险的职工续接的问题。但是我们想一想，一个人现在的寿命是 70 多岁，如果从 60 岁开始领养老保险，要领十几年，而且人的寿命是越来越长的，但是我们缴费只缴 15 年，而且因为是 15 年，所以现在很多年轻人都不来缴费，要等到 40 多岁以后才缴费。缴费的人不多，但是享受退休金的人越来越多，特别是中国进入了老龄化阶段之后，这个差距是非常之大的，因而我们有必要延长缴费年限。国外基本上要缴费 30—40 年，只要你参加工作，就应该缴费，用你的缴费来支付你以后退休的生活费用，但是我们现在不是这样的结构。如果我们延长了年限，提高了统筹的层次，应该降低整体的失业保险的费率，这个也符合当前降成本的宗旨。同时划拨国有股权给社会保障基金，可以改善国有企业的治理结构；增加社会保障基金的投资运用，可以改善资本市场投资者的结构。

第四个问题，要增加企业股本融资渠道，降低非金融企业负债率。

刚才讲到了，债务结构调整的框架，就是有一部分杠杆要降下来，有一部分杠杆要适度地加上去。降下来的重点就是非金融企业的杠杆。

首先，要构建多层次的资本市场，开辟多种股本融资渠道。其实，一个公司到底有多少股本、多少债务，没有一个科学的、标准的比例，关键在于怎样提高资金的使用效率。只要你能够按时还本付息，从理论上来说，100%的负债也是可以的。但是对于出借人、贷款人来说，100%的负债风险实在是太高了。所以它要求一个企业必须有一定的股本，这就是双方博弈的结果。增加股本融资能够减少债务人的风险。

其次，当前应该明确税收政策，鼓励风险投资（VC）和私募股权投资（PE）的发展。鼓励科技成果产业化需要风险投资；鼓励大众创业、万众创新需要风险投资；培育企业成长、提升企业价值需要股权投资。当然，从金融学的意义上来讲，VC和PE都是做的股权投资。只是它们投资于企业成长的不同阶段，VC更偏重于企业初创的阶段，商业模式、技术各个方面都不一定是成熟的，因而它的风险比较大，所以叫它风险投资或者天使投资。现在风险投资、天使投资的概念也是各种各样的。但我觉得，简单地说，在企业初创阶段，当风险比较高，企业的商业模式不是特别成型、技术不是特别成熟的时候，投进去的钱我认为都应叫风险投资。天使投资只是一种形象的说法，它也是一个前端的风险投资。那么中端的就是企业稍微有了一定的盈利模式之后，怎么样来培育企业的成长，提升它的价值，这个应该是通常说的股权投资，就是PE。

我们应该明确VC、PE的非纳税主体地位，促进社会资本投入创新、创业企业以及进行收购、兼并、产业重组。当一个企业创业，要提升企业的价值，对企业进行兼并重组整合的时候，股权投资基金、风险投资基金是非常重要的。投资基金是资金的集合，在资金所投环节和资金募集者获得收益后都会纳税，基金环节不应该纳税。我们现在最大的问题就是税收方面的政策不利于股权投资基金，特别是风险投资基金的发展。尽管对风险投资公司有一定的税收抵扣，可以抵扣初始投资的70%，但我认为这种政策也并不是一个好的政策。其实风险投资说到底就是一堆钱，当它投了10个项目的时候，如果有9个项目失败了，1个项目成功了，就可以得到很大的盈利。一个一个项目地算它的盈亏，其实对于一个基金整体的运作是不利的。应该允许在投资基金存续的期间不对它进行征税，让它去投资，这样就可以盈亏相抵。这样并没有税收的流失，因为在基金所投资标的的环节各种税都交了，基金得到的是它应得的收入。在基金分红之后，投资者的税也是要照样交的，因而这一堆钱不存在税收流失的问题。如果这些基金可以实行盈亏相抵，就可以鼓励这些基金更大胆地做一些风险投资、收购兼并和扶持企业增长。

无论是契约型、合伙型还是公司型投资基金，均应遵守同一个税收原则。现在的《中华人民共和国证券投资基金法》已经有了契约型基金，是可以解决税收问题的。但是我们现在还不承认那些注册为合伙型和公司型的企业，它本质是一个投资基金。很多人不太理解这件事情，所以这个环节的税收问题还没有完全解决，我想应该是同样的规则。

最后，要加大对股市波动的容忍度，推进资本市场改革。一个企业要加大股本融资，除了最初的风险投资和成长过程中的股权融资之外，还需要到公开市场上去融资。也就是说，我们要构建一个多层次的资本市场，场外市场和场内市场相结合的市场。我们现在应该加快《证券法》和刑法的修改，为资本市场恢复投融资功能创造制度基础，降低社会杠杆。只有全社会股本融资渠道畅通了，企业的杠杆率才可以降下来。

为什么说要通过加大对股市波动的容忍度来推进资本市场改革呢？改革过程当中资本市场难免会有波动，我们不应该以资本市场估值波动的大小影响我们改革的决心。改革的目的就是要明确市场规则，严肃市场纪律，让大家更好地到资本市场上筹措资金。一时的波动会换来以后健康的运行，所以我们应该忍受短期股市的波动，来赢得长期股市的健康发展。我们应该同步修改刑法，加重对虚假信息、操纵价格、内幕交易的刑罚，用严刑峻法保障投融资的自由。现在资本市场违法的成本是比较低的，一般来说就是罚款。比如虚假发行，最高罚款才60万元，如果真正找到了证据，表明这个虚假信息触犯了刑法，最高判15年，可是非法集资的欺诈罪甚至能判死刑，去年修改刑法将其变成了无期徒刑。应该说，资本市场上的虚假发行对整个社会的影响，对资本市场发挥作用的影响是非常大的，相比而言，这种刑罚太轻了，金额上的处罚也太少了。

我们应该拓展证券的定义，让财富流动增值，给打击非法集资活动提供法律依据。现在市场上有各种各样的交易所，各种名目的非法集资，这里面有一些是客观的需求。它的财富需要证券化流动，但是我们不允许它证券化，我们把证券只定义为股票或者是债券，其实证券是什么？证券是一个证明，证明什么？证明你有一种财产的权益。如果这种财产权益是能够分割的、可转让的，那么它就应该是证券，因为它是证明财产权益的凭证。如果有这样一个定义的话，很多想流动起来的财富都可以被分割了，然后证券化去流通。尽管证券化的标的拓宽了，但是应分别进行管理，也就是200人以下、面对少数人发行的时候，可以适当放宽监督，给予更多的合同自由；但是如果超过

200份变成公开募集，就应该严格审查、严格监管。不管证券化的基础资产是什么，一旦证券化了，就应实行统一的规则，这既有利于创新，也有利于打击各种非法集资的行为。

我们应该稳步推进股票公开发行注册制，把融资的价格决定权和时机选择权交给市场。现在大家一听到注册制就有一种莫名的恐惧。其实资本市场就是投资者和融资者自主接洽的市场，应该给他们自由，这是他们对财产自主权的一种运用。监管当局要做的事情就是把规则制定清楚，严格执法。注册制不是洪水猛兽，而恰恰是尊重投资者和筹资者的财产自主权。

中国经济增长动力——新型城镇化

蔡 昉

中国社会科学院副院长、研究员

从根本上看，中国的新型城镇化并不是一种新出现的城镇化类型，而是一种以人为本的城镇化。讨论这个问题之前，我想先谈谈中国经济增速放缓的问题。

图1中，虚线代表的是中国实际GDP的增长率。可以看到，从2012年以来，这条虚线随着时间的推移而下降。有人问这条下行虚线什么时候会触底？一些人希望能够看到底线。但至今为止，我们还没有看到任何会触底的迹象。其实，我们并不期冀一个"V"字形的增长速度回归。

在图1中，我将自己对潜在增长率的估计值也列入其中。通过对实际增长率与潜在增长率进行对比，可以看到，并不存在增长缺口。经济增长率虽然放缓，但是这个速度与GDP潜在增长率仍然保持一致。

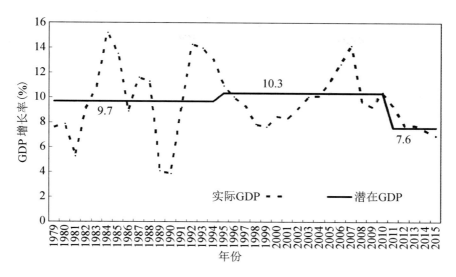

图 1 中国经济增长放缓

因此，在回答中国 GDP 增长率的底线在哪里之前，应该先问清楚：中国经济增速放缓的原因是什么？一个非常有名的剖析是从需求侧进行的。林毅夫教授曾提出，中国目前仍处于较低的经济发展阶段，他预测中国经济仍具有巨大的增长潜力。因此，经济放缓主要是由需求侧造成，特别是由 2008 年和 2009 年金融危机后的外部冲击因素引起的。他认为，从方法论的角度分析，如果将中国与美国的人均 GDP 的比值化成百分比，这个比值应该是 20%。按照这种方法，我们可以将今天的中国，定位在其他国家出现过类似发展阶段所处的时期。例如，今天的中国相当于 1951 年的日本、1967 年的新加坡，或 1976 年的韩国等等。

上述经济体在达到了美国人均 GDP 的 20% 之后，在随后的至少 20 年中一直保持高于 8% 的 GDP 年增长率。因此，林毅夫教授认为，中国经济仍具有巨大的发展潜力，GDP 年潜在增长率仍能维持在 8% 以上。

但他忽略了一个因素——人口因素。在比较一个发展阶段时，不能只看GDP的数值，还必须考察人口转型因素，该因素能够显示出人口结构的转变，以及经济增长源泉的变化。可以将两个指标综合在一起演示，如图2所示，横坐标是年份，纵坐标是人口抚养比率。从人口抚养比率考察，也就是将目前的中国定位在上述其他国家出现过相同或类似发展阶段所处的时期，会发现我们相当于1990年年初而不是1950年的日本，而新加坡和韩国则正处于与中国目前人口过渡期相同的阶段（见图2）。这显示了中国"未富先老"的特征。当人口红利消失时，GDP潜在增长率也开始下降。这就是为什么我认为经济放缓是由这些供给侧因素造成的。所以我要对中国的城镇化进行一个统计上的分解，供深入分析。大家随后可以看到，劳动力迁移驱动的城镇化是如何促进经济快速增长的，以及在将来如何在相关的领域进行改革，以促进GDP潜在增长率的提高。

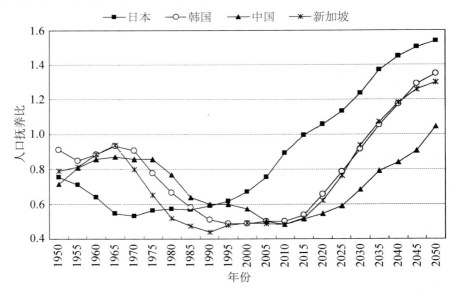

图2　各国人口抚养比

我们先来了解城镇化对经济增长所做的三大贡献。

第一个贡献是，中国特色的城镇化有助于劳动力的供给，充足的劳动力有助于形成人口红利。在图3中，我对城镇地区的劳动力供应进行了估计。通过其中的数据可以看到，就业人口在2010年达到高峰。实际上在同一年，城镇本地劳动力供给（即不包括外来迁移就业人口的当地就业人口数量）也达到了顶峰。2010年后，城镇居民的劳动力在逐年下降。但从图3中可以看到，城镇就业人口仍然在增长，这就出现了矛盾。这是因为没有城市户口的外来迁移人口弥补了这一差距。可以看到，图3中，第一部分为持有城镇户口的就业人口，第二部分为已被统计或者是被列入统计数据之中的迁移劳动力，而第三部分则为未被列入统计数据之中的迁移劳动力。迁移人口人数纳入城镇就业人口的统计之后，城镇劳动力继续增加。因此，这些迁移人口将有助于劳动力的供给。劳动力无限供给特征消失，但继续迁移可以暂时延缓人口红利。

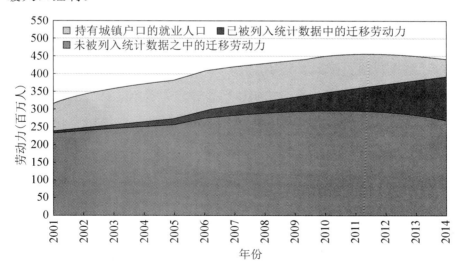

图3　城镇劳动力供应（2001—2014）

第二个贡献是，人口抚养比的降低，有助于保持高储蓄率。我们将城镇地区中有当地户口的就业人口与无当地户口的迁移人口的年龄结构作对比会发现：迁移人口非常年轻，随着进城务工的迁移人口人数的增加，城镇的人口抚养比就会降低，从而可推迟城镇地区人口抚养比的下降，这将有助于资本积累（见图4）。

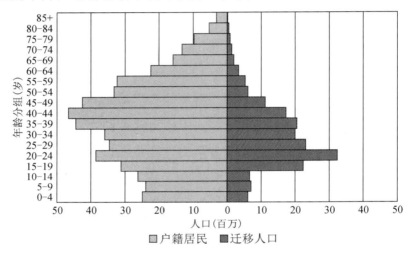

图4　户籍居民与迁移人口的年龄结构

迁移人口除了有助于劳动力供给数量的增加，也为劳动力质量的提升做出了贡献，有助于增加城镇地区的人力资本。一般而言，与城镇劳动力相比，迁移人口受教育的年限相对较短，这意味着他们总体上是较不熟练工人。但如果将这些迁移人口的年龄结构纳入考虑范围，可以看到他们的平均年龄比城镇工人的平均年龄要小很多。图5中，上半部分是迁移人口的年龄和他们分年龄的受教育年限，而下半部分是当地具有城镇户口的就业人口的年龄和他们分年龄的受教育年限。因为外来迁移人口年轻，那些年轻和受过良好教育的迁移人口，在取代退休的城镇劳动力的情况下，城镇地区劳动力的整体人力资本就会增加。

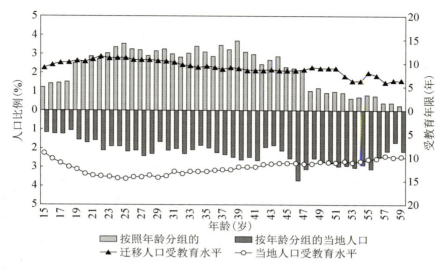

图5　迁移人口与当地人口的年龄与受教育水平

第三个贡献是，城镇化能够获得劳动力转移带来的资源重新配置效率。人口大规模地从低生产率的部门向高生产率的部门转移时会产生再配置效应。在改革时期，重新配置效率对全要素生产率的增长贡献接近一半左右。图6显示了我重新计算的劳动力在第一、二、三产业的分配情况。如果查阅2015年的《中国统计年鉴》，我们可以看到中国在第一产业——农业部门就业的劳动比重仍然高达30%，但如果你了解中国经济，就会知道这并不符合逻辑。因为现在我们如果去一个村庄，根本看不到村庄里有任何年轻的劳动力，他们都到城镇打工了。因此我们必须重新定义和计算在农业部门的劳动力。可以看到，我们的估计值至少比官方提供的农业劳动力占比低10个百分点。

2014年，农业部门统计的劳动力比重是19%。不过，我们不知道官方数据和我们估计的数据之间的差额部分应该重新归类到哪个部门。在正常情况下，如果他们不在农业部门就业，一般就在第二产业或第三产业部门就业。但在经济低迷期，有很大一部分劳动力会重返农业部门。然而，如今农业部门不再是剩余劳动力的蓄水池，如果将来城镇不接纳他们，那么他们就要漂泊不定地到处寻找工作。

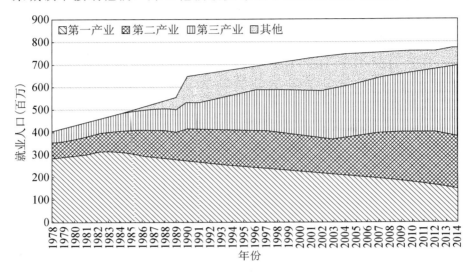

图 6　劳动力在第一、二、三产业的分配情况（1978—2014）

以上所述是劳动力转移为城镇化所做出的贡献。现在我来分解城镇化，可通过 2010 年的数据对目前的城镇化状况进行案例分析，然后对我国城镇化的未来进行预测。

表 1 是 2010 年城镇人口的增加数量，这些因不同方式而增加的人口所占比例各不相同。2010 年新增城镇化人口的总数为 2466 万人，我们将其定为 100%。城镇人口的自然增长率仅为 15.8%，即通过具有城镇户口的人口养育子女而增加的城镇人口；而因所谓的机械增长，即人口向城镇流动而增加的人口占比则为 84.2%，为 2076 万人。而机械增加的人口由两部分组成：一部分为无户口的城镇化人口，这些人口绝大多数是在该城镇打工的农民工，在那里居住，却没有当地户口。在 2010 年，这类人群在城镇化总人口中的占比为 25.5%。另一部分城镇化人口是变更了户口的移居者，这类人群在城镇化总人口中的占比

仅为5%,即123万人为跨区域的户口迁移人口。其中包括一些从农村到城镇的农民工,他们在城镇里获得了户口。而53.6%的变更户口的迁移人口为所谓的"就地转"人口,即在村改街道,县改市或区,或者乡改镇过程中,将住在那里的人们的农村户口转成非农村户口或城镇户口。虽然他们的农村户口已改成城镇户口,但他们的经济状况、工作类型和其他状况并没有改变,因此,这不是所谓的城镇化过程,与生产率的提高没有任何关系。这种类型的城镇化占比最大,占城镇化新增人口的58.6%。以上是我们过去实施城镇化的大概情况。

表1 分解2010年城镇新增人口　　　　　　单位:百万人

总人口24.66	自然增长:3.9(15.8%)			
	机械增长 20.76(84.2%)	非户籍迁移 6.3(25.5%)		跨地区迁移 7.53(30.5%)
		户籍迁移 14.46(58.6%)	跨地区户籍迁移 1.23(5%)	
			本地区户口状态程度 12.23(53.6%)	

注:括号内为分项占比。

从表2中我们可以看到官方的城镇化目标是在2020年城镇化率达到60%,如果我们根据上述情况预测未来,从第四列可以看到,城镇化率随着时间的推移而逐年提高,但增速却在放缓。即使按照这个城镇化速度,我们也需要增加农村到城镇的迁移人数。因此,我们将继续依靠增加农业转移人口,来加快城镇化进程。但我们真的能一直依靠农业转移人口来加快城镇化进程吗?

表2 中国城镇化预测

	总人口(百万人)	城镇人口(百万人)	城镇化率(%)	农村—城镇迁移(百万人)
2015	1 375	766	55.7	11.97

续表

	总人口（百万人）	城镇人口（百万人）	城镇化率（%）	农村—城镇迁移（百万人）
2016	1 382	782	56.6	11.25
2017	1 392	800	57.5	10.86
2018	1 400	817	58.3	10.78
2019	1 407	833	59.2	10.60
2020	1 413	848	60.0	10.29
2021	1 417	862	60.8	10.11
2022	1 421	875	61.6	9.80
2023	1 424	888	62.3	9.93
2024	1 427	900	63.1	9.43
2025	1 429	911	63.8	9.23
2026	1 431	922	64.5	8.94
2027	1 432	932	65.1	8.85
2028	1 432	942	65.8	8.33
2029	1 432	951	66.4	8.03
2030	1 431	959	67.0	7.64

在中国，我们将从农村来到城镇工作的工人称为"农业转移人口"。但实际上他们并非从农业部门转移而来，而是从学校毕业后来到城市，不是离开农田来到城市，因为务农人员大多在40岁以上，他们不会再有移居打算。因此，我们所看到的从农村来到城镇地区工作的年轻人，都是年龄在16—19岁的初、高中毕业生，而这类人口在2014年已达到增长高峰。

根据我的预测数据，农村的16—19岁人口从2015年已经开始下降。因此可以预测，未来农业转移人口的增长将会放缓并走向负增长。在16—19岁的人口高峰转折点之后，2015年农民工的增长率只有0.4%。因此，为了维持农村人口向城镇的迁移，以保证迁移人口增长率不断提高，我们必须加快户籍制度改革。这也是结构性改革真正重要的一部分内容，只有这样，才能保证迁移人口的持续进行以及未来经济的持续增长。

我们通过模拟，就户籍制度改革对未来经济增长产生的效果做出了估计。户籍制度改革的效果可以用"一石三鸟"来形容。"第一只鸟"是通过提高劳动参与率，增加劳动力供给；"第二只鸟"是通过户籍制度改革增加对迁移人口的支持，实现资源的重新配置，这将有助于全要素生产率的增长；而"第三只鸟"，则是农民工一旦成为真正永久城镇居民，将带来的巨大消费增长量。成为城镇人口后，他们会改变自身的消费模式，产生新的消费需求。

尽管户籍制度改革在研究人员和政策制定者中已经达成共识，但为什么其实施却如此缓慢？我认为主要有两个原因：第一个原因是户籍制度改革的红利尚未获得政策制定者或参与各方，甚至研究人员的完全认可。他们仍然认为户籍制度改革和经济增长率之间并不存在相关性。其实不然，户籍制度改革能促进潜在经济增长率的提升，因而能产生改革红利。我们必须做好宣传工作。第二个原因是即使知道存在改革红利，我们也必须进行制度性调整，在各级政府之间分担改革的成本，分享改革的利益。对于地方政府管理部门而言，如果改革不能带来利益，它们便不会进行改革。因此，如果这两个条件没有得到满足，改革的实施将会偏离方向。我们之前提到，城镇化新增人口中，53.6%为"就地转移"人口，这并不能真正改变他们的工作和经济活动，并未完成城镇化进程。

最后我想强调的是，如果要加快改革步伐，切实取得改革成效，我们不应该着眼于满足"指标"，那不是真正的改革，它们不能产生改革红利。我们要创造条件，实现改革的激励相容，实质性地推进户籍制度改革。

如何在"新常态"下
加快构建开放型经济新体制

张晓强

中国国际经济交流中心常务副理事长、执行局主任,国家发展和改革委员会前副主任

我想围绕"关于构建开放型经济新体制"的"新"来谈一谈形势与体会。

一、如何应对新经济形势

2008年爆发空前严重的国际金融危机以后,整个全球经济的复苏非常艰难。2000—2010年,全球经济的年均增速在5%左右,2010—2013年在4%左右,而2014年全球经济的增速只有3.4%,2015年全球经济的增速为 3.1%。国际货币基金组织预测 2016 年全球经济的增速为 3.2%，比 2015 年好一点。然而，6 月 7 日，世界银行发布了对 2016 年实体经济增速的最新预测，将 2016 年 1 月预测的 2.9%下调到 2.4%，认为 2016 年的经济形势比 2015 年还要差。在这种情况下，除了美国的经济形势好一些，日本、欧洲等发达经济体的经济非常低迷。

现在，新兴经济体和发展中国家的经济总量已经超过了发达国家，这是一种新趋势。但现在新兴经济体的走势出现了很大分化，比如，巴西和俄罗斯 2015 年的经济增速都是-4%。有人指出，"金砖五国"实际上已经有很大差异，"金砖"已经褪色。"金砖"的概念还用不用？此外，在全球经济低迷的情况下，对经济全球化有很多非议，保护主义，特别是贸易保护主义在抬头，加上大宗商品价格的下跌，按照金额来算，全球贸易量的增速已经连续 4 年低于全球经济的增速。过去多年一直存在一个基本关联系数，即国际投资的增速高于国际贸易，国际贸易的增速高于国际经济，也就是说，跨国投资和跨国贸易是世界经济发展的重要引擎。2000—2010 年，全球贸易的年均增速大体是经济增速的 1.6—1.8 倍，而现在，全球贸易量的增速已连续 4 年低于全球经济的增速。2014—2015 年，全球贸易整体只增长了 2.8%，世贸组织预测 2016 年仍然是弱增长。作为世界货物贸易第一大国，中国的货物贸易增速是-7%，这是多年来少有的情况，很多做外贸的企业家感到压力非常大。在这种情况下，由于为了能够制服对手、争夺市场份额，以及地缘政治博弈等原因，就会出现一些现象，比如石油价格的低位等。

同时，在全球经济治理方面，金融危机后，人们普遍认为现有的国际贸易体制、金融体制、货币体制不合理，需要改革。改革虽然有所进展，但是仍然比较艰难。比如，世界贸易组织的多哈谈判，十几年来都难有突破。在这种情况下,很多国家采取双边的自贸安排,对全球多边贸易带来了不利影响,而且潜藏了一些博弈因素。2015年,美国主导的PPP框架协议达成以后,奥巴马总统发表讲话指出,PPP框架协议的达成,表明新的贸易规则由美国主导制定,而不是中国,透着些遏制中国和把握世界经济贸易规则的意味。

中国经济进入新常态有多种表现。在增速上,从高速转到中高速。虽然今年经济增速的预期目标是6.5%—7%,一季度增速为6.7%,但经济已经连续4年下行,仍然有继续下行的压力。很多企业家都密切关注着今年的经济走势,担心所谓的"L"形经济趋势中的停滞增长期会持续很长时间,暂时不会出现"U"形的快速上升。所以,在"十三五"规划纲要中,5年预期的GDP增速只是高于6.5%,这与过去多年平均增速接近10%相比,有很大的反差。

关键问题是,在这种新常态下,过去多年过度依靠投资、过度消耗能源资源的粗放式增长已经难以为继,所以经济结构要进行深度的调整,在此期间会面临非常多的困难。比如,中国经济体量发展很快,是世界第二大经济体、世界第一大制造国,与此同时,也是世界上二氧化碳、二氧化硫的第一大排放国。2015年,中国只占全球GDP总量的约14%,却消耗了全球24%的能源,而且其中64%是煤炭能源,造成了大气污染、水污染等非常严重的问题,使得资源对环境的约束大大增强。以钢铁、煤炭为代表的行业产能过剩问题非常显著。2015年,煤炭行业的利润为441亿元,比上一年下降了66%。钢铁行业更差,全行业主营业务亏损1000亿元,但是有其他资产处置的收益,总体亏损在360亿元左右。现在生产一吨钢铁的利润只够买一根冰棍,钢铁行业的效益已经压到边际了。因此,现在钢铁、煤炭行业要去产能,需要做大量的工作,涉及银行债务、职工的安置等问题。

过去，工业，特别是劳动密集型加工业的发展，一直是中国吸纳就业、增加出口的一个非常有力的增长极。现在随着劳动力、土地、环境、资源等要素综合成本的上升，这些行业面临着非常大的困难，这就是所谓的产业转移。从企业来讲，到2015年年末，中国的非金融企业的杠杆率是160%，换算下来的债务率是61.5%，有些企业的负债率高达80%—85%，融资难、融资贵，再加上这么高的债务，企业也面临着很大的困难。中国经济"新常态"的"新"实际上是指经济发展到了一个转方式、调结构、深化改革的关键时期。

一方面，中国要扩大内需，大力推进供给侧结构性改革。在这个"新"的背景下，政府提出，通过加快构建开放型经济新体制，来有力地促进改革与转型。这个新体制与新常态转型密切相关。在2013年11月十八届三中全会通过的《中共中央关于全面深化改革若干重大问题的决定》中，首次提出了构建开放型经济新体制的方略，从而适应经济全球化的新形势，加快参与并引领国际合作，以开放促改革。2015年5月5日，中共中央国务院发布了《关于构建开放型与经济新体制的若干意见》，文件第一次用了"加快构建"的表述，提出我国改革开放正站在新的起点上，经济发展已进入新常态，面对新形势、新挑战、新任务，要加快构建开放型经济新体制，以对外开放的主动赢得经济发展和国际竞争的主动。

2015年10月，中共中央十八届五中全会通过了《中共中央关于制定国民经济和社会发展第十三个五年规划的建议》，提出了要牢固树立和贯彻落实"创新、协调、绿色、开放、共享"五大理念。对于"开放"这个理念，表述是全方位对外开放是发展的必然要求，必须坚持打开国门搞建设，既立足国内，充分运用我国资源、市场、制度等优势，又重视国内国际经济联动效应，积极应对外部环境变化，更好地利用两个市场、两种资源，推动互利共赢、共同发展。以上是对大背景和国家政策表述的一些简要介绍。

另一方面，中国要加大对外开放力度。回顾中国过去三十多年的发展，就是通过对外开放，特别是通过 2001 年中国加入世贸组织这一契机，贯彻落实对外开放的基本国策，极大地推进了中国的发展。就改革而言，总体是从过去中央集权的计划经济转向社会主义市场经济。对外开放引入外资，对传统的中央计划管理的投资体制、价格体制、外贸体制等多方面都带来了冲击，深刻地推动了改革的进程。在过去的计划经济体制下，外贸就是国营垄断，但引入外资以后，不可能都按照计划经济的办法，每年编计划，调拨物资。过去外贸基本上是由国有和集体所有，而现在外商投资企业占出口的比重曾高达 50%，总体维持在 40%以上。这一转变解决了几千万名劳动力的就业问题，民营企业有了长足的发展。

通过对外开放，中国在引入资金、技术、管理经验、人才，增加就业等方面，以及在教育、科技创新、知识产权保护领域，都有了非常大的发展。令我印象深刻的是，1980 年，中国恢复了在世界银行的合法席位；1981 年，中国向世界银行借了第一笔贷款，这笔 2 亿美元的贷款用在了什么地方？当时中央决定拨给高校，为高校购置教学仪器设备，同时派出大批的高校老师到国外培训，国家同步启动了公派留学生计划。北京大学的很多同学当时通过不同方式到国外留学，开拓了眼界。这些留学生对中国在当时世界形势下的发展有很多思考与洞见，最后回到国内从教、从政或从商。

在二十多年高速发展以后，现在进入了新世纪，中国该怎么办？当时中国加入世贸组织时，存在很多顾虑。比如门开了，狼来了，撑不撑得住？最后权衡利弊，还是下决心加入了世贸组织。现在回过头来看，加入世贸组织有利于开放与改革。比如，为了适应世贸组织的需求，国内修订了三万多件法律法规，调整了国内很多不适应新形势的管理办法，对市场经济体制和法制化的推进力度很大，极大地完善了中国市场经济的营商环境。有人将中国加入世贸组织的前10年称为"黄金十年"。

1979年的改革开放到2000年，是中国经济的高速增长期。因为基数很低，GDP年均增长9.8%。一般基数增大后，经济增速会放缓，但2002—2012年年均增速为10.3%，GDP从2001年的10万亿美元增长到2012年的56.2万亿美元，货物进出口总额从5100亿美元增加到38600亿美元，增加为原来的7.6倍，外汇储备从2100亿美元增加到3.3万亿美元，增加为原来的15.6倍。也是在此期间，中国经济总量居于世界第二，制造业规模居于世界第一，汽车市场超过美国，电子商务快速发展，高速铁路进入世界先进行列。此外，中国的国际影响力也大幅提升，包括为应对国际金融危机设立G20（20国集团）平台，成为中国和新兴经济体积极参与全球经济治理的重要途径。

就人民币国际化而言，通过这几年的发展，到2016年3月底，采用人民币进行贸易结算的贸易额已经占中国进出口总额的30%，人民币已成为世界第二大贸易融资货币。当然，人民币距离成为清算货币和储备货币还有很大的差距。中国如何在新常态下进一步发展？我认为应在更高水平上对外开放。这不仅是中国适应经济全球化新形势和国内发展新阶段的重大举措，也是实现全面建设小康社会，乃至实现国家现代化的必由之路。

二、构建开放型经济新体制

开放型经济新体制的构建涉及多个维度，比如要创新外商投资的管理方式,变成准入前国民待遇加负面清单;外贸要转型升级,今后要更多地靠品牌提升效益而不是以量取胜;要实施自贸区战略,发展好国内的自贸实验区等等。下面我仅就实施"走出去"战略和"一带一路"建设做重点介绍。

(一)实施"走出去"战略

"走出去"战略是中央在世纪之交提出的一个重大的新战略。当时,江泽民总书记指出,这是和"西部大开发"一样重大的战略举措。从2000年起,15年内,中国的"走出去"战略取得了多方面的进展,包括对外工程承包、境外产业园区建设、国际产业合作以及参与国际经济治理。比如,企业对外工程承包的年度实际完成营业额,从2010年的920亿美元上升到去年的1540亿美元。以对外投资为例,20世纪80年代、90年代已经有一些对外投资,当时中信集团在澳大利亚投资过一家波特蓝铝厂,但真正比较大规模的境外投资是21世纪以后开始的。国家开始有境外投资数据是在2002年,该年公布的境外投资统计数据为27亿美元,2010年达到688亿美元,2014年第一次超过1000亿美元,达到1029亿美元,2015年增长至1180亿美元。今年很特殊,前5个月的实际对外投资已达735亿美元,比上年同期增长了63%,这里面有一些大宗并购的因素,但是能够看到,作为"走出去"战略的最主要内容,对外投资在进入一个加速发展期。

按年度来算,中国的对外投资额在世界排名前3位,2015年1180亿美元的投资额占当年世界对外投资总量的近10%。但是如果从存量上看,从20个世纪50、60年代累积到现在,中国的对外投资存量只有10000亿美元,仅占全球跨境投资存量的3.5%。从这个角度来看,再结合中国的基础实力和需求,中国的对外投资还有很大的发展空间。2000—2008 年，对外投资主要集中在铁矿、石油等领域，当时这些领域的产品及资产价格不断上涨，而国内正好是钢铁业、工业化加速发展的关键时期，对原油、铁矿砂的需求非常紧迫，所以对这些领域的投资较多。现在已经是一个多元化的格局，比如据澳大利亚的统计，中国 2015 年对澳大利亚的投资达 110 亿美元，但 50%投资在房地产上。

根据商务部的统计，在中国整体对外投资存量中，商业服务、金融业加在一起占 52%，其他行业如矿业、制造业分别占不同的比例。近年来，中国在国际投资方面，也发展了一批很有影响力的特色民企或国企项目。比如，李书福先生的吉利集团并购了沃尔沃汽车集团，不仅吉利集团得到了发展，沃尔沃汽车集团也摆脱了困境，应该说是双赢的局面。2015 年，沃尔沃汽车集团的汽车全球销量已达到 50 万辆。再比如，2012 年，徐州工程机械集团以 3 亿美元收购了全球著名的混凝土成套设备领导者德国施维英集团有限公司（"施维英公司"）。此前，美国的凯雷投资集团要收购徐州工程机械集团，曾引发了大讨论。最后因为种种原因，凯雷并购徐工案没有实行，但是通过这些年的改革发展，2012 年，徐工反过来把施维英公司并购了。

这几年，中国对外投资的发展，实际上反映的是如何通过改革让中国企业焕发活力，有能力走出去。现在这种趋势是多元化的，比如，2013 年，河南双汇国际控股有限公司以 71 亿美元收购了美国最大的生猪养殖和猪肉供应商史密斯菲尔德。2012 年，中国安邦保险集团以 19.5 亿美元收购了美国希尔顿旗下的纽约华尔道夫酒店，甚至引发了美国国家安全委员会的安全审查。

现在中国更看重的是市场、技术、好的法制环境和营商环境。2014 年，中国企业对欧洲的投资额比 2013 年翻了一番，达到 171 亿美元；

2015年又增长了35%，达到230亿美元。2014年，中国企业对美国的投资额为130亿美元，2015年达到170亿美元。现在，按年度算，中国对欧美的投资大大超过了欧美对中国的投资。

中国企业对外投资，包括工程承包、产业园区建设的快速发展，对中国企业拓展全球范围内资源配置的发展空间，深度融入全球的产业链、价值链，提升国际化经营水平和国际竞争力都有着积极重要的作用。有些企业不仅提升了自身的发展水平，而且为国家的能源资源供应提供了有效保障。但中国企业"走出去"仍然存在很多问题，包括综合竞争力不强，国际化经营人才经验和服务体系薄弱，有相当一部分投资存在亏损或存在很大波动。比如著名的联想集团并购IBM，7年走下来，业绩起伏跌宕，这与经营有关，也与外部市场有关，因为笔记本电脑和平板电脑的整体销量增幅放缓，甚至出现下降。

还有一些恶性竞争的情况，比如在国外承包一个铁路工程，第一家公司谈得不错，但另一家公司给出更有竞争力的价格，外国公司会甩掉第一家公司，而与第二家公司合作，这对中国企业"走出去"的效率有负面影响。

此外，个别企业只讲财务效益，忽视了生态和环境保护。比如，有些企业到东非去开金矿，萃取金沙，使用含有剧毒的化学用品，对环境的保护不够。还有些企业到老挝、缅甸从事林业开发，对森林的开采过度，这就不是可持续的做法。还有一个问题，大企业竞争力强，而中小企业竞争力不够，很多中小企业想"走出去"，但缺少渠道。

（二）推动"一带一路"建设

"一带一路"和全球经济低迷、缺少新的增长动力密切相关。同时，中国也需要拓展发展的国际空间，优化产业结构，营造更有利的发展环境。从某种意义上来说，"一带一路"战略是新时期开放发展中起引领作用的重要举措。全球经济影响力最大的区域有三块，一块是北美，一块是欧盟，一块是东亚。这三块区域的总人口为 26 亿人，占世界总人口的 35%；经济总量占世界 GDP 总量的 70%。在这个架构之下，东边是活力强的东亚，虽然世界银行 2016 年对全球的经济增速预测进一步降低，但是对中国保持了 6.7% 的经济增速预测，这相对于全球主要经济体仍然是非常高的增速。

除中国、日本、韩国、欧盟外，"一带一路"沿线大体上有 40 个国家，将近 30 亿人口，即占世界人口的 40%，但 GDP 总量只有 9 万亿美元，占经济总量的 11%，人均 GDP 水平还不到世界平均水平的 30%。但"一带一路"沿线国家地域辽阔、资源丰富，工业化、城镇化水平低，从某种角度来讲，有潜力，有发展的空间，是一块发展的"洼地"。所以，从世界大格局来看，通过实施"一带一路"战略，可以推动一条纵贯东西的大经济带的发展，推动形成全球经济可持续发展的新格局。

要实施好"一带一路"战略并不容易，至少要在以下几个方面做出努力：

一是坚持共商、共建、共享，优势互补、互利共赢。"一带一路"不是中国做一个规划，大家都按这个规划做，而是必须在规划上互相协商，重大项目必须合作共赢。"一带一路"的倡议本身也强调共商、共建、共享。

二是"一带一路"强调"五通"——政策沟通、设施连通、贸易畅通、资金融通和民心相通。做好这"五通"，对实施好"一带一路"战略非常重要。因为只有政策沟通，才能够在自贸区的建设、人员出入境往来等方面，为政府达成共识提供条件。设施连通则抓住了制约发展的能源、交通、电信等短版。20世纪80年代，中国在引入外资加快发展时，就遇到了交通运输能力不够、缺电严重等问题。当时我到海南，发现海南经常停电，珠三角很多地区的工厂经常是停三天开四天，甚至一周停四天开三天。所以，很多发展中国家需要对基础设施的建设和联通做出努力，为工业化、城镇化建设奠定物质基础。资金肯定是一个短板，很多发展中国家是百废待兴，急需发展，但是严重缺乏资金。过去，亚洲开发银行、国际经济中心做过一些模型测算，指出未来10年在亚洲（不含中、日、韩），每年的基础设施投资至少要在8000亿美元以上，而这些国家自身只能解决50%到60%。除了依靠已有的亚洲开发银行、世界银行等，中国政府提议设立亚洲基础设施投资银行，得到了很多国家的积极支持，因为针对的是最重要、最迫切的资金需求。最近有介绍说亚洲基础设施投资银行的成员有可能超过100家，会超过成立50多年的亚洲开发银行。

三是"一带一路"战略强调民心相通，也就是坚持和谐、包容，尊重各国的发展道路和模式的选择，加强不同文明之间的对话，求同存异，兼容共续，和平共处。"一带一路"沿线国家的发展水平、社会制度、价值观、宗教信仰差异太大，古代丝绸之路从某种意义上也证明了不同文明可以并存，并非一种文明要征服另一种文明，一种价值观统一所有价值观，文明冲突并不是不可避免的。在当前这个时期，中国提出"一带一路"的倡议，特别注重民心相通，特别注重包容性，这对当代各国之间的交流合作、化解矛盾和实现共同发展具有重大的现实意义。

"一带一路"倡议，针对国际新形势、重大挑战，应顺应各国人民改善民生的迫切愿望，紧紧抓住"和平与发展"这两大主题，坚持"三共、五通、互利共赢"的原则，这必然会为中国和世界的持续健康发展注入强大的动力。

从 2013 年习近平主席提出"一带一路"倡议以来，这一战略得到了很多国家的积极支持和参与。现在中国已经和包括土耳其、匈牙利、波兰在内的 34 个国家和国际组织签订了有关共建"一带一路"的相关协议。中方设立的与"一带一路"密切相关的各类产能和国际设备合作基金的金额已经超过了 1000 亿美元。亚洲基础设施投资银行和丝路基金现在都开始对项目提供资金，而包括中老铁路，中国与塞尔维亚、匈牙利合作的铁路，中巴经济走廊等一批重要的项目，都在积极推进当中。

"一带一路"倡议的实施，对中国企业来说是一个重要的发展机遇。中国企业在装备制造、劳动密集型加工、农副产品加工、工程建设、贸易物流等方面都有自己的比较优势，而且和周边很多国家有一定的经贸合作经验和基础。政府和国内金融机构也在积极通过商签自贸协定等举措，简政放权，拓展多种金融方式，逐步完善对企业"走出去"参与"一带一路"建设的支持服务体系。有一批龙头企业已经取得了初步的成效。对大批的中小企业而言，可以以多种方式参与，包括加入龙头企业的价值链、参与大工程分包的一部分中小合同，在政府支持的产业合作园区建厂争取优惠政策等。最近，跨境电子商务的发展为中小贸易企业、物流企业开拓了广阔的新发展途径。

在新形势下加快构建开放型经济新体制，一方面，开放发展的大环境比以往任何时候都更有利，但另一方面，面临的矛盾、风险和博弈也是前所未有的。面对新形势，我们要通过加快构建开放型经济的新体制，使中国对内、对外开放相互促进，"引进来"和"走出去"更好地结合，以开放促改革、促发展，为国家的发展发挥重要作用，也为企业的发展开辟一片新天地。

第四篇

企业转型的要害与要务

如何面对不确定性

陈春花

北京大学国家发展研究院教授，前新希望六和股份有限公司联席董事长兼首席执行官

在今天，如果只谈变化，好像已经不太能够解决问题。因为变化有了很多之前没有的特征，我用了一个词——"不确定性"。

一、不确定性的特点

相比"变化"来讲，"不确定性"本身有三个方面的特点。第一个特点是，不确定性不可预测。实际上，没有什么东西是可以预测的。其实为了确保能准时参加这次会议，我事先准备了两张票——高铁票和机票，因为我不知道天气会怎样。

第二个特点是，更多的维度。就像有两位演讲嘉宾做的报告，从投资股市的角度来谈，他们两个人的观点好像有点相反。一个人告诉你说未来还是很好，而且中国股市的估值与 GDP 之间的差异有 100% 的空间；而在成熟的市场，包括美国会有 152% 的空间，他认为这个空间很大。可是下一个研究投资领域的嘉宾认为，他对中国股市不乐观。我们不能去评价谁对谁错，我们必须接受的是：今天的变化维度非常多，多维度带来复杂性。我们谈不确定性的第二个特点是要面对它的复杂性。

第三个特点是，不确定性具有非常强的开放性。我们看到的变化，更多的边界其实是被打破的。

这三个特点就使得我在今天不太谈变化，而必须进一步谈不确定性。如果 5 年前，我会告诉你应该与变化共舞，可是最近 5 年来，我谈得最多的话题是不确定性。

二、不确定性的五个方面

（一）互联网的广泛渗透

如今，互联网广泛渗透。为什么会得到这样一个结论？究竟是什么变了？我想告诉大家几点。第一个要关注的是，我们发现了全新的人口，或者叫族群。这个族群比自然人口具有一些更有意思的特征。比如，族群的增长率绝对超过自然人口的增长率，而且这一群人最好玩的特点是，他们既是生产者，也是消费者。为什么要特别关注这一群人？很多人都问我，究竟应该怎样面对互联网？什么叫互联网思维？什么叫互联网革命？我很少谈互联网思维或者互联网革命。你需要知道的一点是，互联网多了一种人，这种人是从前没有的，也恰恰是需要我们关注的。2003年中国的网民数量是0.79亿人，2014年是6.49亿人，11年间增长了8倍；中国的网购人群数量是3.6亿人而英、德、法、意这四个国家的网购人群的总数是2.7亿人（见图1、图2），这就是为什么要关注互联网的原因。我个人建议我们不需要纠结和讨论互联网，但有一件事情必须关注：它有庞大的全新人口。

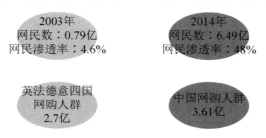

图1　中国网民数量

图2　中国网民规模和互联网普及率（2005—2014）

（二）渠道变革

很多人问我，做企业需要关注哪些变化。第一，要关注人口的变化，也就是消费的变化。第二，要关注渠道的变化。为什么一定要关注渠道的变化？因为渠道变化决定了所有产品的价格或者是产品的配送速度。今天最大的变化就是传统的渠道变成了全新的样子，它不再是我们讲的价值链模式。传统产业体系下,商业活动围绕少量重要数据展开,企业之间的协同是单向的、线性的、紧耦合的控制关系。

许多战略课程会告诉你价值链的知识,今天,我们一定会告诉你有一个价值网,这个价值网带来的一个最重要的变化就是渠道的内涵变化。以前谈渠道的时候,一定会从供应开始,原料、制造、生产、销售、分销、终端、服务,一直到顾客;谈价值最大化的时候,是怎样让所有利益相关者实现价值最大化。

互联网的出现带来的一个让你最关注的地方,是从供应开始一直到价值最大化的价值链,两边都进行了延伸,其中一个延伸到了用户(见图 3)。用户和客户之间到底是什么关系?用户是和你建立关系但是不付钱的那群人。刚才谈到流量,为什么一定要关心流量?原因在于流量本身代表的是用户,用户是今天渠道的核心价值,强调用户体验至上、商业回归人性。另外,因为用户是渠道的核心价值,就会带来另外一个东西——数据,所以今天的数据反而是桥梁,未来商业的本质就是数据,要么数据化,要么灭亡。我们理解的所有东西在今天有一个大的改变,那就是数据变成了和市场沟通、交流和创造价值的桥梁。这反而变成是最重要的。

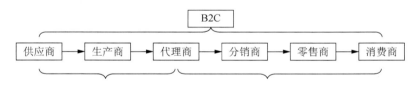

图 3　传统渠道线性价值链

因此,今天我们谈的价值链要转化成价值网,其中一个最重要的部分叫作生态协同。互联网+之下,当数据的产生是全方位、实时、海量的时候,企业间的协作就必须像互联网一样,要求网状、并发、实时的协同。对企业的要求就是从内部转向外部,必须构建一个系统逻辑，这个系统逻辑和内外部生态进行协同，企业依靠"内部资源能力"和"外部合作生态"，形成持续"价值创造""价值传递"和"收益获取"的内在"系统逻辑"。按照这个逻辑来看，我们习惯上对渠道认识的内容全都改变了，这是需要注意的部分。

（三）农业产业再造

第三个需要注意的部分，是我这几年自己的实践，也是我回到农业的部分。农业中有一个非常有意思的改变，就是今天的农业几乎都不用农业原来的核心关键词。我借这个产业告诉大家，我们今天遇到的另外一个挑战，就是所有的行业其实都要被重新塑造，对大家的努力和要求会有很大的变化。之前我们谈农业，基本上会说"农民""土地""技术"，会说"总额""设备"等，涉及整个农产品生产的过程。可是今天我们谈农业讲的另外三个词："金融""数据"和"信息"。

所有人在谈农业的时候，必须知道金融、数据以及信息的作用。农业产业再造是以金融为纽带，数据为支撑，实现信息闭环，所有的过程其实是重新被改造的。农业最重要的六个要素是农民、资本、市场、技术、制度和土地，这些要素因为互联网的出现全都改变了。所以当我回到农业，带着一家最大的农牧企业做整体转型的时候，我对同事讲，我不担心你是否会做农业，我担心的是你是否知道明天的农业长什么样子。这句话同样送给大家：我不担心你本行业的经验，我担心的是你是否知道你的行业在未来长什么样子，因为它和以前完全不一样。

（四）新进入者

今天我们经营比较难的地方，或者称之为最大的不确定性在于你不知道谁是你的对手。有三位著名的企业家（柳传志、褚时健和潘石屹）之前都不是做农业的，但是他们做农业，比传统农业做得都要成功。到今天为止，许多人可能不知道哪一个产品是"新希望六和"出品的，尽管我们提供的肉覆盖了两亿消费人口，但各位是不知道的。所以我要转型就是要让大家知道安全可靠的肉由谁提供，我们现在整体在转型的路上。但无论是柳传志卖猕猴桃，褚时健卖橙子，还是潘石屹卖苹果，你一定知道，因为他们做产品的时候就想怎么提高附加价值和影响，而农民就会想怎么降低成本。这是两个完全不同的逻辑。所以今天你完全不知道你的对手是谁，因为他是一个新的进入者，而且不按旧的逻辑出牌。

（五）共享时代到来

我们在 2015 年之前可能还在谈互联网，但是我相信 2016 年之后我们可能就会谈共享了。今天有四件事情的获取成本是非常低的：互动、信息、交流以及传播。共享的概念非常需要大家关注，原因是什么？第一，低成本会使得在之前不能做的所有事情变得完全有可能。第二，我们会发现非常多元化，任何一个细分领域都会产生出无数的想象空间。第三，影响力变得非常重要，这叫无形资产。第四，整个基础网络速度非常快。在这种情况下，很多行业的成本彻底被改变，我称之为分散程度越高，价值提升的速度越快。这时候很多企业都会被调整，你会看到许多全新的共享经济模式，如滴滴打车、Uber（见图 4）。我曾经做过两次测试，结果表明，分散程度越高，价值提升的速度越快，到底是怎么回事？2015 年 11 月份我做了一次线上课程，两天有 10 万人在线听课。作为一位教师，一个线下的课程，如果有10 万人来听课，需要很高的成本，但是在线上，可以低成本地实现。

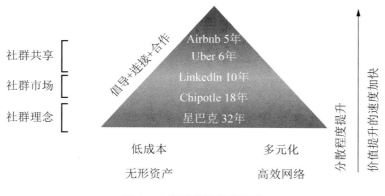

图 4　共享时代的经济模式

之所以谈这五个方面，是要告诉大家这五个方面会给我个人关注的领域带来不确定性。换个角度说，一个庞大的线上人口，一个全新的渠道，一个你可能完全不了解的新进入者，一个可能我们根本还没有了解的行业新内涵以及共享时代的到来，都会带来不确定性。

三、管理不确定性

管理者具备的最重要的能力是什么？管理不确定性。所以我个人从来没有判断过中国的经济是好还是坏。如果经济环境好、能提供机会，我就判断；如果经济环境对我来说没有机会，我可能就不判断，因为这就是不确定性本身了。今天从企业的角度告诉大家，如果你要经营一家企业，最重要的是判断机会。要解决你的问题，宏观环境有机会就运用它，没有机会就把它当背景，这是正确的态度。

所以，在我看来，没有悲观或者乐观，在任何情况下，任何行业都有优秀的企业。我从来不认为有传统或者非传统企业，从来不认为有朝阳或者夕阳产业，只是有一个观点：任何情况下都有优秀的企业。如果判断股市投资或者宏观经济，就会说现在没有什么企业赚钱，我可以说，我的企业连续三年都有比较好的增长，今年我们会有更好的增长，这就是你要做的事情，你来经营企业就要有这个概念。

为什么任何情况下，都会有优秀的企业？优秀企业怎么做？第一，任何情况下它们都要保证足够的、留下来的都是成功的人。第二，一定要做一些变革和转型，要自己去获取增长，不要去等。前两天在一个论坛上，有人认为纺织企业没有机会，如果按照经济学家的逻辑也是一样的。20 世纪 80 年代最好的是做餐饮的，接下来就是做纺织的，到现在为止可能就要往下调了。前两天一家纺织企业问我，说我们是一家传统企业，可能没有什么机会，我说，今天的纺织业也一样有机会。现在零售业卖得最好的是优衣库，卖的都是针织品。中国就有一家山东本地的企业，十年来最重要的一条产品线就是供应优衣库，这家企业做针织品做了 60 年，即使 2008 年金融危机以后，其以出口为主的针织品利润还是在增长。所以，你自己要不断地变、寻求机会，最重要的是要遵从市场规律和客观发展规律，必须了解今天的市场规律和客观规律是什么，这样才能显现你的竞争优势，这就是我之前跟大家谈的背景。今天我们遇到的最大的挑战其实就是不确定性。

第二个我想跟大家分享的是，在不确定的环境下，一定会有优秀的企业。最重要的是你要不要成为优秀的那个？这就是我想说的基本背景。如果想成为一家优秀的企业，我给大家四个方面的建议，这也是基于这几年我在不断推动企业转型的过程中，关于企业转型的一个比较好的、可持续向上态势的基本心得。

（一）识别不确定性

不确定性有两种：经营性的不确定性和结构性的不确定性。各位对经营性的不确定性很敏感，因为会有盈亏，会让对手变得强大，会有人员流失，会有技术升级带来的成本变化。经营性的不确定性在一定程度上是在预知范围之内的，并不会对原本的格局产生根本性影响。我要提醒大家的是要关注结构性的不确定性。结构性的不确定性会改变产业格局，而且会让这个行业重新洗牌，带来根本性的影响，因此，识别结构性的不确定性才是关键。

前面我讲的五个带来不确定性的部分就是结构性的不确定性。

阿里巴巴、诺基亚、戴尔、柯达这四家企业都非常优秀，但在今天做得比较好的是阿里巴巴，其他三家都过得非常不好，甚至被兼并、被调整，原因是什么？就在于没有意识到不确定性的出现，或把结构性的不确定性当成了经营性的不确定性来对待，这样的企业就很难求胜于未知。我认为在今天，没有人能够用经验面对未来，一定要记住，只能用知识面对未来，用创新面对未来。所以只有更大量地吸收知识，更大量地理解创新，你才能知道未来是什么样子。未来决定现在，不是过去决定现在。很多人说，我在这个行业很多年，很有经验，我就告诉他你基本上会出问题。如果你说你在这个行业这么多年，但越来越看不懂了，我觉得你还有希望。一定要不断地去理解未知，和未知组合在一起。所以建议大家，作为管理者，每当看到不同寻常的事物出现，看到有别于以往的新生事物出现，你都要深入分析，如果这真的预示着巨大的变化，那么未来的市场就会发生演变，而你和你的企业就要做出改变和准备，这样我们才可以真正地感受不确定性。这是我的第一个建议。

我们来看一个好的案例——通用电气（GE），这家公司是我最近特别想推荐给大家的案例。通用电气在2009年开始转型，很明确地判断出了整个市场规律和客观规律。这家企业发现，整个市场规律和客观规律在向一个很重要的方向变化，就是减少消耗。通用电气预测到效率提升的价值，提出在15年内，电力效率提高1%，将节约660亿美元；航空业燃料消耗降低1%，将节约超过300亿美元；医疗行业效率提高1%，将节约630亿美元；石油天然气资本支出降低1%，将节约900亿美元。任何行业在今天来讲最重要的模式，就是提高效率、降低消耗。这一定是在竞争中获胜的很重要的机会。所以很多人问我，农业还有机会吗？机会到底在哪里？我说减少损耗就是机会。大家想想，从地里种的一棵菜到餐桌上的损耗高达60%，如果减少任何一个点，这个机会一定是你的。从某种意义上来讲，提高效率是非常重要的事情。通用电气认识到了这个问题，从而对所涉及的五大领域去研究如何提高客户和行业的效率。把这些都总结出来，效率每提高一个点，每一个行业所产生的价值，如果用人民币计算全部都是成千上万亿元的空间，更何况很多行业的效率不仅仅是提高一个点。

在这种情况下，通用电气做了一件非常有意思的事情。通用电气最近以50多亿美元的价格把电器业务卖给了中国的一家企业，并把之前在80年代、90年代最重要的战略要素——财务公司也卖掉了，现在在全力以赴做一件事情，就是科技改变效率。举这样一个例子就想告诉大家，如果你们真的用互联网逻辑的口号来说"风口"的概念，就我个人的判断，下一个"风口"就在行业效率的提升上，你如果做得到，这绝对是最好的机会。但它又冲毁了我们的实体企业。

大家一定要了解这个变化，如果你能够识别出来，那么这个机会就是你的。所以我个人坚信，接下来一定是产业的机会，一定会回归到实体和产业当中来。

但是，能识别的人往往很少。马云识别到了，他发现了线上庞大的人口，提供了一个线上平台。其实马云做的和传统的线下没有太大区别，也是做促销，也是消费者的回应，也是做供应链管理，也是不断集聚消费人流，也是让很多人开很多店，和线下没有太大区别。但是他第一个认识到，线上的人流扩充速度非常快，他把这种不确定性识别了出来。

（二）与不确定性共处

如果识别不到不确定性，就要与不确定性共处。我没有办法识别到不确定性，但是我能找到与不确定性相处的办法。

我就相处的办法提四个建议：

第一个建议，先改变自己。改变自己很难，但是你必须得改变。大家要记住，你没有办法用稳定和安全做你的要求，但是你一定要调整自己能够调整的部分。不确定性成为常态，所以管理者已经无法用稳定性的结构来获取绩效，需要有能力在不确定性中获得绩效。所以，首先要改变的是管理者自己。

第二个建议，要有双业务模式。投资就像多生孩子，希望你在实业里面有一个主营业务，有一个新业务，一定要有两个业务。然后，要保证主营业务能够发展，新业务能够活下来。因为当你有新业务培育的时候，你就有可能面对不确定性。我的企业于2015年创办了四大创新平台，其实就是培育四个新业务，比较幸运的是，花了1年时间，这四个新业务基本都被培育出来了，所以我不太担心这家企业，就可以放手转身当顾问了，不再承担一线的责任。反过来，如果新业务没有培育出来，这个企业还是有很大的风险。这就是我们讲的双业务模式。

如果发展现有业务已不可能让企业能够面对不确定性，那么就应该去培育新业务，但是如果因为培育了新业务，而影响了现有业务，那么企业已经无法存活。所以，必须要维持现有业务的稳健经营，同时布局新业务。通俗的说法是长期与短期结合。但是我们也知道双业务并存会带来巨大的压力，这是对管理者的要求，你必须成为驾驭组织转型的高手，必须驾驭长期发展与短期目标之间的动态互动。

第三个建议，要打破平衡，不要成为一个固化的模式。像华为的轮值CEO，已经把组织管理结构调得非常柔性、非常动态了。当组织管理结构非常柔性和动态的时候，你会发现它应对变化的能力和应对不确定的能力就会增强。所有的问题，不管是从哪个角度提出来的问题，有可能都是一个机会，所以不要怕问题，问题中才会有机会。所有变化的发生，都可能是一个机会，所以不要怕变化，变化中才会有机会。

因此，管理者需要不断打破内部的平衡，不断挑战企业的高度和界限，让企业处在自我改变和动态之中。

第四个建议，重视顾客体验。这是解决所有不确定性最重要的也是唯一的核心要素，其实是让顾客和你在一起。如果顾客可以和你在一起，你完全可以和不确定性共处。

今天的管理者要保有对顾客需求的直觉，能够以顾客体验作为评价的标准。然而令人遗憾的是，很多管理者对顾客的直觉和敏感度不够，习惯于企业自己的评价标准。特别是稳定的组织结构，使得高层管理者离顾客非常远，对于顾客需求的理解、顾客体验的把握，以及新的顾客群体，已经有相当的距离了。这需要引起管理者的特别注意，也需要管理者找到解决的方法来增进和强化与顾客之间的关联，使得管理者保持对顾客体验的敏感性。

今天如果要想与不确定性共处，有以上四个方面的工作需要去做。请各位反问自己：我们是不是朝着这四个方面去做了？你有没有真正改变自己？有没有培育新的业务？有没有打破平衡？最重要的是你的顾客是谁？有没有和顾客走在一起？这非常关键。如果可以做到这些，就可以和不确定性共处。

（三）管理者的定力

但是我也很清楚，面对变化、面对不确定性，最大的挑战是管理者的定力。我们为什么变得浮躁？坦白讲，是我们太过急功近利，太过善变，太过不坚持。如果你能够坚持，努力做，你的价值就可以被确定下来。最近为什么反复谈"工匠精神"？很多时候坚持本身是你获取力量的重要来源。日本有家寿司店，提前三个月开始订位都订不到，提前订好位置还要指定吃寿司的时间，但即使这样一家小店，奥巴马也要去吃，全世界都在预订。我的意思是大家不要太过焦虑。

今天做管理比以往的要求更高，不是说你对行业理不理解，对技术理不理解，重要的是你自己有没有明确的诉求和自信。不确定性对每个人都是一种考验，这需要内心的定力。怎么样才能够保有内心的定力，这恐怕是更难的事情。无论采用什么方式和途径，获得内心的定力的确是非常重要的，因为这也直接影响到管理者能否管理不确定性。这个定力来源于什么？来源于四种心态。

第一，积极。这句话是十几年前新希望六和股份有限公司的董事长兼创始人刘永好的话，他说："凡事往好处想、好处做，就会有好结果。"我这次回到新希望六和，3年做了五次大的变革，我们原来在饲料上赚钱的业务，现在要求不可以在上面赚钱，这样的改变对8万人来说是巨大的调整。但每次我都跟他们说："你往好处做、往好处想，最后就会有好结果。"这是一个重要的要求。对任何要做的事情，都愿意单纯去做，结果自然而成。对模糊性和风险的承受能力是关键，控制风险也是一个基本的要求。

第二，归零。你不能有经验，一定要把经验关掉，一定要把所有的成功关掉。华为一直讲一句话——"没有成功，只有成长"，就是告诉你过去的就过去了。在华为，你看不到历史馆、博物馆，只有客户体验中心、技术研发中心。很多企业都有企业史馆，有对企业历史非常隆重的介绍，但更重要的是，我们要面对未来。纠结于过去，对于将要发生的事情而言，都是没有意义的。每一个未来都需要面对新的挑战，需要新的成功来佐证；每一个未来都会产生新的问题，需要新的解决方案。心态归零不仅仅是一种训练，也应该成为一种习惯。

第三，开放。你一定要接受所有的变化，接受所有的挑战，真正理解这些变化和挑战对我们的帮助，因为你不够开放的时候，是没有办法包容和跨界的。包容变化，接纳挑战，学习未知，做到这些，需要一个开放的心态。包容、接纳也是对自己的要求，包容自己，接纳自己，这样才可以在遇到挑战和冲击的时候，不至于为了保护自己而做出抵触。

第四，确信。一定要相信，相信你自己，相信你的上司，相信你的老板，更重要的是要相信你的梦想和目标。马云说："梦想还是要有的，万一实现了呢？"我想这是很重要的心态。相信梦想与目标的牵引力量，这份力量不受环境变化的影响；相信伙伴的团队力量，这份力量能够集结而成，并陪伴你一直前行，冲破阻碍；相信自己的力量，这份力量有着无限的可能，你的能力超乎你的想象。

这四个心态上的要求是对管理者定力的要求，一旦有了这样的定力，就可以跟不确定性共处。

(四) 应对不确定性

新希望六和的应对其实也很简单，分两个部分：

一是判断经营性不确定性。在我们这个行业，影响经营性不确定性最重要的三件事情：第一是原料，原料占成本的 80%，大宗原料的核心都是由美国几家全球最大的谷物公司控制，所以我们决定入股美国的谷物公司，把这个不确定性拿掉。第二是食品安全，只要食品安全出事，这个企业就彻底被洗掉，所以我花了 3 年时间在中国 25 个省份的所有养殖区，建了动保体系，实现了云覆盖。第三是大宗商品的成本必须低，我们为不断降低资金成本，在新加坡做了一个非常大的融资平台，已经是农牧企业中海外融资做得最多的公司。

二是判断结构性不确定性。对我们来讲，结构上最大的不确定性就是食品消费者的评价，这决定了这个行业的生死。不再是农民的评价，绝对不是靠规模，最重要的是要回归到食品的属性。为此，第一，我们要花 3 年时间把结构性不确定性的三个最重要的战略做完，使整家公司变成食品企业。下一个 3 年你会看到新希望六和是食品企业。第二，要控制养殖基地，保证食品安全。第三，要把每一个生产的闭环全部做完。这样等于应对了结构性不确定性，所以我个人对这家公司很有信心。

今天来看，变化的确很多，但是变化多的时候恰恰也是机会多的时候，做经营的人就是要看机会。所以，我以个人的四个观点作为最后的分享。

第一，所有的成功最终都是人的成功，和行情、市场没有太大关系，和对手也没有太大关系，最重要的是你的团队、你的人能不能被激活。

第二，结果基于意愿，始于行动。你只要去做，只要有这个追求，结果一定会呈现。

第三，保持成功和领先的唯一答案是我们更用心。这也很重要，没有谁真正有运气、有能力，在很大程度上你要比别人更用心。

第四，分享与共生才是可持续的关键。

我相信大家在这里一定会有非常美好的体验，你必须和很多人在一起才可以获取真正的美好。

重塑企业家精神

黄怒波

北京中坤投资集团有限公司董事长

我要和大家探讨一个很有挑战的问题,即企业家精神(Entrepreneurship)。这是个特别麻烦的词,谁都想谈,但是特别不好谈。

一、企业家精神是一副沉重的"十字架"

先讲柏拉图"洞穴理论"的故事。柏拉图在《理想国》里讲到,一些人常年坐在洞穴中面壁,久而久之习惯了,以为日子就是这样,但有一个人不甘寂寞,沿着长长的洞穴来到外面,发现外面其实有光明。一般的故事讲到这里就该终结了,发现了一条生路,他就可以走了。但柏拉图要求他必须返回来,为什么回来呢?发现了外面的新世界后,他要千辛万苦再次回到洞穴之中,告诉大家还有另外一个世界,那个世界是光明的,你们跟我走吧。于是,所有的人走出了洞穴。

我在想,不论是改革开放初期"下海"的企业家,还是我们这批"九二派",都有点像洞穴理论故事里面的人物。20世纪80年代初,大家都在说改革开放,但谁也不知道未来在哪里,人们习惯了面临的体制,以为生活大抵就是如此。就在这个时候,企业家精神出现了:对现有规则不满,要去闯荡和试错,结果找到了新的东西。这就是破坏性创新,我们走过来的这代人,就是一代企业家中的探路者。

我的第一个观点是:过去的企业家精神是中国社会发生翻天覆地变化的最重要原因。中国发生这么大的变化,是谁改变的呢?是企业家和企业家精神。我们从不知道做什么,什么是企业和什么是企业家,到最后走出了一条道路。因为有了企业家精神、破坏性创新精神和不甘平庸的精神,你就和普通人区别开了,否则你就永远是那个面壁的人。当然今天也有很多人在面壁,他认为那就是他的生活,但当你把自己作为一个引领者的时候,你就已经变成一个区别于平常人的企业家了。

企业家精神也不是商场上战无不胜的法宝,它是一副沉重的"十字架"。你一旦相信了企业家精神,实际就背上了这副沉重的"十字架"。我到德国汉堡艺术馆(Kunsthalle Hamburg)访问,被那里的一组黑色雕塑震撼了:一支队伍在行进,其中一个人扛着沉重的十字架行走在队伍中。我站在那里久久不愿离去,后来仔细想,这讲的是一个人应该承担的责任和重负,他扛着十字架,扛着对人生的承诺,不能后退。

每个人都要想一想自己的身份,是做一个优秀的商人,还是做一个有担当和引领责任的企业家。所以,谈到企业家精神的时候,要相信一点,你得扛起这个精神,它是额外的负担,也是价值观念和价值引领。当真正扛起十字架的时候,你要为此承担许许多多的东西,也就真的把自己区别于普通企业家和商人了。

二、每个时代都有自己的企业家精神

面对新的概念、理念和征途，大家都很激动，但每个人仔细想一想：你们恐惧不恐惧？我们创业二十多年，知道这次狼真的来了，遇到"鬼门关"了。整个经济模式都在改变，传统的结构不行了，没有人知道未来是什么样子，也不知道能不能把握住未来。这时候才如梦初醒，突然看到这条船上很多人已经不在了，要么被扔到海里，要么被关在牢里，还在的没几个了，于是突然怀疑自己是不是还在船上。这些问题使我们每天睡不着觉，即便BAT（百度公司、阿里巴巴集团、腾讯公司）也在思考这些问题。

到了这个时候，再说企业家精神还有用吗？我们这一代企业家所信服的价值，现在还存在吗？这是一副沉重的"十字架"。

中国从"五四运动"时期就信奉弱肉强食的"狼性文化"，商场就是战场，你只能做最大的"狼"，否则生存不下去。但是当你做了一辈子"狼"，最后到底要做"狼"还是做人？你对社会的贡献到底存不存在？难道只是贡献福布斯排名和世界首富吗？在这个意义上，我们这一代企业家的价值观，可能要留给别人来探讨。

中国改革开放三十多年，发展得这么快，为什么到了今天越来越焦虑，前景越来越不能把握？这是进步还是退步？今天跟"五四运动"时期一样，所有的东西越来越新颖，胡适把自己的名字改为"适"的意思就是"物竞天择，适者生存"。所以在当下，我们需要对自己有一个透视。

1992年，我从体制中走出来，现在回头看不后悔。如果不出来，站在这里的可能也是一个退休的副部长了，但我现在作为一个民营企业家也挺自豪。因为所有的酸甜苦辣都是自己的，你有一个精彩的人生，这是走出来以后最关键的收获。但我们没有现在的企业家，当时没有人跟我们讲什么叫市场，什么叫竞争。我们只是被大时代感染，要改变自己的命运，没有资本也没有书本，只有战斗和打拼，永远不问明天，只求今天活下去再说。

这是一代企业家血淋淋的存在史，大家可以从每个人的历程中看出来。这些人在拿青春和身家性命赌。我那时候不到四十，在中宣部工作，风华正茂，又是北大毕业，但义无反顾地要投入一个新的时代。这一代企业家都是这样过来的，"置之死地而后生"，没有退路，绝不退缩，这就是企业家精神。这种企业家不是为伟大创新而创新的人，他不懂。他拥有的是哪一种企业家精神？就是不甘平庸，满怀激情，为追求自己并不知道的未来而勇于挑战的精神。这就是中国企业家当下的表现，也是中国企业家精神的表现。

当然，企业家和企业家精神在不同时代有不同的概念。春秋战国时期，孔子的弟子子贡是商人，范蠡也是商人，他们主要是倒买倒卖，做得也非常成功。"旱则资舟，水则资车"，他们知道明年会大涝，所以现在要造船，这就是他的常识。19世纪，有位意大利商人对企业家做了定义：企业家就是赚取差价并承担失败责任的人，比如说他把意大利的黑梨倒卖出去，要承担失败责任。在美国，企业家是专门负责破坏和创新的人，失败的责任由硅谷的资本家和投资人承担。一旦不再创新，企业家就变成董事长，他就是商人了。正如张维迎老师所说的，企业家的基本功能就是发现不均衡和创造不均衡。

三、新经济与重塑企业家精神

今天所有的规矩都变了，进入了人人只要创业就是创新的时代。整个世界经济来到了一个充满不确定性和破坏性的时代，人们突然发现几百年来的企业家精神面临着挑战。我们创业的时候，会做 5 年、10 年的规划，但现在不可能，马云也讲不明白我们明天还在不在，也不知道敌人来自哪里。所以再谈企业家精神，你会发现破坏力和创新能力不能给你带来利润，也不一定带来优势，引领者基本上不是商业上的成功者。

马克思讲了，"一切坚固的东西都烟消云散了"，现在就进入了这样的时代。我们处在新经济时代，背后让人恐惧的就是"一切坚固的东西都烟消云散了"。突然来到一个新的时代，你怎么适应？你有再新的创意和机会，都来不及形成利润，就被后来者干掉了，永远是个恶性循环。所以，新经济确实很诱人，但它确实也让人很恐惧。

一切都不固定了，企业家精神是什么样子呢？商学院也面临这个问题，所有的教材都显得苍白无力，都需要修改了。1998 年，管理学家詹姆斯·柯林斯写《基业长青》的时候，选了 15 家企业进行研究，去年我发现两家已经不在了。现在基本上没有基业长青的企业，也没有人再提基业长青了。那么这个时候，我们怎么做企业，怎么做企业家呢？反过来，这也是我们商学院的机遇，能不能重新编写案例？能不能找出新的企业家精神，引领中国下一个三十年？

下一个三十年，是中国三千年之大变局最后的日子。虽然经济面临着困难，但我对经济转型抱有乐观的态度。一个国家的体制很强大的时候，这个国家的经济就不会有太大的问题。中国经济在前三十年保持了稳定，相信后三十年应该还会保持稳定。我们从创业以来，没有一天睡过好觉，也没有哪天天上掉馅饼，但我们很幸运没有被落下。

今天，你们不应该被这个时代落下。当下是一个千载难逢的机会，旧的时代已经过去，新的时代马上要来了，你们要有足够的创新，承受得了焦虑，承受得了失败，背得起沉重的"十字架"。不背"十字架"，你就是一个普通的商人，很快会被淘汰；要背，你就活得很痛苦。

当然，希望你们在这个辉煌当中创造成功，由此带来对世界经济的引领。中国企业最有活力，最早感受到了这些危险；中国企业家被训练出来，像狼一样，危机感极强，也不会战栗，不会害怕。这是中国民营企业能够站到今天的重要因素。希望通过你们的传承，新型企业家应该有担当意识，有仁有义，不论成败，只论存在。

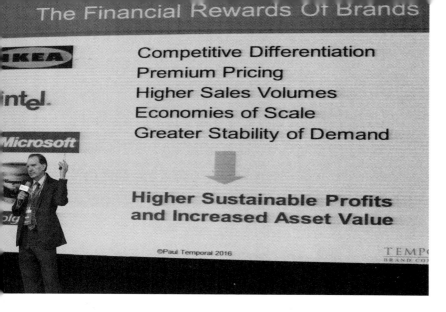

转型：为什么中国需要一套品牌战略？*

保罗·泰柏勒（Paul Temporal）

北京大学汇丰商学院访问教授，牛津大学赛德商学院品牌管理专家

我希望说服大家接受一个道理——如果没有品牌建设，中国的转型不可能取得成功。首先我要回答一个问题——在中国面临转型的大背景下，品牌的重要性到底体现在哪里？

一、品牌与财富以及影响力之间的关系

世界大品牌，尤其是中国人喜欢的世界大品牌，它们的市场影响力到底体现在哪里？强大的品牌一旦树立起来，会带来多种益处。首

---

* 本文根据英国纽卡斯尔大学商学院会计与金融讲师车波博士（Dr. Dylan Che）即时翻译稿整理而成。

先，在经济处于衰退的时候，有品牌的企业能够在逆境中成长。其次，品牌一旦建立起来，不仅能够成功地帮助企业跨越国界，而且能够帮助企业跨越行业的边界。最后，无论新的目标市场在哪里，品牌能帮助企业进入新的市场。我想强调的是，品牌能够帮助企业摆脱商品的"陷阱"，真正地提升企业产品的价值。

我们再来看一下品牌在财富方面的价值。一方面，在产品品牌树立起来以后，最重要的一点是，与竞争对手相比，企业的竞争优势赫然显现。另一方面，每家企业都梦想着品牌一旦建立起来，便能够获得很高的议价权，从而提升产品销售数量。同时，品牌也能够让企业实现规模经济，最终提升盈利能力。

我们可以用一句话总结——品牌是不断增长的，可以持续地建立核心竞争力，而且不断地提高品牌的资产价值。

我今天提到的这些大品牌，大家可能会觉得"遥不可及"。但我想对你们说：所有的这些大品牌，无论现在有多大，在刚刚创始的时候，都是由一两个人创立的。我特别强调的是品牌的资产价值，不是有形资产价值，而是无形资产价值。当我们对这些大品牌的市值进行评估的时候，就会发现，有品牌的企业的无形资产价值比有形资产价值的总和要高出很多倍。通过对世界所有的证券公司、上市公司的价值进行研究，我们发现了一个非常惊人的现象：50%—70%的市值是由无形资产体现出来的，而其中很大一部分是品牌带动的无形资产。由此可见，品牌的价值、无形资产的价值有多么重要。

举一个例子，我们来看一下，苹果公司到底是一家什么样的公司？

以我对苹果公司的观察，它什么都不生产。因为它所有的生产全部外包到了世界的很多地方，其中很大一部分在中国。从功能的角度来说，苹果公司的产品不完全比它的竞争对手的产品好，这也是一个不争的事实。如果把苹果公司的无形资产抛开，唯一可见的有形资产就是一栋大楼，仅此而已。可是如果要深入地了解苹果公司的无形资产，那就是苹果这个品牌，以及与它的消费者建立起来的情感的联系，而情感联系没有那么容易被我们捕捉。正因为苹果公司牢牢地抓住了消费者的情感，品牌建设才做得如此成功，这样一家公司的市值高达7500亿美元。7500亿美元是一个什么样的概念？它是马来西亚全年国内生产总值的3倍。如果把苹果公司作为一个国家来看，它在全球的排名是第55名，和新西兰齐名，是真正意义上的"富可敌国"。苹果公司成功的秘诀在哪里？就是两个字——品牌。

二、国家品牌的印象

刚才讲的是企业品牌。除了为企业打造品牌战略，我还为很多国家打造品牌战略。下面，我们来看一下，一个国家的品牌建立起来以后，能给这个国家带来什么样的影响力。

第一，一个国家品牌的建立，对这个国家的政治影响力会起到非常大的助推作用。比如，我的国家——英国在这方面就是一个成功的例子。英国从地域的角度来说是一个小国，但是，从任何一个角度来看，它是一个政治大国，其中秘诀之一就在于英国的国家品牌战略制定和实施得比较成功。

第二，国家品牌的建立，对一个国家和其他国家建立战略合作伙伴关系会起到推动作用。一个国家的品牌形象树立得好，对于这个国家的国民会起到很大的推动作用，比如，我们经常强调的对国家的骄傲和自信心，中国人经常强调的和谐以及民族的团结。我曾经给新加坡做过很多年国家层面的品牌咨询工作。通过我的帮助，新加坡在这方面取得了很大的成绩。

第三,如果国家的品牌建立得比较好,对于这个国家的企业、商业走出国门,发展到世界任何其他的角落和市场,会起到极大的助推作用,这也正是中国目前非常需要的。如果要把中国的企业推向世界,国家需要建立一个正面的、强大的品牌形象。目前,中国已经进入了关键的时刻,可是目前距离强大的、正面的国家形象还有相当的差距。在我的职业生涯中,我对世界上二十多个国家的国家品牌做了研究,其中很多国家现在已经制定并实施了国家品牌战略。

如果国家品牌建立得好的话,对于企业的品牌会起到怎么样的互推作用?在这里我特别想用一个术语——原产地效应。相信大家对这个或多或少都有一些了解或者体会。每个国家的国民特性不一样,正因为这样,根据这个国家的综合特点,国家品牌给世界带来的印象和影响也不一样,而这往往对这个国家企业的品牌成功会起到正面或者负面的作用。

在正面的影响方面,德国在工程领域里面是世界首屈一指的,正因为它给世界带来了这样一种印象,所以,德国的汽车制造业在树立品牌的过程中,背靠国家大印象的帮助,给消费者带来的印象是德国的汽车是可靠的、高质量的。由此可见,如果两者都做好的话,它们的关系是相互促进的。简而言之,国家品牌推动企业品牌,企业品牌进一步推动国家品牌。

人们在对任何一个国家进行认知的时候,往往会根据他们认识的范围,对一个国家的特点进行总结。这些东西对于一个国家在世界建立印象或者身份,会起到非常重要的作用。在这个方面,如果做得好、做得巧,把国家品牌的身份树立起来了,对于这个国家的企业走出国门是有帮助的。得益于国家品牌的成功而取得成功的企业品牌,会进一步推动国家品牌的成长。

所以,我们看到两者相辅相成、相得益彰,用中国话来讲叫作"良性循环"。这就是我对中国品牌建设开出的第一张药方：中国要走品牌的道路，首先要建立起中国良好的、正面的国家品牌形象，以此来推动中国的企业品牌在世界树立起更好的形象。

刚才我说的是正面的例子，如果在这个问题上我们做得不好，会产生什么效果？我们也用中国话来形容，那就是"恶性循环"。很多年以前，加拿大政府要我帮助他们。其国家品牌的负责人表示，他希望加拿大至少在亚太地区会给亚太地区的人民带来这样一个印象：加拿大是一个以高科技见长的国家。但是现在，很少有人认为加拿大是一个以高科技见长的国家。由此可见，他们希望树立的形象和现实之间有很大的鸿沟。

我在这方面做了研究，研究表明：人们一想到加拿大，往往会有两个东西跳进我们的脑子：第一，这是一个旅游大国；第二，这是一个在教育产业有影响力的国家。这是亚太地区的人民对加拿大的印象。我对很多人进行调查，问他们会认为一些大型的科技含量很高的公司是加拿大的公司吗？很多人都说知道这样的公司，但是在他们看来这是一家美国的公司。所以，在这里我们看到的是一个极大的错位：一方面，那些在高科技领域非常强势的加拿大公司不希望给别人留下一个"我是加拿大公司"的印象，它希望给别人留下一个"我是美国公司"的印象。而另一方面，尽管加拿大政府希望把加拿大树立成一个以高科技见长的国家，但是政府不知道怎么样鼓励本国的企业把这个信息传播出去。

三、中国在打造品牌的过程当中，面临的挑战和机遇

我们把目光转向中国，中国在"良性循环"或者"恶性循环"的过程中存在很多问题。我发现了一个令我非常兴奋的现象，那就是中

国的国家领导人对于中国未来的发展做出了几个总结，其中有一个总结就是中国要实现从"中国制造"到"中国品牌"的转型。在此，我想提出自己对这个问题的想法。

中国现在还没有建立起一个真正意义上的全球大品牌，这有两个大背景：第一，这是在中国经济经历了三十多年的高速增长的大背景下发生的；第二，这是在中国现在是世界第二大经济体的大背景下发生的。我们观察到一个让我们有一些匪夷所思的现实：中国没有一个真正意义上的全球大品牌，但这并不代表中国没有一家全球性的企业。中国有很多成功的全球性企业，但是成功的企业和成功的品牌是两码事。为什么会出现这样的情况？企业的成功可以从利润和市场份额方面获得，但是品牌的成功在于什么？第一，在于品牌是否与受众的消费者建立起强大的情感链接。第二，在于品牌的价值，尤其是它的无形资产价值是否得到市场的承认。

中国要实现从"中国制造"到"中国品牌"的转型。"中国制造"带来的印象是什么？请恕我直言，世界上很多国家对来自中国的产品的第一印象是"低质"。毫无疑问，它一定是由某些事实带来的。尽管中国的产品质量已经有了明显的提升，但是，要想改变世界其他国家对"中国制造"的认识，需要付出很多的努力。低质会给消费者带来什么样的更深层次的心理印象？那就是对产品明显地不信任，缺乏信心。

如果没有信心和信任，就永远不可能建立起强大的品牌。那我们目前的做法是什么？价格战。企业还要不断地把产品卖出去，怎么办？把价格降下来。一方面低质，另一方面低价，导致世界上其他国家的消费者对"中国制造"普遍采取抵制的态度。

如何改变这个恶性循环？我的"药方"在这里：第一，提高"中国制造"的质量，让"中国制造"变成世界一流的质量。如果提高质量是很难的事情的话，那么第二点可能就更困难。因为产品质量提升以后，还不能立刻改变人们对中国产品的印象。也正因为这样，品牌建设就显得非常重要。我们要让所有的人对"中国制造"建立起一个"值得信赖"的品牌印象，这样才能树立中国品牌，使其真正地跻身于世界品牌之林。很多年以前，日本的产品也是同"低质"联系在一起。但是，日本成功地克服了这一问题，现在是中国改变这一现状的关键时期。

目前的经济趋势对于中国企业来说，是挑战，还是机遇？很多人认为是挑战。国家处于经济的调整阶段，很多企业面临暂时的困难。但仔细想一想，困难的根源在哪里？很多人认为现在的问题不是做品牌，而是生存。为什么会面临生存的问题？因为客户选择了逃离，我们没有抓住客户。品牌究竟是什么？是通过提高客户体验，把客户牢牢地引进来，让他们永远和我们在一起。也正因为这样，品牌建设是改变目前现状的唯一途径。

此外，机会来自我对中国文化的观察。我对中国虽然没有做太多的研究，但是通过多年与中国人的交往经验，我发现中国文化的核心在于，中国人有一个实现中华民族伟大复兴的梦想。同时，中国强调"和谐"的精神。还有一点让我非常吃惊，中国的年轻人在发展自己事业的时候什么都敢做，在他们那里仿佛没有边界。这种积极向上的文化是中国应该抓住的最好机遇。

四、中国企业如何实现从"中国制造"到"中国品牌"的转型

刚才说的是现实，现在看一下未来的蓝图。我们的目标是什么？要变"中国制造"为"中国品牌"。"中国品牌"意味着什么？

首先，要建立起一批强大的全球公司品牌。这条路非常艰辛，但是，如果要把中国的整体品牌建设进一步往前拉伸，那么无论这条路多么艰辛，我们都要往前走。

其次，未来与科技直接相关。如果从未来着眼的话，品牌建设的着力点在哪里？在于打造由中国引领的高科技产业。高科技产业对于一个国家品牌的树立会起到非常重要的作用。

最后，再讲一下政府。英国有一个非常强大的政府机构——技术革新部，专门负责技术领域的革新。英国技术革新部的成立，旨在进一步强化英国是一个技术革新领导者的印象。这个部门是多部门协调的结果，英国的首相室、外交部、文化部、科技部在这个问题上形成了合力。英国的技术革新部有两个重要的职责：第一，它要向全世界宣讲英国在技术革新方面是领导者。第二，它要扶持英国的所有高科技企业。正因为这样，他们邀请我帮助他们建立英国技术革新部的品牌战略。经过数月的咨询，我们在日本打响了"第一炮"。正因为品牌战略执行得非常好，所以在日本取得第一次成功以后，我们又到世界各个国家推介英国式、品牌式技术革新领导者的形象，这对于英国树立起这样一个形象起到了很大的推动作用。所以，现在很多国家都认可英国是一个技术革新的国家。同样，凭着中国现在的实力，只要扎扎实实地做，树立国家品牌的那一天离我们并不远。

在树立国家品牌的过程中，最高层次的事情，就是中国要给世界留下一种有吸引力的、正面的、一致的国家品牌的印象。这也是中国急需做的一件事情。现在，中国在这方面已经开始做了很多的事情。比如，不久之前，习近平主席多次到英国访问，这是一个树立中国有吸引力的正面形象的非常好的机会，改变了很多英国人或者说欧洲其他国家的人对于中国的印象。

这是我对于中国品牌未来的设想。如何走到那一步？有两件事情要着手去做：第一，要着力培养中国关于品牌方面的人才。如何培养这些人才？我们要把在西方已经研究了的，而且在很多大企业创建品牌过程中取得成功的知识、经验和方法搬到中国，这也正是我们现在在做的一件事情。现在，很多企业都有了品牌策划部门，如果这些人是我们所说的人才的话，我们要通过培训和教育让他们知道，所有品牌的建设一定要放在客户体验上，抓住客户体验的每一个环节。通过我与这些企业品牌策划部门的年轻人打交道的经历来看，在中国暂时还没有看到这一点。

要实现这样一张蓝图，除了要有人才以外，还要有投资。我看到一个非常有意思的现象，亚洲公司，特别是中国公司，对品牌往往感兴趣，但是讲到品牌的时候，会担心钱投进去是否能够收回。其实，品牌本身就是一种投资行为。很多人往往对资本投资津津乐道，但是忘了比资本投资更重要的是品牌投资。把钱投到品牌上，不是花钱，而是投资。而且，如果品牌做得巧妙，不需要花巨资。

中国企业现在面临的挑战是什么？从某种程度上来说，品牌建设就是变革，而这种变革体现在以下四个方面：

第一，要改变意识。中国目前创业型企业以及大型企业的领导者往往追求的是短期利润，而非长期的品牌建设。

第二，技术，尤其是高科技领域技术的成长对品牌建设会起到非常重要的作用。在这方面做得非常成功的往往是创业型企业。如何从国家层面鼓励和帮助这样的企业？不仅要把高科技做起来，而且要把品牌的力量也加进去，这是我们的重要任务。

第三，建立以情感为纽带的中国品牌。通过对中国，乃至亚洲国家消费者的观察，我发现了一个非常有意思的现象：中国的消费者非常青睐国际知名品牌，但对中国自己的品牌没有太大的兴趣。原因在哪里？尽管中国品牌已经建立起相当的知名度，但是中国品牌不知道怎么建立起一个以情感为纽带的品牌。或者说，中国品牌抓住了消费者的脑子，但是没有抓住消费者的心。

问大家一个问题：领导者在品牌建设过程中究竟能否发挥作用？每一位领导者对于品牌建设都发挥着非常重要的作用。我在新加坡多年的品牌咨询经历，让我看到新加坡如何从一个小国成长为大国。别忘了，新加坡是建立在一片沼泽地上的。已经去世的新加坡前总理李光耀先生曾经让我写一篇稿子，对新加坡的品牌形象在世界范围内进行宣传。当时他读了我的稿子以后，去接受记者的采访，其中一句话吸引了所有记者的注意力，他说："新加坡这样一个国家，如果不创造更多成功的品牌，我们的生存将很困难。"新加坡这样一个小国，把品牌建设的重要性放得如此之高，放到直接关系到其国家的生存问题的高度。在中国，生存当然不是问题，但是中国现在追求的是国家的成功和繁荣。

中国要成功、要繁荣，品牌是一把"金钥匙"。我希望，作为领导者，无论是国家的领导者、政府的领导者还是企业的领导者，都能问自己一个问题：我能否把自己的品牌成功地建立起来？我能否通过自己的努力，实现企业品牌的梦想，乃至整个中国品牌的梦想？你准备好了吗？

美国电影业的成功经验与我国电影业的发展对策

俞剑红

北京电影学院副院长，青年电影制片厂厂长，中国电影产业研究院执行院长

中国电影产业的发展是如此迅速，十几年来，中国电影票房增长率进入超过30%的高速轨道，这在世界电影史上从来没有出现过。我们现在需要思考的问题是：接下来的5年、10年，中国的电影产业将呈现怎样的发展态势？怎样保证中国的电影产业能够实现可持续的高速发展？现在很多专家、学者、业界人士提出，中国电影产业从早期的追求规模、发展速度到现在的追求质量，要进一步把整个电影工业体系发展起来，实现国家电影产业的快速发展。

一、美国电影产业成功的经验

很多专家、学者、业界人士认为,美国电影产业的当下就是中国电影产业的明天。其实不尽然,但美国电影产业的政策、机制以及它从制片、营销到放映,特别是将电影作为价值链的成功经验,对中国电影产业的发展有重要启迪作用。

(一) 世界电影业的格局与趋势

回顾世界电影业的格局,2015年全球的电影票房达到383亿美元,这个票房数量并不多。世界电影票房呈上升趋势,呈现"三足鼎立"的格局,哪"三足"?北美(包括美国、加拿大)的电影票房基本上是110亿美元;欧洲是100亿美元多一点,拉丁美洲是20—30亿美元;亚洲特别突出,接近130亿美元左右。翻开世界地图会看到,数字银幕增长迅速,也是呈现"三足鼎立":北美的荧幕数量基本上是40 000块;欧洲也接近40 000块,拉丁美洲是11 000多块;亚洲特别是中国,去年增加了8 000块荧幕,亚洲的荧幕数量接近65 000块。实际上,全球是16万块荧幕的格局。我们说的"三足鼎立",实际上是北美、欧洲和亚洲。

世界电影排名前5名是美国、中国、日本、英国和法国,后面还有德国、俄罗斯、印度、澳大利亚和韩国。下一步趋势是从"三足鼎立"走向"两强争霸"。为什么说下一步是"两强争霸"呢?美国、加拿大市场2015年的电影票房是111亿美元,它的电影产业链更加巨大,借力新媒体不断拓展,超过了1 000亿美元。中国的电影产业连续十几年保持30%以上的高速增长,2015年的票房是440亿元人民币,接近 70 多亿美元，是第 3 名日本的票房（27 亿美元）的 2 倍多。到 2016 年年底，中国的荧幕数量可能赶上美国，到 2017 年，票房有可能超过美国。

但中国电影票房超过美国的时候，并不是说中国电影的核心竞争力超过了美国。3 年前，中国汽车工业产量超过 1 300 万辆，成为全球第一大汽车市场，但中国拥有自主知识产权的汽车公司并不是特别多。中国电影产业的票房可能会成为世界第一，但要变成最有竞争力的产业，无论是创意、技术、投融资体系还是市场运营经验，可能都还有漫长的道路要走。美国是世界上最大的电影市场，中国是世界上增长速度最快的电影市场。

（二）美国电影业的现状与特征

美国电影业的特征是什么？可以用一系列的"最"来概括：美国电影业有最系统、全面的产业政策，最科学的产业机制，最有竞争力的电影市场主体，最丰富的商业类型片，最完善的投融资体系，最先进的营销手段，最完整的产业链，最有权势、有创意的电影人，最先进的电影技术，最大的电影市场和最有影响力的奥斯卡奖。这些都是美国电影核心竞争力的重要组成部分。

美国拥有最有竞争力的市场主体，比如，好莱坞八大电影公司——派拉蒙、哥伦比亚、华纳兄弟、迪士尼、环球、狮门、米高梅、二十世纪福克斯。"时代华纳"和"美国在线"合并的时候，华纳的市值超过 1 000 亿美元。国内的中国电影集团公司马上也要上市，以实现与资本市场的对接。这些国营的巨无霸电影企业，还没有走入或者进入资本市场。民营的像华谊兄弟、光线、博纳尽管进入了资本市场，但市值高的也只有 300—500 亿元人民币，相当于 20 多亿美元，而美国的电影公司是几百亿甚至上千亿美元的企业。

观众要看什么样的电影？观众真正要看的电影，是类型化的。现在的电影有爱情片、戏剧片、战争片、警匪片、科幻片、魔幻片、惊悚片、人物传记片，类型非常丰富，观众很迅速地就知道需要看什么类型的片子。电影实际上是艺术、技术与管理的完美结合。

技术的创新和发展对电影的影响非常大。大家经常讨论数字技术怎么改变了电影的业态。20世纪90年代初，整个电影业进入了一个疲态，票房停滞不前，有影响的作品也不是特别多。正是因为出现了数字技术，才重新振兴了世界电影业。数字技术在制作方面，能够创造视觉奇观；在放映方面，中国的荧幕是全数字荧幕。到2015年为止，中国有31 600块荧幕；美国有40000块左右，一半是拷贝、模拟的荧幕，一半是数字荧幕。

下一步要考虑的是什么？美国的数字放映技术已经非常成熟和完备，但是因为还有一半是模拟放映，所以中国的数字发行可以抢占先机。中国的数字化实际上是中国的后发优势。

此外，美国电影的营销经验非常足、非常成功，也就是所谓的极致营销。卡梅隆为什么要和福克斯合作拍摄《阿凡达》？斯皮尔伯格为什么和环球合作拍摄《侏罗纪公园》？因为好莱坞的电影公司，表面上是一家制片公司，实际上是一家营销公司。它有两大重要职能：一个是投融资，另一个是营销。好莱坞的营销实现了立体化、集团化，媒体有平面媒体、电视媒体和新媒体，所以，无论是斯皮尔伯格还是卡梅隆，都要依赖于国际发行的营销。

美国把世界优秀的电影人、创意、营销都聚集在好莱坞，李安导演在第16届上海电影节上提出，要让中国电影慢下来，不要太浮躁。任何一个行业，离开资本是不能发展的，但不能有过多的资本捆绑，因为电影企业有其自身的规律。我们要把基础以及工业体系完备地构架起来，这点非常重要。

(三) 美国电影业的成功经验

美国电影的成功经验，其中很重要的一点就是在宏观上，产业政策有产业机制，特别是现在提的"完片担保机制"，体现了资本的保险作用。中国电影人特别是电影公司，作为出品方或者制片人，投资影片以后，往往马上进入一种非常焦虑的状态，为什么？因为影片有可能出现预算超支，拍摄周期延长，或者导演、演员罢工的情况，这都将对影片的创作产生巨大的影响，电影制作的风险点多，可控程度低。美国的"完片担保机制"不是保证一部影片的盈利能力，而是担保一部影片能够在预算内完成。如果影片无法按期完成，完片担保公司将接收影片制作并按承诺的保额赔偿给投资人。如果导演、演员罢工，完片担保公司会重新给你选择演员和导演，这是非常重要的经验。

1. 好莱坞电影运作的"五大"理念

好莱坞电影运作的"五大"理念——大投入、大制作、大营销、大市场和大收益，真正地创造了一条电影的价值链。电影不仅仅只是电影，而是以电影为龙头，衍生出内容相当丰富的电影产品。电影的价值是即时价值和沉淀价值。美国的法律规定，电影版权为70年，要无限地享受电影的价值。三五年以前，好莱坞的编剧大罢工，制片人享受了网络掀起的新媒体版权的权利，但是作为出品方，没有与编剧一同享受。

从传统电影的角度来看，家庭DVD、录像带播放，这种非影院进行的影音产品非常丰富，从以电影为龙头的电影产品，包括从书籍到衣服、鞋帽，最后到游戏，到主题公园的电影价值链非常长。八部《哈利·波特》创造的票房可能是100多亿美元，但是它创造的价值超过了1000多亿美元。现在中国仍旧以票房营销为主，非票房营销为辅；美国恰好相反，票房营销占电影产业的三分之一，非票房营销达到三分之二。

2. 好莱坞电影运作的法则

好莱坞电影运作的八个法则，包括派拉蒙案（公平竞争）、冰山原理（工业体系）、金字塔结构（市场集中度）、类型化电影（市场细分）、完片担保机制（保险机制）、制片人中心制（运营机制）、白金法则（经营理念）和火车头理论（产业模式），对中国的电影产业发展有非常重要的借鉴意义。

1948年5月，美国最高法院根据反托拉斯法对"派拉蒙案"做出裁决，判定大制片厂垂直垄断为非法，要求制片公司放弃电影发行和电影院放映的业务。这一裁决切断了大公司的主要财源，迫使公司大幅度减少影片生产，也改变了好莱坞的电影生产、发行和放映模式。所以，1948年以后，美国电影公司分化成两种公司：一种是制发公司，另一种是院线公司，包括美国最大的院线公司帝王娱乐集团，其拥有500多家影院、6000多块荧幕。如果电影的发行被垄断，对于美国电影业的金字塔结构，对于中小公司和独立制片公司的影片，无论是拍片，还是放映的档期选择都会非常困难，所以要创造公平的竞争机制。但中国现在不是，中国的电影业既要做垂直一体化，又要做横向，横向是除了电影，可能还有其他的媒体，包括新媒体，是一个十字架结构。

在一部电影里，大家更多看到的是明星和导演，电影展示的只是冰山一角。电影背后庞大的体系建设，对美国电影工业的发展提供了非常有力的支撑。

从产业组织学的角度来讲，电影业的金字塔结构可以解决产业结构、产业行为和产业绩效等问题。产业结构要聚焦培养有竞争力的电影企业。中国现在有1 300多家电影制片公司，但一年的制片数量只有600多部，这就意味着平均两家公司一年做不了一部电影，可能有的公司3—5年都做不出电影，真正依赖的是中影、华谊、博纳、乐视、光线这样的公司。中国电影的产业结构也是金字塔的结构，20%的顶层公司，对市场的贡献超过了80%，是一个倒金字塔的结构。从这个结构来说，金融支撑的重组与并购每天都在发生，真正有竞争力的制片公司每年都能给市场贡献价值。美国2015年高达110亿美元的票房中，好莱坞制片公司贡献了95%，每家要贡献15—20亿美元的票房。如何贡献的？世界上最有才华的电影公司，加上最懂运营的好莱坞电影公司的总裁，也不可能每年持续给市场贡献20亿美元，他们有一些法宝，比如说拍摄系列电影。

类型化电影非常重要。类型化和产业化有很大关系，类型化实际上完成了一个非常好的市场细分。

完片担保机制是最保险的机制。在产业层面上，有这样机制的存在，作为投资人、出品方、制片人，投资影片以后能够非常心安理得。经常说电影是"三高"的行业，高投入、高风险、高收益，但是高投入、高风险实际上就把很多资本拒之门外。要通过机制的建设，化解电影行业的风险。

制片人中心制对中国尤为重要。美国很早就实现了制片人中心制，中国一直在探讨是导演中心制还是制片人中心制？电影事业在发展阶段是导演中心制，电影非常依赖于导演的创作和才华。但是制片人既对项目和投资负责，也对整个电影的品质负责，所以最后要实行的是制片人中心制。延伸一下，在中国的电影机制下，电影的预告片一般由导演自己来剪辑，因为导演对底片很了解。但是国外没有一支预告片是由导演和制片人自己剪辑的，因为他们太了解整部影片，就会有很多个人主观的因素。为了通过 2 分钟的预告片来全面呈现电影，吸引观众到影院来，所以会请专业的公司来剪预告片，还要向其支付几十万美元。

白金法则是什么？营销学里面，黄金法则是让观众满意，观众说了算。白金法则的重要理念是要让观众说了算。怎么让观众说了算？有很多具体的措施，比如影片名测试、预告片测试。电影公司剪出 5—8 支预告片，到商场请 500—800 人作为观众进行抽样测试，观众喜欢的预告片就投放市场。中国在电影产业化的过程中，也有开放的 A 结局、B 结局，但这样不能真正地实现电影产业化的过程。电影是一个价值链，有即时价值和沉淀价值，真正做电影，要保证电影成功运营，让更多资本能够进入电影领域。如果十部电影中有九部亏损，只有一部盈利，就更需要建立电影的产业链。

奥斯卡最佳导演和制片人拍摄的《未来水世界》，虽然票房遭遇了"滑铁卢"，但是它还有《未来水世界》的演出，光是主题公园的演出就创造了很大的价值。

3. 美国电影业主要的成功经验

归纳起来，美国电影业有五个主要的成功经验。

第一，组织架构的"集团化"。现在，中国电影公司集团化的趋势也越来越明显。简单来说，好莱坞所有电影公司都具有集团化性质。比如，华纳集团不仅有华纳影业，还有 HBO 电视网、《时代周刊》杂志、时代出版公司，以及华纳音乐；福克斯有福克斯影业、摄影、《国家地理》，还有几十种报纸，以及 My Space 等新媒体网络平台。跨媒体集团化对支撑好莱坞营销公司非常重要，全世界都有发行资源，才能够聚集优秀的电影。

第二，电影品牌的"系列化"。没有一家好莱坞公司没有系列电影，华纳有《哈利·波特》《蝙蝠侠》《黑客帝国》《迪士尼》《海底总动员》《星球大战》等系列电影，派拉蒙有《蜘蛛侠》《变形金刚》《功夫熊猫》《钢铁侠》等系列电影。中国也有很多系列电影，比如《非诚勿扰》《狄仁杰》的电影系列。北京电影学院将参与合作拍摄五部系列电影，包括《西游记》的《三打白骨精》《女儿国》等，中国的系列片也会越来越丰富。

第三，电影产品的"高概念化"。高概念是什么概念？中国电影的类型相对突出，但情节比较简单，主要是以明星、导演为导向。同时电影在其他载体和文本上也已经出现过，它可能是一部很好的网络小说，一个 IP（知识产权），或一个很好的动漫。电影也是泛娱乐，很好的百老汇剧可以改编成电影，电影也可以改编成电视剧、热门的网络小说、动漫等，这也是电影的产业链。

第四，电影营销的"极值化"。电影的营销非常快，实现电影的营销极值是实现电影价值最大化的过程。

第五，电影产业链的"完整化"。

二、我国电影业的发展特征

刚才谈到美国电影业的宏观层面，包括工业产业层面、行业层面，比如电影公司和电影项目运营的特点。中国电影业现在有四大特征：

第一，电影产业机制初步形成。从市场结构来说，市场集中度基本形成。有竞争力的制片公司有5—8家,包括中影、华谊、博纳、光线等。2015年前5名院线公司的票房情况是:万达58亿元,中影星美38亿元,大地35亿元,上海联和30亿元,中影南方新干线30亿元。无论是制片公司还是院线公司都已经形成。

第二,投资主体多元化,产业与资本市场逐渐对接。改革开放前30年,制造业、科技产业与资本接轨。改革开放后30年,一批文化公司、影视公司逐渐成为上市公司,实现了与资本的接轨。以前华谊拍摄《夜宴》时,5 000万元都需要深圳发展银行授信,拍摄《功夫之王》时,需要广州发展银行6 500万元的授信。因为电影公司都是轻资产,融资很难。现在博纳、光线、华谊,不是在纳斯达克上市,就是在国内创业板、中小板和中板上市。尤其是新三板的开放,加快了电影公司上市的速度,同时还有助于实现现代企业制度的运营模式。

第三,电影市场格局多元化,主流商业类型片与主流城市院线成为电影市场的中流砥柱。现在的电影市场,一、二、三级市场协同发展。前几年主要依赖的是主流电视,且主要在北上广等大城市。特别是这两年,春节档成为"兵家必争之地"。3年前并没有春节档,我们关注的是新年圣诞档、暑期档、十一档。2016年春节的时候,一天的票房能过5亿,相信2017年的春节,我们参与投资的影片——《功夫瑜伽》和《西游降魔2》也一定能创造一个奇迹。2016年2月的单月票房接近60亿元人民币,相当于10亿美元,大大超越美国2月的单月票房。

第四,电影技术对电影产业产生了革命性影响。今后电影产业要演变的形态是,制片人要成为明星,明星是明星,导演是明星。制片人是真正推动产业发展的力量,中国需要专业的制片人,影片类型要丰富。"完片担保机制"确立后,投资人投资电影基本上就可以高枕无忧了，投资人对影片票房失利能从容不迫，因为有非常长、非常完整的产业链，即使价值可能不是很高，但是沉淀价值可能会巨大。比如说斯皮尔伯格的《侏罗纪公园》的沉淀价值，CBD（中央商务区）、哥伦比亚保险公司播放 5 次还能带来 5 000 万美元的收益。电影市场秩序要有最高规范，要有严格的票房、分账制度。中国的资本与电影人要更多地参与全球分账，中国电影人要进入福布斯排行，中国电影企业要成为世界级的"航母"。

为实现这些目标，我们要有相应的对策。

第一，要构建完整的电影工业体系。以中国目前的电影工业体系，假如要拍摄《阿凡达》，若要 8 台摄影机同时运转，且不要说 8 台，2—3 台预算就有可能不足。拍摄《集结号》时，还需要从韩国引进烟火团队，包括特殊造型。特别是拍摄科幻片，特殊造型的差距还很大。

第二，建设国家级的电影产业园。美国有好莱坞，中国现在有横店，它的目标是成为电影和电视剧聚集的中心，下一步是构建高精尖的摄影棚，生产更多自己的影片，成为东方的好莱坞。北京怀柔中影的数字基地，包括星美电影公司，下一步要打造一个 2 000 多亩的电影中心。

第三，从制片角度来说，电影产业的发展对策，最重要的是要培养有国际竞争力的制片公司。中影、华纳、华谊、光线、博纳、星美、乐视，要逐步成为具有国际竞争力的制片公司。

第四，要注重营销。营销非常重要的一个目标是要实现电影价值的最大化。一方面是前置营销，电影营销包括档期确定。开始时要有圆桌会议，由制片人把创作、发行、产业链开发的人员集中在一起讨论。开始就要预案，而不是影片拍完以后才考虑发行。另一方面，我们的营销，要有一些以片养片、以片配片，某些电影的价值要不断地实现。系列片是一个方面，但有时像《狮子王》，票房很好，有续集，但是这个续集不在院线放映，而是做成了家庭录像带。还有一些是以非票房营销为主的开发，以及一些营销极值化的手段。真正电影营销的时候是让你感觉到这种电影的影响力无处不在，无时不在。如何实现联合营销？比如说哥伦比亚影业公司拍摄的《蜘蛛侠》，每次发行基本上与索尼新手机或者新电视的开发是一体的。

第五，要真正进行资本创新。互联网如何与电影结合？金融如何与电影结合？金融与电影的结合其实很早就开始了，从债权到股权，但资本要有资本的逻辑。我们的创新从授信到版权质押，最后到风险投资。电影公司的投资，包括对电影项目的投资。2008年之前，好莱坞的制片公司嗅到了华尔街，如高盛、摩根士丹利还有雷曼兄弟投资了一系列的电影，这样来保证制片公司的收益。所以无论是风险投资，还是私募股权投资，现在需要的是什么？首先，是真正进入这个行业的时候，可能需要并购基金或者是专业化的基金。比如，做发行，可能需要合拍的基金；做产品，可能需要开发的基金。其次是资本，包括完片担保以后。现在电影行业有一个重要的理念是明星 IPO，有时候一个明星、一个导演的才华对这个行业的发展可能起着决定性的作用。所以明星 IPO 很早就盯着黄晓明、赵薇、陈坤等明星，把这些人培养起来，培养起相关的收益，跟公司进行三五年的合作，这是非常重要的。

第六，要发展电影银行。电影银行非常重要，然而中国目前还没有电影银行。不管华谊2016年给市场的贡献是20亿元还是30亿元，在银行的授信方面却只比一个刚成立的公司可能好一点，以前基本上是一样的。我们应该根据历史的经验、诚信度以及对行业的贡献来区分授信额度。

第七，要开发电影的产业链。电影行业最重要的是电影，要有纵向产业链、横向产业链。纵向就是电影到玩具、主题公园、游戏。横向产业链，如美国是电影放了两周以后，会有家庭录像带，其次到家庭付费点播，再到 HBO 电视网，最后到网络播放。

第八，要与新媒体结合。电影与互联网结合，互联网把电影带入了一个多姿多彩的世界。互联网既是营销平台也是播放平台，把价值链进行了延伸。同时还要关注互联网对电影的影响，电影的移动互联网，特别是现在的电商平台，比如说猫眼、微信、格瓦拉对电影的影响非常大。

第九，要注重大数据。以前在做各种各样大数据测试的过程中，能够知道观众对电影类型，对某一制片公司、导演的喜欢程度。

中国电影产业尽管进入了高速发展的阶段，但要成为世界上最有竞争力的电影产业，还有很长的路要走。

最后，我想说的是我们北京电影学院、青年电影制片厂，现在要为中国电影产业的发展做贡献。我们要拍有情怀的电影，拍新学院派，会创作《启功》《不成问题的问题》《功夫瑜伽》《绝地逃亡》《无处藏身》等一系列影片。我们要拍叫好又叫座的作品，这是我们的使命和责任，也由衷地希望与大家在电影产业领域内有更多的合作。

未来几年"赚大钱"的逻辑

陈 宇

聚秀资本创始人，仁和智本资产管理集团创始人

专家讨论问题比较严谨，喜欢用数据支撑结论，而投资人更多的是靠猜，因为投资必须要有前瞻性。当数据都能被统计的时候，基本意味着其投资机会丧失，所以听投资人的演讲，一定要小心，因为结论往往很不靠谱。加上投资本身是以小博大的过程，赌错了无非亏点小钱，对了可以赚很多钱，所以往往都是开放性设想问题。尤其是早期的一级市场中更是如此，我们都是非常乐观地去设想未来的各种无限可能，于是很多结论和逻辑听着有点像"愤青"，但我认为多了解一些不一样的声音也是有好处的。

一、GDP增速放缓将引发收入衰减

有提到我国当前居民的整体收入水平增速高于GDP的增速，这里我有点不同的意见，原因在于过去的收入增速数字慢于 GDP 的数字反应，表明 GDP 增长传导到收入的过程是需要时间的，从而形成了相对滞后性。一旦 GDP 增速放缓，收入增速也就会跟着下降，从而低于 GDP 增速，这个是必然的趋势。

至于 GDP 增速为什么下降，这个没办法解答。因为很多时候未来是无法推演的，只能凭借感觉，它没有可被用作讨论的任何依据，只能根据一些细枝末节的观察来揣测未来的可能性而已。我回国的几个月时间，去了不少地方，每到一个地方都会与相对底层的人聊天。在收入方面，我问他们今年的工资是否有一定幅度的增长，他们说不要萎缩就很好了。我与很多实业基层的员工聊天，他们也这么说。所以我斗胆下个结论，2016 年并非是大家所预期的消费升级的一年，因为消费升级的基础是收入增加。但是，与数据相反的现实是大部分企业面临的不是收入增长的问题，而是能否保住去年的收入水平，大家可以回去问问自己朋友的收入是否增长了。

我总觉得，专家喜欢的数据其实本质上反映的都是过去的情况，而我们更关心未来会怎么样，但现实往往就是，过去怎么样是无法用来预测未来会怎么样的。"春江水暖鸭先知"，要预测未来只能深入基层，了解市场，而不是坐在办公室里看数据和报表。我自己走了很多地方后，得出的结论是，未来 3 年，我感觉并没有大家想象得那么乐观，收入衰减会很严重。过去 3 年，我们在一片狂热中投资了 200 多家公司，但是 2016 年上半年，我们只投资了 3 家公司。

二、不管是借贷还是投资，赚钱的根本在于实体盈利

再与大家从理论上讲一些我自己关于金融层面的逻辑。金融一

般可归纳为投资和借贷两个范畴，但是这两个范畴的背后，本质都是实体盈利。如果实体不盈利，那么意味着投资不能赚钱，无法获得投资收益；对于借贷，则意味着资金借入方不能赚钱，也就必然不能归还资金借出方的资金。最终的结果就是借贷崩盘，投资打水漂，金融出问题。

相对而言，借贷的逻辑更加难以运作，从我自己的角度来看，借贷有两个特征很明显：第一个特征就是借贷行为的客户群体相对狭窄。客户必须是那些不好不坏的群体：客户好了，一般就不需要再借钱了；不好，那就跑路了。所以，最终的结果要么就是一个不断消灭自己客户的过程，要么就是被客户搞死的过程，这是借贷的一个非常明显的特征。马云曾经骄傲地说，你看，当年借给我50万元的人，我就还钱了，说明小企业也是有信用的。但是他不知道的现实，就是他是发了大财的，但是那个借给他50万元的人，现在估计还是穷光蛋。这个就是借贷的核心逻辑，你没有积累，就无法与客户一起成长，客户一旦好了，就会离开你，你陪伴着客户度过了最困难的时光，结果客户一好就与你没什么关系了。为什么借贷必须锦上添花，而不能雪中送炭？核心是因为无法分享未来的收益。

借贷的第二个特征是没有积累。前面说了，因为你无法分享客户成长带来的高收益，那么你永远只有恒定的利差。100万元，你收10%的利息，扣除资金成本4个点、运营费用2个点，那么意味着你最多赚取不到4个点的收益，但是承担的是100万元的风险。也就意味着你过去做了100笔业务，都盈利了，突然有一笔业务出了问题，哪怕过去做得再好，最后你都是死，因为收益无法覆盖坏账。

所有做借贷的金融商业模式，看上去是暴利，但其实是非常脆弱的，随时会面临崩塌的风险。我国的银行业非常典型，过了十几年的好日子，也会突然在一两年内就亏掉过去几年赚的钱。这个就是典型的借贷逻辑，是非常脆弱的。这也是我不看好所有承担信用风险的商业模式的根本原因，也是我离开银行业的核心原因。无论是对企业还是个人，借贷都是缺乏积累的行业，长期来看，它只会让你变得很狭隘和无知。从这个角度来看，投资就稍微好点，投资是相对有积累的行业，它的风险是恒定的，但是收益是不确定的。所以，相对来说，投资感觉上会更有一些积累，你过去做了100笔业务都亏损了，可能未来1笔盈利了，立马就把过去的亏损给收回来了，投资的收益和风险相对更平衡一些。

但是，无论是借贷还是投资，终极收益都是来自实体的盈利。一旦一个市场无法贡献利润，那么无论你前面的估值怎么高，声势怎么浩大，都没有意义，都是一场击鼓传花的游戏而已。所以，一旦逻辑设定在市场盈利这个基础上，我们就会发现，目前整个市场其实是缺乏市场盈利机会的，那么反过来就意味着金融的整体性机会在丧失。借贷业随着实体企业不振，坏账率攀升，市场持观望态度。我很早前就说过，目前市场的格局是好人不借钱，借钱的都是坏人，为什么？因为实体经济不景气，导致很多人哪怕有资金在手也找不到赚钱的机会，所以，都不会选择去借钱，因为借钱是要还的，而那些坏人，因为不借钱就活不下去，所以必须依赖借钱存活，不得不借钱。就出现了"好人不借钱，借钱的都是坏人"的诡异局面，这种局面本质上其实都是实体经济不景气带来的。

从这个角度来看，金融业是典型依附于实体经济的一个带有强周期性特征的行业。在实体普遍盈利的时候，你会发现个体风险虽然有，但并不是那么重要。我记得我十年前放贷款基本上不需要进行太多的风险审核，大家都会按时还款，为什么？因为那是个基本上都赚钱的年代，当大家都可以赚钱的时候，是不太会有人逾期和违约的，而现在呢？把全部家当抵押给你都照样跑路，因为当一个人赚不了钱的时候，就意味着怎样都还不了钱。从借贷角度来看，还款能力比还款意愿重要很多。

与借贷的逻辑一样，投资的核心也是市场盈利。前面说过，给别人投资钱，最终都是期望分享投资收益，而且是远远超过借贷的利息收入、分红收益或者股权溢价收益。但是当市场无法形成这样的盈利效应的时候，如何兑现投资收益呢？过去几年很多人都对我说，市场很好赚钱啊，你看，谁谁赚了几百倍，谁谁赚了几千倍。第一个问题是，这些是普遍性案例，还是个体性案例？第二个问题是，有几个人真金白银地拿到了钱呢？许多看上去赚了很多倍的项目，最终都是需要变现的，变现一方面可能是分红收益，另一方面就是二级市场的股价交易收入。但是过去几年轰轰烈烈的市场，又出现了几家所谓的赚了很多钱的上市公司呢？最终能不能变现还要看企业盈利的基础。但是这种盈利的基础，目前来看，是非常脆弱的，因为市场普遍盈利的状况基本不存在。

我想问一下，大家觉得这几年有没有感觉赚钱很难？现在你们的困境是什么？我自己与很多企业家聊过，普遍的困惑是找不到赚钱的行业。现在，个别行业或许还能赚点钱，大企业要赚钱很难，大家都很迷茫，不知道该去哪里，我看到不少企业都转到金融业，希望在金融业里博点机会。但是一个市场金融业越旺盛，恰恰证明了实体经济越不好。这个就是现实，但更现实的事情其实是金融业从长期来看，往往是大面积的牺牲，因为金融本质上还是零和博弈市场，更残酷的是 20% 的参与者会赚取剩余 80% 的参与者的钱。

三、赚大钱都是时代给予的机会，而非个人能力

在整体不盈利的结论的基础上，我们能做点什么呢？我个人感觉作为个体最好的办法是学会休息，学会不折腾，学会等待。2012年，我感觉实体机会很渺茫，劝很多企业家离开实体行业，干脆卖掉企业，去游山玩水，什么事都不要干，一年花不了几个钱。回头看到的现实就是，出去玩的都活得挺好，而那些在家里勤勤恳恳干实业或者每天努力放高利贷的人，最后都死得很难看。在一个没有机会的行业里，你越努力，死得其实是越快的。我们还是要学会在大时代里做符合时代周期的事情，这有助于你活得更好。

很多年前，我写过一篇《扯淡赚大钱的逻辑》，网络上很多人在疯转。其实这句话的核心思想就一点：赚大钱，绝大部分都是时代给予的机会，而不是因为你个体能力卓越造就的，所以要学会辨别不同的时代特征，选择符合时代特征的事业比你每天勤奋努力更为重要。后来很多人驳斥我是机会主义者或者风口论者。

我自己把过去三十年简单地做了一个分类，我觉得可以分为三个大周期。前二十年，也就是1980—2000年这二十年，是劳动赚钱的时代，那时候出卖劳动力是可以赚钱的。因为物资贫乏，我自己小时候和姐姐卖冰棍，每根五分钱进来，卖一毛五，三倍的毛利，很丰厚了。那个年代，肯干点的人都能赚钱，越勤奋，越辛苦，赚钱越多。

而到了2000年以后，则是靠资产升值的年代。银行业不断进入货币扩张的阶段，钱越来越多，最后就往资产泡沫化的方向走。这时候，你发现大量的资产大幅升值，最终的结果就是努力勤奋已经不赚钱了，关键是依赖资产升值赚钱。你再勤奋、再努力，不如买一套房子划算，

所以过去十年出现了很多所谓的悲剧故事,很多人把自己家房子卖了,勤奋努力地去做实业,最后头发熬白,终于把自己当年卖掉的房子给买回来了。回头看这十年,其实你什么事情都不用做,买房子就行了。2002年开始计划买房子的话,差不多到现在基本上都是十倍以上的回报,算上五倍杠杆的话,基本上就是五十倍的回报。很多人勤奋努力工作一辈子,也没有这个时候买一套房子赚的钱多,这就是现实。

许多企业家也是如此,其实实业本身并没有赚太多的钱,但是他们企业的土地、产房升值所带来的盈利,远远超过了他们企业的实业利润。于是最终的结果都表现为资产升值。这个十年如果你不参与到资产升值的逻辑里去,你基本就被抛弃在财富之外了。这也是为什么过去十年,福布斯排行榜上的首富基本上都是房地产商和煤老板等一类人了,当然后者随着整个十年的结束而崩盘了。总的来说,过去很多出色的企业家,并不是本身有多出色,而是在这个年代买入资产加杠杆的结果。

而2010年以后,资产升值的逻辑也不存在了,变成了资本大爆发的年代。从2010年到现在,你只要被资本喜欢上,就会发现赚钱的速度和规模,远远大于以前的任何时代。我们看到,进入阿里和京东的人,很多都是大学刚毕业的学生,但是赶上了资本爆发的年代,顺着资本的趋势,很快就被推起来了。过去几年,随便一个做互联网的小伙子,一个想法就能拿到几千万元的估值,就能超过很多干了一辈子的企业家。所以,当一个行业起来的时候,与你的个人能力没有太大关系,关键在于你是否在一个正确的年代做了符合这个年代的事情。当然有很多人是无意识的,有很多人是有意识的。前者是运气好的结果,后者是眼界格局高的结果。我个人的感觉是,绝大部分的有钱人都属于前者,属于后者的微乎其微。所以,我一直觉得,这个年代,赚大钱的人往往不辛苦，辛苦的往往赚不了大钱。这个是非常现实的情况，要学会认识到现实，不要自我催眠。

在我看来，钱分为辛苦钱和泡沫钱，辛苦钱赚的是社会的平均利润，泡沫钱才是大钱。你们去看，一个股票如果不泡沫化了，那最多就是赚分红的钱，是稳定利润，而只有被资本看上了，其股价远远超过其实际价值的时候，你才能赚到所谓股权的差价，然后才会有所谓的赚大钱的机会。其实从本质来看，一只股票是十块钱还是一百块钱，上市公司本身并没有太大的变化，至少肯定不会有十倍的差价，变化的只是投资人的预期而已。所以，只有泡沫来了，才能让价格产生巨变，你才能有机会赚到其中高额背离带来的泡沫钱，这个才是大钱。房地产其实也一样，一套房子十年前卖 2 000 元/平方米和现在卖 20 000 元/平方米，本身都是居住功能，并没有什么实质性的改变，但是带来的价格变化却是十倍甚至更高，那说明了什么呢？说明只有价格和价值背离了，你才能赚到大钱。

纯粹从赚钱角度来看，我喜欢泡沫。所以，我们过去几年特别喜欢泡沫化带来的一些机会，这些机会往往是人极度乐观后产生的预期变化带来的机会。这种机会来的时候，你并不需要具备太多的能力，就能赚到一些钱。所以我总是告诉自己，只有傻瓜也能赚到的钱，才可能是大钱，依赖能力赚来的钱，一般都是稳定的平均利润。尽量让自己承认自己不能干是非常重要的。

四、未来的竞争要将能力与成本挂钩

在这里，我谈一下我对能力的看法。其实大家在谈能力的时候，一定要记住，能力一定是与成本挂钩的，脱离成本考虑能力，你会死得很惨。德州扑克在中国最近很火，但你会发现，中国的那些高手基本都玩不转，在中国打德州扑克同比大小在本质是一样的，为什么？因为中国的土豪太多，人家根本不按概率算法出牌，反正兜里都有钱，然后把把主动全押，好好一个比精算概率的游戏，变成了比谁兜里现金多的游戏，根本没办法玩。前两年中国的投资市场就是这个阶段，钱越来越多，"乱拳打死老师傅"，有逻辑、有能力的专业投资人，最后往往干不过那些业余投资人。因为业余投资人不讲逻辑，只讲成本。你问他为什么投资，他往往说，没为什么啊，反正钱也没地方去，去澳门赌博也是输，不如随便给个年轻人或许有一些机会啊。你听了只会很无语，这就是成本不一致带来的能力不一致。

我有一段时间研究乐视，乐视这样的公司会大量地给你讲故事，讲未来有多好，而投资者往往喜欢这样的公司，就会给乐视投很多的钱。最后的结果是什么呢？同样一台电视，乐视三千块钱的成本，其他公司也是三千块钱的成本，但是乐视可以买一送一，电视机免费给你，或者折价卖给你，三千块钱的产品卖两千块。卖得越多，报表越好看，销售额在增长，于是股价反倒越来越高。而别人不行，三千块钱的产品不可能低于三千块来卖，否则报表很难看，所以，结果就是投资者越来越喜欢乐视这样的公司，愿意向它投越来越多的钱。当你和对手不是处于同一成本线的时候，你就会发现很难打赢他，到最后他可能直接把你给收购了。打输了没关系，打赢了就很厉害，这是把未来的钱折现的模式。但是从产品质量上来说，你能说乐视电视比康佳电视好吗？很难说。能力好的公司很难说一定打得过成本更低的公司。

滴滴打车也存在这样的情况。摇摇招车在北方地区做得特别大，腾讯找它投资，它不让腾讯投，腾讯反手投了滴滴打车，投了以后马上开始和快的打车拼价格战，最后摇摇招车就没了。你的成本跟人家不一样，最后能力再强都得死。所以，未来的竞争已经不是传统的肉搏式的竞争，而是全方位、立体式的竞争，如果能力不能和成本挂钩，单谈能力会很难。

五、虚拟经济背离实体经济，中国进入债股双杀时代

最后谈谈我自己的几个顾虑吧，很现实的顾虑。其实前面也提到过，未来最大的问题其实是虚拟经济和实体经济的背离。我越来越感觉到现在虚拟经济已经到了强弩之末，其实只要问问滴滴打车估值300多亿美元，到了二级市场你们愿不愿意买就行了。过去三年多来的混乱投资格局，走到今天，涌现出了几家大公司？上市又上了几家公司？十个手指都数得出来。这就是我们过去三年砸了数百亿美元所剩下的格局。当大量的钱砸下去普遍不盈利的时候，那么市场会是什么样的格局？这个泡沫到了今天随时会破。而虚拟经济一旦破了，实体经济本身又没能有效回归，那么新的增长动力就找不到，这时候市场的寒冬就会比较明显。所以我说，中国进入了债股双杀的时代，债意味着实体经济违约增加，股意味着投资机会的系统性消失，带来的后果其实是很可怕的。

另外一个顾虑，就是当下非常火热的消费分期的机会，我感觉也很危险。互联网这个东西，最大的作用其实就是把一个标准化的东西，无限快速地复制，最终的结果就是把本来可以十年赚的钱，快速极致地压缩到两年内赚完，然后一地鸡毛。事实上，消费金融就是这么个现状，消费金融本质上其实是要求个人收入水平的有效增长，而个人收入水平增长的背后，其实是实业的增长。实业才能使员工收入增加，然后才能支持分期。但是我前面说过，收入水平的增长本身是不现实

的。在这个基础上,你还扩大消费支出,造成寅吃卯粮的格局,最终结果就是大面积违约的快速出现,这个逻辑非常简单。最后带来的问题是什么?是消费分期大面积的崩塌,给信用好的放贷放完了,一般会向信用不好的人放贷,信用不好的人放完会向信用更不好的人放贷,美国的次贷危机就是这样。这两个问题叠加起来,未来两到三年,甚至三到五年都不会太好。

六、保持流动性将是未来赚钱的逻辑

那未来坚持什么样的策略会更好呢?我和许多专家的思考是不一样的,大量的人在鼓吹人民币会越来越不值钱,我觉得应分开来看。我个人感觉,未来的人民币,对外是贬值的,但是对内可能是升值的。汇率在很大程度向下行可能是共识,但是对内来看,人民币会越来越值钱。许多人都觉得这怎么可能,央行大面积放水,怎么会越来越值钱,很快就不值钱了才对。我真心不这么觉得,从货币银行学的基础知识可以推理出几个简单的逻辑。

第一,货币的创造只能来自央行注入基础货币。但是这些货币本身的额度是很有限的,它被称为高能货币,是需要通过商业银行的扩张才可能真正增加市场的货币供应量。这里起很大作用的其实是商业银行的信用扩张,如果商业银行不能有效扩张信用,那么货币之水就不太会泛滥。事实上,最近市场上的放水效应是不明显的,也感觉不到,在2008年,4万亿元里面起最大作用的其实是商业银行大量扩张信用所带来的结果。而目前我国的商业银行惜贷情况非常明显,大量的商业银行非常谨慎地发放贷款,原因前面也说了,现在这个年代,信用好的人都不借钱,借钱的都是信用不好的人,必然的结果就是商业银行放贷意愿大幅度下降，从而使得市场上资金的扩张是非常有限的，并不会形成资金泡沫化的格局。

第二，为什么钱会更值钱？这其实与虚拟经济泡沫的破灭有关。当你身边曾经的有钱人变得一个个都没什么钱的时候，其实变相意味着你的钱就越来越值钱了。虚拟经济崩盘，是大概率事件，这个逻辑是能理解的。因为虚拟经济的价格是根据成交价格计算的，你说现在的估值是一百亿元，那就必然意味着有人要用一百亿元的价格成交，你要让你的估值再上行，那就必须要有更高的成交价格才能支撑，那么就意味着要有更多的货币支撑这个交易。事实上，绝大部分的投资是无法有足够的货币来支撑的，市场上的货币增量总是不断降低的，而股权本身不创造货币，在这种情况下，绝大部分的虚拟经济都会面临估值下行，那么相应地，投资人的财富缩水就是大概率事件。当大家的财富都缩水的时候，甚至个别企业家的资金链都面临紧张的时候，如果你能保持足够的流动性，那么必然意味着你的资金会越来越具备价值，越来越值钱了，至少相对价值是明显增值了。

所以，我个人感觉，未来赚钱的一个很重要的逻辑就取决于流动性。怎么理解？很多人问我，上海、北京的房子能不能买？我从来不认为一个东西能不能买和东西本身有关系，而是和你有关系，你是谁最重要。你很有钱，那么可以，随便买；如果你本身钱不多，那就算了，这个就是现实。同样的房子，不同的人问我，结论必然是不一样的。从我的角度来看，在你的安全边际越高的情况下，你承受风险的能力必然也越高，而越能承受风险的人，所博取风险高溢价的可能性就越大。这个逻辑是非常清晰的：保持足够的流动性，可以让你有机会去博取更高的风险溢价；而流动性不足的情况下，则会使你丧失各种机会。我在2016年2月份回国，当时股市正好跌破3 000点，我说如果你是空仓，你就可以买一点，如果你是满仓，那没办法，你必须砍仓。所以同样一个点位，同样一个资产，能买还是不能买，和资产本身没关系，和你有关系。你的流动性越高，你越有机会博取高收益。

我自己是一个业余投资人，五六年时间投了 200 多家公司，说实话，我什么都不懂，因为早期都是不确定的机会，我都是瞎投资。前几年，我见到一个不错的年轻人就会给他一点钱，很多人说我很激进，我觉得我一点也不激进，因为给他的钱都是小钱。因为从我个人的资金配置来看，90%的钱都放在稳定的收益上面，每年赚取一部分的利息收入，然后我拿这些利息收入去做投资，投完亏了就亏，对我不构成任何影响。也正是这个原因，我投资并没有什么太大的压力，从而我可以博取一些极高风险的机会。但也因为风险高，所以别人和我竞争的机会就少，我就能拿到很不错的价格。投资是反人性的，只有反人性、反周期的时候，才能拿到更低的价格，才会有机会。如果大家都看好了同一个项目，你是很难博取更高的收益的。

所以，未来保证你的资产安全才是重中之重。在保证安全的情况下，大钱不动，拿点小钱去玩，下个"闲子"，或许会有机会。投资为什么拿小钱去玩？因为投资从长期来看是周期性的，是九死一生甚至百死一生。如果你指望通过投资过得更好，那不可能，你必须要有一个会下蛋的母鸡，让鸡孵蛋，孵出来就孵，孵不出来就算了，鸡永远在是最重要的，它不会让你饿死。

现在各种折价机会很明显了。我前段时间去了趟神木县，发现很多老板都开豪车，住豪宅，但结果呢？没钱加油。为什么？因为没现金。从一定阶段来看，只有现金才是你的钱，其他都是假的。这个时候，谁有现金，谁就能博取高折价的机会。

七、投资是生命与事业的延续

最后，再谈谈我不成熟的投资逻辑。

第一点，想提醒投资人千万别碰三件事情：吸毒、赌博、不设底线的投资。一般来说，稍微有点钱的人，不碰这三件事基本上不会死人。前面两件好理解，第三件其实真做起来还是比较难的。其实投资这件事情，最忌讳的就是不设底线。今天投一点，明天投一点，后天投一点，投到什么时候是头都不知道，这种投资千万不要做了，再有钱也经不起折腾，能否成功很大程度上是不确定的。最好是拿出一笔钱，投完就完了，有机会就有机会，没有就算了。

第二点，我自己最深刻的感觉就是千万别认为自己无所不能。很多事情，一旦你所在的时代不在了，你再能干也没用。海尔的张瑞敏也提出这个说法：时代创造伟大的人物。国美黄光裕在牢里曾经给陈晓写过一封信，他的意思是我们应该不断地扩门店，只有我们的门店足够多，别人才能进不来。这句话有道理是吧？过了两年才发现，一点道理也没有了，因为互联网来了，你发现过去最强悍的东西都是你的负担，线下门店越多，成本越高，代价越大，还没法打掉它。曾经你认为是巨大优势的资源，一夜之间就变成了负担。时代一改变，什么都变了。

企业家要有投资的心态，往往是要承认自己不能干，尽量把机会都留给年轻人。别有事没事要和年轻人打，很多人你一定打不过他，但你可以成为他"爹"，打不过他就投他。当年，如果苏宁不和阿里打架，而是给阿里投资点钱，可能现在就是阿里的"爹"了，也不会是反一反的格局了。微软投了很多硅谷的公司，各种各样的公司，凡是危及微软的公司都去投一点，谁也不知道哪个"小孩"就起来了。雅虎当年在最好的时候投了阿里，现在雅虎的日子那么难过，但是因为有个"孩子"叫阿里，现在日子才稍微好过了些。

投资的本质，可以从生孩子的角度来考虑。很多企业家都有如下三种情况：第一种情况是总觉得企业就如同一个小孩，是自己从小养到大的，有必要扶着他走到最后。这是有问题的，孩子长大了，就该放手让他赶紧结婚去。别孩子都娶媳妇了，你还每天陪着，一点意义都没有，你应该让他去生孩子或者你自己去孵化别的孩子。第二种情况是很多人就想着只生一个孩子，这也是有问题的。孩子一定要多生，只生一个孩子容易"坑爹"。比较正确的做法应该是你去投资一批，生出一批孩子，只要有一个孩子光宗耀祖你就厉害了。从投资角度上来看，投一个就成功的概率几乎为零，而且还容易被绑架。第三种情况是一定要在最好的年纪生孩子，你在最好的时候生孩子能够陪他、养他，等到你自己都不行了再养一个小孩，80岁生一个小孩，小孩还没养大你就死了。许多企业家都是自己快不行了，才想到去转型、去孵化，事实上自己都没办法存活了，还怎么转型。

投资本身应该是生命和事业延续的过程，而不应该是你自己去主导一件事情。你去主导一件事情，就会发现这件事变成你的事了，所有的能力都依附在你身上。我们很多人投资了很多事以后，事必躬亲，最后投资的项目都死了，这种控制性思维也非常可怕。很多企业家认为资源是我给的，想法也是我给的，钱也是我给的，凭什么他做大股东？但是你却没想过，你自己是否能做得起来？

工业时代和互联网时代的区别是对资产的控制不一样。工业时代1%的股份意味着几千万元的资产，互联网时代1%和100%之间没有任何差别，因为做不起来都是零，互联网时代是一个轻资产时代。股份的比例控制权，你如果认为你可以干得起来，那你就控制；如果你是靠团队的，你就给他足够的股份，让他认为是为自己干，而不是为你干，否则他一定不会和你干。所以，责权的对等一定要想明白，做一个好的投资人而不是做一个好的控制人。这个年代能干的人往往不忠诚，忠诚的人往往不能干，就是这么现实。

此外，我提醒各位企业家，千万不要去投资你擅长和熟悉的行业。这和很多人的想法是相反的，许多企业家总是说不熟悉的不投资。投资是要看大格局而不是看小格局的，有很多行业势必衰落，势必衰落就意味着你把这个行业全投遍了，你也没有任何机会，一点机会也没有。我有时候想，我都快40岁的人了，比我年纪大的人都能够看懂这个商业模式，那这个商业模式就一定不是新兴模式，也就不是具备可投价值的商业模式。未来一定是一个现代人不太容易看懂的，是要搞出一个新的东西，把以前的人超越的过程。所以，作为老一辈企业家都看得懂的商业模式，我才懒得去投资。尽量多相信年轻人，投资一些他们喜欢的东西，比投资你喜欢的东西更具备未来。

当然，我也承认投资分两种：一种是补短板，从互补的角度考虑问题，投出一块可以让我现在更好的短板来。但是这种投资的前提是，你要确认所投的行业是有机会的。另一种是从生命和事业延续的角度上投资给一些还不错的个人。让年轻人成长，他们成长你也就成长了。还有一句话是少混圈子，因为混圈子容易失去未来，会让你的眼界越来越集中在某个圈子里面，最后把好东西漏掉了。以前讲志同道合，现在要在志同道不合的人身上多学学，互联网就是跨界的典型。一不小心你就走到别人的领域，而把别人超越了或者被别人超越了。

最后总结一下：短期来看，我个人比较悲观，但是悲观到一定程度就会是乐观，因为冬天之后是春天。冬天有时候就是不适合打猎，没有机会的时候就是没有机会，安静趴着，熬过去就是春天。另外，实业空心化也好，什么化也好，到一定阶段是什么就是什么，你会发现那些去产能的行业，等产能淘汰得差不多的时候，可能机会又出来了，就是这么一个过程。大宗商品也好，什么也好，长期低迷后总会有一个机会，等到大家不愿意玩了，一部分走了，一部分死掉了，留下的机会就会出现，这是反周期理论。总的来说，市场就是这样周而复始的。最后衷心祝愿大家会有更好的明天！

附录

拐点下的对话——破解中国经济的谜局

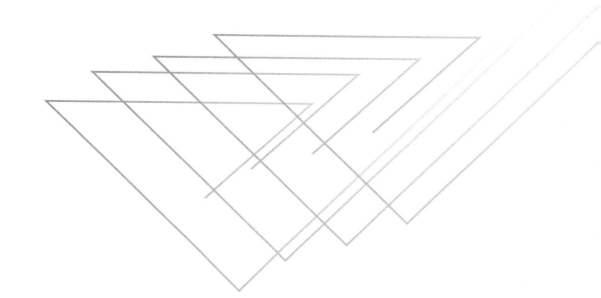

"被粉饰的诅咒"

—— 新加坡国立大学邓永恒教授多维透析中国房市沉与浮

中国的房市泡沫不仅源自于政策的刺激,亦滋生于投资渠道的缺乏,并受制于人口结构的周期变动。这些因素与婚姻、教育及福利等问题相互交叠,牵动着中国房市的沉与浮。

"中国的刺激政策所带来的短期增长效应很可能是'被粉饰的诅咒',其所导致的房市'过热'投资推高了房价,酝酿着潜在的房市泡沫。"邓永恒教授曾撰文谈政策对房市的影响,但他随后笔锋一转,"中国房市泡沫即使破灭,也不太可能重演美国次贷危机所造成的金融市场崩盘。"邓永恒教授目前担任新加坡国立大学房地产研究院院长及房地产系主任,曾任美国联邦政府房产金融办等权威机构的专家顾问。他一直以来侧重于中国房市研究,透过数据及模型剖析中国房市"高烧不退"的十年,并在《计量经济学》(*Econometrica*)、《金融经济学杂志》(*Journal of Financial Economics*)、《金融评论》(*Review of Finance*)、《城市经济学杂志》(*Journal of Urban Economics*),以及《中国经济评论》(*China Economic Review*)等国际顶级期刊发表了多篇论文。

如今,北上广深及部分二线城市房价飞涨的余热还未消退,一线城市楼市交易量却有所下滑。在房市繁荣背后,崩盘预期又开始浮现。中国房市的拐点何时到来?政府如何平衡房地产调控与土地财政间的两难困境?房产用地70年使用权到期后会怎样?围绕这些问题,中国经济学教育科研网记者在首届北京大学—新加坡国立大学数量金融与经济学国际年会期间专访了邓永恒教授。他在宏观层面谈及人口、预期及金融市场等因素对房市的影响,分析政府在其中的作用与应对策略,并对中国家庭产生的房价依赖风险等微观层面有所洞见。

1. 您研究人口冲击、婚姻及房地产市场,并指出由于婚姻、人口冲击引发的住房市场繁荣具有明显的周期性特征。[1]按照24年的滞后期,中国这一变化的时间点或在2014—2015年。这种变动会对房地产市场造成什么样的冲击?

美国20世纪有一篇争议较大的论文,也是研究人口结构变化对房地产市场的影响。这篇论文由经济学家格里高利·曼昆(Gregory Mankiw)与戴维·韦尔(David Weil)合作撰写。[2]他们的模型很简单,左边是房价,右边是人口的年龄层,然后做回归。考虑到美国婴儿潮的老龄化趋势,他们通过模型,预测出美国房价在20年内每年会有大幅度下跌,但美国房价却一直在上涨。研究房地产经济的学者认为这个模型忽略了许多影响房价的因素,比如工资增长幅度、失业率、GDP的增长,所以有学者加入这些因素重做了模型。经济危机后,房价的走势似乎与这一模型预测趋同,所以又有人重新关注这一模型。

我们的模型包含多重因素,如市场调控、出生率、计划生育政策等，证明了人口结构变化与房价存在显著的相关性。在研究房市时，我们将人口作为一个重要因素，填补了中国房地产研究的空白。然而，人口因素并非唯一影响房地产的因素，在分析整个房地产市场时，还需考虑风险、宏观政策、工资增长率等重要因素。这篇论文实际上是补充了以前房地产研究文献中所忽视的人口因素。

除了消费、投资等属性外，中国房产是房主的社会地位及经济实力的重要标志。正如亚洲开发银行首席经济学家魏尚进博士在其最近表于《政治经济学杂志》(*Journal of Political Economy*)的论文中所述，现在的电视相亲节目存在这样的现象：男嘉宾如果说有房有车，底下的灯就亮一片。现在有许多丈母娘找女婿，是希望确定未来的女婿能够有经济实力，给女儿提供好的生活。很多家庭为了让儿子能找到好的配偶，也会不惜一切代价买房，这构成了中国比较特殊的代际购买力因素。在中国研究房地产时，要考虑很多特殊因素，但基本面是不变的，房地产投资的风险还是存在。比如房价租金比、住房收入比等基本指标太高的话，就说明风险过大，房市能否持续上涨是一个问题。

2. 虽然2013年全国楼市有全面下跌的趋势，但普遍认为人口始终净流入产生的刚性需求会支撑一线楼市永远上涨。近几个月，一线城市楼市交易量却一度下滑，这是否预示着在人口、政策等多重因素的影响下，中国房市泡沫的拐点将至？

我认为中国楼市正在进入一个拐点，但这个拐点并非指美国次贷危机那样的崩盘，而是房地产市场走向成熟。当房地产市场成熟以后，日益开放并更为透明的竞争市场会使早期特有的房产开发所带来的巨额利润越来越罕见。亚布力中国企业家论坛2016年夏季高峰会时，万科集团董事长王石先生就谈到这种转变，今后开发商必须通过提升企业营运效益、市场营销研发能力，并利用金融资本市场的有效运作等策略打败竞争者，才能得以生存。目前有很多迹象表明中国房地产市场逐渐转向成熟，经过这个转折后，房地产经营管理的方式会转变，从靠地赚钱转为拼经营及资本市场运作效益盈利。这样的市场使得竞争更公平透明，利润正常化。其次，我一直强调，国内要发展健全、成熟的房地产金融市场，这也有利于房地产市场减少风险，避免非理性投资。

那房价是否存在拐点呢？这也是国际媒体关注的焦点。比如《华尔街日报》(*The Wall Street Journal*)、《纽约时报》(*The New York Times*)等媒体采访我时通常会问：您是研究中国房地产的专家，您认为中国房市的泡沫是否要破灭了？我会回应：你问的是哪个市场，北上广深还是成都、重庆？中国房地产市场的区域分化很显著。我与清华大学房地产研究所的吴璟教授及沃顿商学院的约瑟夫·吉尤科（Joseph Gyourko）教授合著了一篇论文[3]，研究中国 35 个主要城市的情况，涵盖了人口增长、失业率、工业发展、经济增长等因素，再运用模型预测未来的住房需求。研究发现，城市与城市间差异巨大，像北上广深等一线城市大多存在供不应求的现象，因此这些城市的房价也居高不下。除了受供求关系、人口结构因素影响外，一线城市还有许多附带的福利，比如教育资源、基础设施等，这些都反映在房价里面。除了有些二三线城市房市风险比较大外，我认为一线城市的房市出现类似美国次贷危机那样崩盘的概率较小。

3. 与美国 2008 年的次贷危机相比，中国房市泡沫、债务问题对整个资本市场有何影响？

美国当时房市的崩盘是历年来一系列政府政策导向的结果。首先，美国政府为了争取更多原本不参与投票的公民参与投票选举活动，一度推出了优惠房贷政策：由政府担保，提供首付仅为3%的房贷购房。

该政策的受益者大多为低收入人群，他们因违约风险较高而通常不易在银行获得住房贷款。我们模拟了经济增长率、首付率及违约率之间的动态关系，研究该政策可能导致的额外违约风险。研究发现，一旦政府推出这一低首付优惠房贷政策，纳税人将付出巨额税收为政府这套政策买单。政府的优惠房贷政策不仅造成了一批非持续性的短期需求，并且诱导了一些开发商甚至在拉斯维加斯的沙漠都建了大量豪宅，形成了市场不能承受的过剩产能。其次，与美国当时的高杠杆率相比，中国住宅房市的杠杆率非常低。美国那时存在负杠杆率的情况，有些按揭的杠杆率最后甚至高达 150%，这些高杠杆率的贷款最终基本都会违约。

另外，美国政府对当时高度发达的资产证券化市场缺乏有效的监管，导致房地产的风险过于集中在少数几家大投行，一旦崩盘就不可挽回。总体而言，中国房地产市场区域差异大、杠杆率较低、住宅房贷违约率较低，发生像美国那样的次贷危机的主要条件还不存在。不过，银行贷款过多投放在房地产市场，会影响其他产业的融资及资本市场；另外，中国地方政府债务与房地产市场也息息相关，地方政府债务违约的潜在风险将会对中国经济造成很大的负面影响。

4. 中国的许多房市具有与众不同的特点，其房价支撑的绝大部分依赖于投资者对房价上涨的预期。除初购的刚需外，很多人是因为有"北上广深永远涨"的预期，选择购房作为投资方式。您如何看待这种预期？

通过住房使用成本模型，我们对中国主要城市房价居高不下的现象做了分析，发现百姓对房价增长的期望值最为关键，而这种期望值一般可通过问卷调查及数据分析来测算。[4]从历史来看，虽然在过去的十年中，许多房市的平均年增长值都较高，不过也不乏例外。一旦市场遭受外部冲击，如政府出台限购令、GDP放缓政策等，假定老百姓的期望值下降1个百分点，我们的模型预测均衡价格要下调30%。以深圳为例，房价虽然在过去的一年半内涨得很快，但只有前9个月房价与交易量同步上涨，最近几个月交易量有所下行，而房价还在上涨。这实际上是市场期望在支撑，买房者相信如果到明年房价还涨，就期望买房能够赚钱。但交易量下跌就说明"有价无市"，没有人买你的房子，而你又无法通过资本市场兑现房子的价值，这时对于投资者而言，购房投资的风险就会很大。与GDP、进出口、可支配收入这些硬指标不同，期望是对市场的信心，很脆弱，容易被左右。如果现在房价还没有跌，可能是人们还在观望，期望不久政策会向对投资者有利的方向改变。

5. 您多次提到要发展房地产金融市场、鼓励资产证券化。在房地产业转型升级的情况下，中国房地产资本市场应该如何发展呢？美国、新加坡的经验有何可取之处？

很多人认为次贷危机是由资产证券化引起的，媒体也指责资产证券化是罪魁祸首，但实际上资产证券化本身只是一个工具，政府的错误政策及市场监管缺位才是危机最终爆发的原因。我在新加坡国立大学给中国市长班授课时谈到，虽然美国资产证券化程度高，其次贷危机像流感病毒一样波及全球，但美国的房市很快走出了危机的阴影。而受其影响的世界其他一些国家，由于没有那么发达的房地产金融资本市场体系，却还在危机的笼罩之下。我认为，中国在有效监管并能更好地把握风险的情况下，稳步推出资产证券化促进房地产金融市场的发展已刻不容缓。因为中国老百姓的投资渠道过于单一，股市不能去碰，钱存在银行又跑不赢通胀，这迫使大部分家庭在别无他选的前提下，将一辈子的积蓄都压在购房投资上。但房市既然能有很高的回报，自然也会伴随巨大的风险。我们做过一个简单的测算，按照当地平均收入及平均住房面积来算，北京的按揭月供与收入比超过了90%，上海高于60%，而深圳更是高达100%以上。不少家庭为了买房而成了"房奴"，他们将积蓄、子女的教育费、医疗保险费、退休金都压在房市上，这不利于社会的和谐稳定。

一线城市的很多房子去年涨了两三百万元，但这只是纸面上的价值，并没有兑现。而房地产金融与资本市场发达的美国有房产增值套现二次按揭（Cash-out Refinancing）的政策。房价上涨后，投资者可将之前的房贷拿到银行做二次按揭，套现增值的房产。中国就做不了，房价上涨之后还是得还房贷，最后还是"房奴"，这就是房地产金融与资本市场不发达的结果。新加坡的房地产金融与资本市场也很发达，主要是房地产资产信托（Real Estate Investment Trust，REITs）市场。2016年6月，我们在上海举办相关话题的高层论坛，旨在借助学术平台提升学界、业界以及政府对此话题的认知，并有效推进资产证券化在中国的进程。我估计最近一两年，中国的资产证券化，尤其是与房地产市场相关的资本市场将会有很大的发展，这对老百姓来说将是有利的。

6. 中国过去对房地产的调控主要通过贷款利率、首付比例、税收等经济手段和限购等行政手段来实现。这些政策都增加了购房难度，也延迟了需求，被延迟的需求仍然会到来，并为房价提供支撑。从国际经验来看，政府对房市的调控政策应该如何制定呢？

近年来，中国出台了多套"降温"政策，我们对这些政策的有效性做过跟踪。研究发现，在不少房市中，"降温"政策出台6个月后，有半数以上出现了房价反弹现象，导致市价变得更高。与之相比，新加坡在制定房市调控政策时，会兼顾老百姓对住房的可支付能力，通过政府各个部门间的协调实现"提高住房质量，降低住房费用"的目标。例如，新加坡有80%的住房属于政府开发的组屋，仅有10%是较高端的私有住房。新加坡政府运用多次提高房产交易印花税的方式，逐渐达到了有效调控其私房市场一度过热，吸引了过量的投机性资金的问题。另外，中国二线房市供过于求，全国却出台一视同仁的"去库存"政策，导致一线房地产市场过热。实际上，这与许多国际媒体问"中国房市是否会崩盘"犯了同样的错误。

7. 中国地方政府对土地财政的依赖性逐年增强。有句评论是："革房地产的命，就是革地方政府的命。"您觉得这个困境如何破解？

朱镕基政府时期推出分税制以后，地方政府大部分的财政收入都上交中央，许多地方政府留下的收入很少。然而，中央政府对于地方政府的财政拨款往往不能满足地方建设和发展的需要，所以地方建设很多还是依靠地方财政支撑。与美国不同，中国地方政府不能发行公债，到银行借钱也有诸多限制。于是，地方政府就会以土地作为抵押，通过土地财政获取地方建设发展所需资金。因此，土地出让价格越高，对地方财政就越有利。几年前，我们做过一个研究，发现地方政府官员在任期内的 GDP 业绩以及他们对于环保建设的投资，与地方政府考核之间有很高的相关性。[5]通过考察 283 个地级市市长、市委书记 10 年来的升迁情况，我们的研究表明，市长和市委书记的升迁概率与他们任职期间 GDP 的增长业绩有很强的正相关性，而 GDP 的增长又受房地产繁荣的拉动。反之，如果将资金投入到绿色设施建设等方面，那么升迁概率会大幅下降。因为地方政府考核主要看 GDP 指标，而发展绿色设施建设一般要 10—15 年才会有回报，但市长、市委书记一般三五年一换，现在投入绿色建设等于是让"后人乘凉"。因此，中国政府的考核制度、融资渠道的局限，使得地方政府不得不依赖土地财政。

然而，地方政府通过这一单一的融资平台从银行处拿到贷款，一旦作为抵押物的土地的市场价值有所波动，而融资开发的公共设施又一时产生不了现金流，那么地方政府借助土地财政铸成的地方政府融资平台就必然会增加违约风险，最终对国民经济造成负面的冲击。由此可见，单一的土地财政不可能成为地方政府可持续的融资平台，要注重资产证券化等多重资本市场及融资渠道的开发。

8. 中国住房还牵涉到住宅用地使用权的问题。一些敏感的购房者已经发出了"70年后，我们在自己的土地上无家可归"的疑惑。70年使用权到期后会面临什么样的问题呢？

中国的土地是租赁性质，住宅用地最高使用期为70年。使用期满后，地上建筑物仍然属于业主所有，但业主须重新签约并支付租赁费用。据此，购房人取得的商品房使用权限也只能建立在土地使用年限残值的基础上。如果土地使用权的出让日期与开发商出售房产的日期有较长的时间间隔，购房者必然面临明显的"房产产权期限缩水"。在发达的房地产市场中，房产交易双方通常会将土地残值反映到房价中。比如，新加坡土的地使用权一般是99年与999年，99年使用权的用地相当于租赁性质。不过，新加坡政府在将土地转让给开发商重新开发土地时，通常会要求他们充值（Top-up）土地使用权至99年，而开发商则会将相关费用反映到房价中。这是一个比较平滑的过渡，整个市场上所有的土地不会在某年都集中到期，而中国即将出现一批土地租赁同时到期的情况。届时，无论是政府要求房主补缴土地出让金，还是让"纳税人买单"，都会对房市产生很大的冲击，也可能产生有关政策是否"公平"的争议。因此，土地租赁期限到期的处理不仅涉及经济政策的合理设计问题，同时也会牵涉对社会问题的考量。政府、学者和业界应对此有充分的准备。

参考文献：

[1] Liu, Xueliang, Jing Wu, Yongheng Deng, "Demographic Shock, Marriage and the Housing Marketm," *Nankai Economic Studies*, 2016, 187(1), 58-76.

[2] Mankiw, N. Gregory, David N. Weil, "The Baby Boom, The Baby Bust, and the Housing Market," *Regional Science and Urban Economics*, 1989, 19(2), 235-258.

[3] Wu, Jing, Joseph Gyourko, Yongheng Deng, "EvaluatingConditions in Major Chinese Housing Markets," *Regional Science and Urban Economics*, 2012, 42(3), 531-543.

[4] Wu, Jing, Joseph Gyourko, Yongheng Deng, "Evaluating the Risk of Chinese Housing Market: What We Know and What We Need to Know," *China Economic Review*, 2016, 39, 91-114.

[5] Wu, Jing, Yongheng Deng, Jun Huang, Randall Morck, Bernard Yeung, "Incentives and Outcomes: China's Environmental Policy," *Capitalism and Society*, 2014, 9 (1), 45-89.

作者/金颖琦

"一城独大"不好吗？

——上海交通大学陆铭教授谈中国城市体系与规划

据媒体报道，张五常曾在演讲中指出，中国经济奇迹的奥秘在于地区间的经济竞争。他甚至断言，以县为主角的地区竞争，是20世纪90年代开始中国经济奇迹能够"奇上加奇"，继续保持快速增长的最大秘密。

但是，作为硬币的另一面，在政府信息和公共讨论日益开放的今天，地区间的竞争氛围已从市长的办公桌扩散到了清晨的街角公园和深夜的网络论坛，成为当代中国地域偏见的"助燃剂"。其中，"大城'吸血'，导致小城衰落"已经成为很多三、四线城市民众的共识。

然而，问题的关键在于，我们能否将这种"常见的认识"等同于"常识"呢？

2016年6月，中国留美经济学年会在北京大学汇丰商学院举行。作为中国城乡和区域发展领域的著名学者，上海交通大学陆铭教授在年会期间与笔者谈论起了以下几个话题。

1. "一城独大"不正常?

"'一城独大'有什么不好吗?如果一个国家有两个地区,一个地区占有这个国家 5%的人口和 5%的 GDP,另一个地区占有 95%的人口和 95%的 GDP,你觉得有问题吗?"陆铭反问。

"人是可以流动的。现在的问题不是像成都、武汉这样的城市占所在省份经济的比重太高了,而是他们占所在省份的人口比重太低了。"诚如所言,2015 年,成都的 GDP 达到了 1.1 万亿元,超过了四川省 GDP 的三分之一,但是,成都的常住人口却不足四川省总人口的五分之一。武汉的情况也十分相似。"如果我现在要建设一个工业园,我是在四川省每个城市都建设一个工业园好,还是把这些城市的工业园合并在成都,建设一个大工业园好呢?肯定后者好。"在陆铭看来,经济的集聚是市场驱动的。

他甚至认为,由于受到劳动力难以自由流动的政策限制,中国绝大多数的城市规模是低于其最优水平的。如果要提高劳动生产率,中国的绝大多数城市应该扩张其规模,而不是小型化。因为,在他的研究中,对一个国家的大城市,尤其是首位城市的人口规模,影响最大的决定因素就是总人口规模,而城市化水平和经济开放也可能促使人口向首位城市集中。换言之,特大型国家必然产生特大型城市。

在全球 142 个国家(经济体)的样本中,仅仅取对数的国家人口规模这一个变量便可以解释该国取对数的首位城市人口规模的 84.64%,国家人口规模每增加 1%,首位城市人口规模增加 0.76%。即使考虑到每个城市的面积这样"自然条件"的差异,国家人口总量仍然是影响首位城市人口规模绝对最重要的因素。

那么,中国的大城市究竟多大才算合理呢?陆铭强调,必须将其放到世界范围内去看，而且要看到中国经济发展所处的环境和阶段，不能简单地将不同国家、不同发展阶段的城市放在一起比较，轻易地认为中国的城市太大了。"在某些情况下，美国不特殊。美国有的州经济非常发达，人口也非常多。但是有的州经济就相对不那么发达，人口也不多。加利福尼亚州占有美国14%的GDP和14%的人口。这才是正常的情况。在这方面，最典型的就是美国和日本。"

同时，陆铭补充道："什么样的小城镇有活力？靠近大城市的小城镇有活力。"中国未来肯定要有很多的小城市，它们的作用就是在大城市周围，为大城市提供配套设施及服务。同时，它们承担农产品的运输、加工、服务功能，连接城市人口和农村人口的生活和生产链。

他特别呼吁，小城市的建设应该由市场决定，而不应该由政府来规划哪里该有城市。"在发达国家，是先有项目再有相应的用地。比如，我现在要开公司，我先决定我在哪投才能最大化我的收益，然后再征地。这个过程保证，企业只要不傻，一定是最大化收益。但是，在中国，我要先决定工业园开在哪，然后再去招商引资，那我怎么能保证之后能把工业园填满？在这种情况下，地方政府就只能通过各种各样的方式去'拉人头'。这是一种扭曲。"

说到"扭曲"两个字时，陆铭一字一顿。

"很多人有一个看法：国土面积大、人口密度高的国家，大城市承载不了那么多人，需要很多中小城镇，这是一个非常大的误解。其实，越大的国家，越应该发展大城市，这样才可以高效利用资源，特别是高效利用城市土地。"陆铭说。

2. 其他地区衰落了？

"如果一个城市占它所在省份5%的人口，但同时也占该省份5%的

GDP，你觉得这叫衰落吗？"

陆铭指出，之所以会出现所谓的"衰落说"，很大程度上是观念的问题，再加上很多人有本地的利益。所谓的"本地利益"是指现在的地方官员要最大化当地 GDP 总量的增长速度，而不是人均 GDP 的增长速度。因为现在的政绩考核主要着眼于 GDP 的总量而非人均。

作为一个研究区域发展的学者，陆铭始终把"地理"和"政治"当作分析中国经济不可或缺的视角。他在研究中不止一次地发现，除了地方自身的自然禀赋之外，政治制度上的安排对经济发展的影响十分巨大。"当然，这个安排是可以改善的。"陆铭乐观以待。

中国是一个发展中大国，其地理和政治（特别是地方政府间关系）是分析中国经济不可或缺的视角。中国的经济分权与政治集权的制度安排虽然有效地激励了地方官员追求本地经济增长，但这种制度安排所产生的地方主义却与经济集聚发展的规律相矛盾，既导致了经济效率的损失，也难以持续地促进地区间的平衡发展。再加上当前劳动力尚未充分流动导致地区间差距巨大，同时中国又是一个有着统一货币的大国，使得中国经济面临着在欧元区国家间已经出现的统一货币与地区间差异巨大的矛盾。对于未来中国的大国发展道路，关键在于统一市场，促进生产要素（特别是劳动力）的自由流动，充分享受大国应有的国内市场规模经济效应。

"人们为什么认为经济集中了，那些所谓的'欠发达地区'就一定是衰落呢？其实，这是一种情绪化的感觉。"陆铭认为皖南是一个非常典型的地区。"皖南这个地方要工业做什么？要那么多人做什么？因为这里有黄山、古镇，人越少，地方的人均 GDP 越高。而其余的人做什么呢？到长三角地区去打工。这样一来，长三角地区占全国人口和经济的比重越来越高了，但是皖南越来越富裕了。这有什么不好呢？"

2013年，一篇名为"城市不死"的演讲在学界产生了不小的反响。在演讲中，陆铭借用世界银行的《世界经济发展报告》，以三个"D"来总结区域经济发展中的三个核心要素。他认为，足够的Density（密度）可以实现固定投入的分享，带来更好的劳动力市场匹配，发挥"学习效应"。而交通基础设施建设带来的Distance（距离）的缩小会促进生产要素向大城市集中。通过取消经济发展的区域Division（分割），使土地、劳动力、资本三大生产要素自由流动，可以提升整个国家的经济发展水平。

不过，陆铭也承认，发达国家在人口自由流动的过程当中，一开始，区域差距是扩大的。因为，此时有一部分劳动者优先享受了发达地区集聚所带来的好处，先富了起来；同时，在欠发达地区还有大量的过剩劳动力，即使一部分人口流出，欠发达地区的收入水平也不一定会提高。但他强调，随着经济进一步发展，劳动力进一步流动，区域间的人均收入差距会趋向于收敛。因此，如果政府的政策是阻碍劳动力流动，特别是限制低技能劳动力的流动，会使区域间差距由扩大转向缩小的时间点推迟。

"长期来看，中国想发挥大国的优势，就必须实现区域间人均GDP的趋同，最优的路径就是国家内部的自由移民。"陈铭认为，自由移民不仅是公平与否的问题，而且是"国家发展战略"。"劳动力自由流动，最终实现区域间劳动生产率和收入均等，是大国发展唯一可行的战略选择。"

3. 为什么不能搞"平衡"？

"现在，有个观念很流行：为了地区平衡，应该把当年中央政府给沿海地区的很多优惠政策给到中西部地区。那么，如果你认为是这些优惠政策起了作用，为什么最早四个经济特区的政策是一样的，只有深圳最成功？"陆铭再次反问。

中央希望通过出台一些优惠政策去帮助欠发达地区发展，但是，这个政策要起效果，最需要的条件就是"地理"，而这个恰恰是欠发达地区没有的东西。他进一步解释道："像深圳这个地方，'给点阳光就灿烂'，你投一分钱，它给你创造一毛钱。但是，如果就制造业而言，把同样的政策给内地的某个省份是不行的。这就是地理的重要性。"

事实上，陆铭的研究显示，不适宜的优惠政策不仅不会促进西部的经济发展，甚至会拖累东部地区的经济发展。

2003年以来，政府开始实行倾向于中西部地区的土地供应政策，相应压缩东部地区的土地供应，结果造成东部地区房价快速上升，并进而推动了东部地区的工资上涨，而这一效应在中西部地区和2003年之前的东部地区则不显著。这表明，忽视地理对于经济发展的关键作用，用行政手段来干预土地资源在区域间的配置，可能对经济发展效率和竞争力产生负面影响。

如果土地政策不行，那么产业转移呢？

陆铭认为，产业当然是会转移的，但不是靠政府推动来转移的。比如，深圳的空间是一定的，企业进来以后，大家竞相争地，企业接下来面临一个选择：是让深圳再增加一块地来开工业园（价格很高），还是到佛山，甚至是到江西去（价格便宜）？企业经过比较，决定不要在深圳设厂了，这时产业就转移了。

陆铭一直主张，市场机制能够决定这个企业设在哪里。政府要做什么事情？就是如果有一个企业要在当地设厂的话，政府去帮助企业征地。而现在的情况是什么？企业觉得在这里待得好好的，政府却说："你不要待在这里了，你要走。"这是违背自然规律和经济规律的。

所谓自然规律，就是每个地方的自然禀赋不同。所谓经济规律，就是规模经济带来的聚集效应，哪怕你的自然条件都很好，也不需要在每个地方都发展工业。比如，厦门有港口，但工业的发展就远远不如长三角地区和珠三角地区。从经济发展规律来讲，只有达到一定的规模经济效应以后，才能更好地发展。中国未来的工业中心和服务业中心只需要长三角地区和珠三角地区，再加上一些大都市圈就足够了，不需要像现在这样，每个县都有工业园，遍地开花。

陆铭判断，在未来，中国经济会继续升级，工业比重肯定会下降，服务业比重会上升。服务经济更需要人的集聚，因为服务经济有其特点：第一，它的产品是不能储存、不能运输的。第二，因为它不能储存、不能运输，所以它必须要"面对面"完成。"城市最大的意义在哪里？就是便于人与人见面。这就是城市的根本。"

陆铭认为，所谓的"中国特色"其实是一个结果，而不是原因。中国的市场经济的确会存在一些"中国特色"，即使同属于西方国家的美国、英国，他们的市场经济制度也都是不一样的，各有各的特色。但是，全球市场经济的共性远远多于差异性，那就是，价格由市场决定，生产要素在一国内部自由流动，民营经济在经济增长和就业中占多数份额。中国需要防止用现有的阶段性"特色"取代全球普遍的规律，防止以此成为改革的障碍。

"在今天的中国，有两样东西基本不触及意识形态的问题，第一是法律，第二是经济规律。"陆铭认为，中央城市工作会议强调城市发展要尊重规律的做法值得肯定。但令人遗憾的是，现在很多区域和城市的发展政策在一定程度上是背离经济规律和国际经验的。

"总而言之一句话：让我们一起回到常识吧！"

参考文献：

[1] 陈钊、陆铭，"首位城市该多大？——国家规模、全球化和城市化的影响"，《学术月刊》，2014年第5期，5-16页。

[2] 陆铭、钟辉勇，"大国发展：地理的政治经济学分析"，《新政治经济学评论》，2015年第28期，1-19页。

[3] 陆铭、张航、梁文泉，"偏向中西部的土地供应如何推升了东部工资"，《中国社会科学》，2015年第5期，59-83页。

作者/绳晓春

泡沫之中，当局者迷
—— 专访日本央行前副行长西村清彦

西村清彦夹着电脑包，穿过大厅里嘈杂的人群，来到我们中间。他步履紧凑，但你很难说那是在赶路。他那天穿着一套黑色的西服，里面是件白色的衬衫，打着领带，头发略带灰白，有些微微的自然卷曲，讲起话来不紧不慢，给人的第一印象是严谨而谦逊。

让人意外的是，他已经 63 岁了。三年前，从日本中央银行副行长的位置上退下来后，西村清彦回到东京大学，继续做经济学教授。要说东京大学，他可是待过很多年，先是在那里攻读本科生和研究生，1983 年从耶鲁大学博士毕业回到母校任教，一直待到 2005 年。在那期间，他在学术上取得了成功，有几篇重要的文章发表在《经济研究评论》(Review of Economic Studies)、《经济学理论杂志》(Journal of Economic Theory) 等顶尖杂志，后来还得了日本的中原奖。到了知天命的年纪，他又踏入政府的经济政策部门，先后担任过内阁府的官员、日本银行政策委员会成员和中央银行的副行长。

2016年6月，西村清彦从东京来到深圳，参加2016年中国留美经济学年会，我们在会议间隙谈了一个多小时。这次的谈话内容涉及中国房地产市场、人口老龄化、共享经济与信息通信技术对经济的影响，以及中国未来的产业问题。西村清彦回答问题既诚恳又很有耐心，为了把一个观点说清楚，常常要举很多例子，解释很多概念，这对他那样的经济学家来说并不寻常。

一、中国房地产市场：预期被不断推高

房地产经济学是西村清彦研究的主要领域，当被问及中国房价是否太高时，西村清彦并未直接给出回答，他打了哑谜："当你处于泡沫之中的时候，你是不知道自己的实际境况的，这在全世界几乎都是如此。"他说，"从美国和日本的经验来看，当房地产价格处于高位的时候，的确存在基础性的、决定房地产价格的因素，但这些因素最终被证明是错误的。"他笑着说，人们很喜欢作出各种判断和解释，但判断房地产价格是否合理实际上很困难。

西村清彦说，尽管很难预测房地产价格，但有两点能够帮助人们更好地理解现象。一是房价收入比。比如深圳的平均工资远远低于硅谷，房价却相当于硅谷的水平，这种发展是很难持续的。"当经济发展到瓶颈时期，情况可能会变得很糟糕。"他警告说。二是预期的效用。对于可预计使用年限的物品，其效用和价值是可以确定的，但是房地产的效用却是非常难以衡量的，房子的使用寿命也许是三十年或者更长。在难以判断效用的情况下，预期就显得尤为重要。

"深圳的房价的确有一点高于可持续发展的水平。"他接着说,"当你处于泡沫之中的时候,你是不知道自身的境况的。" 西村清彦解释说,泡沫是由于人们对经济过分乐观导致的。由于过去二十年的高速增长,人们的预期不断被推高,但是中国下一个阶段将进入的是一个常态的发展阶段,而不是之前 7% 这样的高增长率。无论是普通人还是领导层,都应该改变预期,如果存在自由市场的话,市场也会改变预期的,而小改变会引起大变动。

西村清彦谈及了日本 20 世纪 90 年代末的经济危机。"就日本而言,当时日本人不想弄碎泡沫,对普通人而言是这样,对政府亦是如此,最终导致了大家都不愿接受的结果。"他认为长期的预期应对市场发展以及政策起决定性作用,但是"并没有看到中国有这方面的迹象,价格仍然在上涨"。他建议应该继续降低利率,当然一如他对日本经济的建议,仅仅贬值是不够的,还需要结构性的变化。"华盛顿共识后,人们把贬值当作结构性变化,贬值并没有错,但是不足以改变人们的预期。"在西村清彦看来,政府应该负起责任,包括政策性的引导,以及在改变需求的同时也要改变供给。

二、二孩政策提高生育率:我持怀疑态度

对于老龄化趋势,西村清彦认为这是一个自然而然的结果:"人口红利是医疗技术发展的结果,过去人们抚养十个小孩作为投资,但是疾病可能会使得三分之二的孩子都会死亡,而医疗技术的进步使得你不用抚养这么多孩子作为投资,人口自然而然就会下降。中国的独生子女政策是这种改变的一部分,而不是导致青少年人口下降的原因,这种情况在全世界差不多都是如此。"

对于中国二孩政策是否能带来总和生育率的显著提高,西村清彦持怀疑的态度。日本的总和生育率是 1.4;巴西的总和生育率在 1970 年大概是 6,现在则是 1.89,前后不到五十年的时间。政府的政策并不能迅速改变这样的情况,经济状况决定了这种改变,政府的政策只是其中影响因素之一,政府不能强迫妇女生育两个或三个孩子。"

那么政府能够做什么呢?西村清彦回归到他反复提及的一个概念,就是预期,或者更准确地说是认识,政府需要改变人们错误的认识,"提出计划去提高人们的预期"。

三、对于未来产业:我没那么乐观

对于信息通信技术、共享经济、未来产业这些在中国非常流行的新观念,西村清彦的保守态度或许可以给我们提供一些启发。他的核心论点是,共享经济并未创造出新的就业。以优步(Uber)为例,日本拥有完善而便利的公交系统,且出租车数量众多。"共享经济对于整体的效用是有好处的,但是不影响个体的边际效用,而边际效用体现在价格上。"他接着说,"关键在于就业,信息通信技术也是如此,它通过提高效率降低了成本,但是像电力产业创造了新的就业,而信息通信技术并没有。电力产业还拓展了人的身体能力,但是信息通信技术并没有促进人的体力或智力的发展,同时,其也导致了一些非熟练工人变得可替代。"他最后总结说,"身体上的限制并不是从个体的角度而言,而是从整个人类的角度而言。"

关于未来产业,西村清彦谈到了他在一个信息通信技术公司就职时受到的启发:"信息通信技术产业有利可图,所以在某些情况下,你会看到收益不错。"但信息产业实际上压制了其他产业的发展,"我们也没找到未来产业。"

他解释道:"我们需要的是社会结构的改革。"一方面,对于普通人而言,市场是不容易理解的;另一方面,社会上正在进行缓慢却稳定的变化,即为残疾人提供便利。需要将市场的逐利性和公益性结合起来,"就像人们之间彼此深情以待,这种观念非常重要,虽然理想,但是很重要"。西村清彦强调了他对社会的理念。

对于中国经济的发展,无论是经济学家还是普通人,对于其他国家的经验,或许更容易以"不适应中国的情况"作为立论的依据,某些观点,放在中国,会显示出不适用的情况乃至于呈现出滑稽的状态。但是,在自身摸着石头过河的情况下,他者未尝不可以提供反观。西村清彦教授对于中国经济发展的看法正是提供了这样的反观,或许,存在"当局者迷,旁观者清"的可能性。

作者/姚倩

"错的"是渐衰的你们，而非宏观经济学
—— 专访诺贝尔经济学奖得主萨金特

"经济学与模型是我的挚爱，"托马斯·萨金特（Thomas J. Sargent）说，他交谈时声音通常轻柔低沉，但言及所爱时会不由地提高音调。这位已过耄耋之年的经济学家，身着颇为正式的黑西装，系着缀有淡黄纹路的深蓝领带，围坐在他周围的是想一睹大师风采的北大师生。

与外界的聚光灯相比，萨金特更享受这种私下的交流。他一改谈金融界限时严肃的演讲风格，偶尔会蹦出几句玩笑话，做些细微但明确的手势，以强调某个观点或表示要变换思路。"我一直很喜欢与学生交流，他们会提出一些深刻、有趣的问题。"

五年前，他在普林斯顿大学被授予诺贝尔经济学奖，给在场的青年学子上了一堂宏观经济学"串讲课"，临别时告诉他们要重视自身的潜力。十多年前，萨金特就在纽约大学创办了学生读书会，如今他仍每周亲审学生上交的论文,并选定优秀作者参与周二下午的读书活动,为他们提供学术展示与讨论的平台。

在年轻人身上,萨金特可以看到当年的自己。20 世纪 70 年代,他与罗伯特·卢卡斯(Robert Lucas)、罗伯特·巴罗(Robert J. Barro)和尼尔·华莱士(Neil Wallace)开创了理性预期学派,运用计量经济学模型分析经济政策的持久影响,这给了当时西方所推崇的政府干预经济的主张当头一棒,并指出宏观经济学缺乏微观基础,遭到了凯恩斯派老一辈经济学家的批判。如今,该理论已成为经济学的主流思想,萨金特也跻身全球引用率最高的前十五位经济学家之列。

"正如二三十年前的我们,青年人在努力推动经济学的发展。"萨金特回应宏观经济学模型滥用的质疑时指出,"我的同龄人对此感到害怕,甚至有些倚老卖老。"他没有与保罗·罗默(Paul M. Romer)站在同一阵营去质疑经济学的"数学性",而是选择以发展的眼光看待青年学者的学术创造。

目前,萨金特仍在纽约大学执教,开设高级宏观与数量经济学课程;同经济学、数学模型相伴,每年陆续有新的研究成果发表;保持着健身的习惯,即使远赴国外也从未间断。交流会后,笔者趁他赶去健身的空档,围绕理性预期、模型运用及学术"象牙塔"等问题展开了专访。还未等笔者开口,教授先问道:"你们的亮黄色志愿者 T 恤不错,我也能领一件作纪念吗?"他喜欢富有朝气的事物,这或许是其"优雅老去"的又一个细微佐证。

记者:作为理性预期理论的奠基者,您曾多次用中国的一句谚语"上有政策,下有对策"来形容这一理论。您认为政策制定与预期之间真实的因果关系是怎样的?

萨金特:我认为政策制定与人们预期之间的影响是相互的,这在任何博弈或社会关系中都是如此。理性预期或中国的古谚语,意味着如果你已有了针对现状的策略,那么我的策略要根据你的策略来制定。比如,如果我想创业,但政府对初创企业的营业额要征收10%的税,那么我可能会放弃创业的想法。与以往假设人们被动地适应政策的模型不同,理性预期模型认为经济当事人会根据政策环境的变化调整他们的预期以及相应的行为;预期也会对政策制定产生影响,聪明的政策制定者会将这种相互作用考虑在内,制定相关的政策。

这种动态随机的宏观经济分析范式要求更加复杂的数学模型。模型将相关因素转化为变量,个人根据这些变量做出决策,且需要理论来预知自己行为可能产生的后果。在建立复杂的模型时,总的模型通常会嵌入其他更具体的模型,形成像俄罗斯套娃一样的模型嵌套体系。不过,理性预期理论有点像共产主义:在这一框架下,模型中的主体共享一个模型,拥有总模型产生的相同概率分布,以免除不必要的系统性差异。

记者:您擅长建立数理模型来开展大规模的经济学实验,以用于解释预期理论与现象。您是如何构建模型来定量分析预期等抽象概念的呢?能否分享下您在这方面的经验与洞见?

萨金特:我们是受到了保罗·克鲁格曼(Paul R. Krugman)的启发。自20世纪70年代起,欧洲各国有着比美国更高的系统性失业率。很多人会认为,其原因在于欧洲各国对失业者给予了优厚的失业补助及社会保障。克鲁格曼却认为该观点值得商榷,因为欧洲自第二次世界大战后一直对失业给予高补助,但在20世纪五十到六十年代,欧洲的失业率却持续低于美国。所以,他提出除了高社会福利以外,失业率或许还受其他因素的影响。

当时美国与欧洲的经济环境相同,不同之处在于政府政策。所以,我与好友罗伯特·卢卡斯针对欧洲的情况，重新建立了预期模型，将更优厚的补助及工作保护纳入模型。同时，我们也建立了一个搜索模型，使其能够反映失业者搜寻工作的情况：一个人失业，其人力资本会相应下降，反之亦然。每个阶段失业率的变化，取决于搜寻情况的变化。失业者可能会获得一个固定薪水的工作机会，不过他不一定会接受这份工作。欧洲的失业者不仅会有这些机会，还能长期获得政府的高补贴。美国的失业者则不同，他们得到的补贴有限，通常只能支撑六个月。那么，失业者就会估摸，在失业四个月后，得找一份工作，以免出现补贴缺口。这样的打算是否过于复杂？其实，我的一位没有上过大学的邻居都知道这里头的门道。

此外，失业率的波动受到了全球化的影响。证据表明，世界宏观经济更为稳定，但从微观数据来看，受科技、全球化与国际冲击等因素的影响，个人收入与工资水平的波动更为显著。在原有的单一电话模型中，你可能在接到一通解雇电话后，虽然丢了工作但仍保持之前工作时积累的人力资本。而全球化之后，则需建立一个"两通电话"模型：你先接到一通解雇电话，随后的电话则是通知要降低你的人力资本。当时欧洲的失业补贴是由此前积累的高水平人力资本决定的，而随着人力资本的降低，失业者找下一份工作时会变得十分挑剔。

我们的模型在计算了相关的数据后，发现有很大一部分欧洲的劳动力群体（尤其是老年人）在接受救济，因为随着他们人力资本的降低，就难以找到下一份合意的工作，最后成为长期或永久的失业者。美国当局了解失业补助体系的弊端，反其道而行之，避免了欧洲的问题。

记者：2008年全球金融危机后，现代宏观经济学受到广泛的抨击，对微观经济学的追捧却似乎占了上风。此前，发展经济学家保罗·罗默在其文章《宏观经济学的麻烦》中，质疑宏观经济学运用动态随机一般均衡模型（DSGE）、真实经济周期模型（RBC）等模型的合理性与有效性。您如何看待现代宏观经济学及模型运用所面临的种种指责？

萨金特：保罗·罗默是我的好友，但他和我一样正在老去。有句俗话说："每个人都有权选择孤苦终老或优雅地老去。"幸运的是，我可以选择后者，因为我一直从事着经济学的研究，暮年时也能在模型中寻得乐趣。年轻人无论是在宏观还是在微观经济学领域都有极大的优势，因为研究现代经济学需要具备计算机技能以及深厚的数学功底。年轻的经济学者目前所做的事，远比我们那个时代所做的努力，要更具野心。我的同龄人对此感到害怕，因为他们无法进行这些方面的研究了，就像年迈的篮球运动员无法再起跳一样。

保罗已多年没有投身于前沿的学术研究，他的"身材"也开始走样。保罗的问题在于，他在尚未读完所有相关研究前，就展开抨击。很多人都讨厌数学或经济学，因为两者都是高难度的领域，仅有极少数人能够真正领悟和掌控。年轻的经济学者正在通过难以置信的方式，推进数学与数据分析的发展。保罗所读到的涉及相关模型的论文，虽然不够完美，但体现了经济学的发展进程。

现在这些年轻的经济学者正如二三十年前的我们。20世纪70年代，理性预期理论刚崭露头角的时候，我现在这般年龄的老一辈经济学家认为，那是他们听过的最愚蠢的想法。怎么可能将人的心理纳入模型呢？人们太愚蠢了。米尔顿·弗里德曼（Milton Friedman）有一句名言："在给定的情景里，保持理性的方式也许只有一种，丧失理性的方式却无限多。"现在看来，他们当时的想法带有精英主义的傲慢。

如今，宏观经济学与微观经济学不再泾渭分明，无须将两者放在对立面上论高低。在欧洲、美国及中国，要解决宏观经济的问题通常涉及结构性改革。在改革期间，政府往往要出台微观政策，使得劳动力市场与金融市场的运行更为顺畅。

记者：您的模型与研究使得评估意外的政策与系统性政策变化成为可能。但很多人质疑，如今许多经济学研究难以走出"象牙塔"，这会影响真实世界与政策制定。您如何看待该问题？

萨金特：的确，有些经济学家生活在象牙塔中，他们构建出精致的模型，每一个模型都属于自己的小世界。走出"象牙塔"的关键在于，应用理论去分析并解决经济中的现实问题。这些问题的涉及面很广，既涉及财政政策、货币政策、汇率政策等宏观政策，也涉及到粮食政策、教育政策等社会政策。例如我谈到中国的十一届三中全会，其所制定的三大政策支柱经过深思熟虑，反映了近几个世纪以来经济学研究的精髓。

我认为，中国的经济学理论与研究对现行政策的制定还是产生了比较深远的影响。很多优秀的中国经济学家开始在国际重大会议上发表自己的观点，他们在研究中高水平地运用了模型与理论来讨论中国的政策问题，他们既将研究聚焦货币政策、汇率改革等宏观政策，也直接向政府建言献策。总之，从中国政府实际出台的一些政策来看，经济学家的声音确实传到了政府的耳朵里。对于中国学者，尤其是海归学者而言，今后一定要注重研究中国问题，不要总用西方数据验证西方理论。

记者：相对于建模而言，有些学者及学生可能更强调经济学直觉或常识，他们认为较为直观、符合常识的经济学理论，而非复杂的数学更能解释经济现象。您认为要如何培养经济学常识？

萨金特：常识难以界定，它往往是与生俱来的，很难在课堂上传授。我就有两个朋友，一个朋友毫无常识，但却在学术方面颇有天赋，能解决很多复杂的数学或物理问题；而另一个朋友有很多经济学常识，却在数学问题方面犯难。常识、直觉更像是一种天赋,难以名状却可以被察觉。经济学的美在于假设的艺术,可以对人的行为进行一般假设。经济学家所做的假设是简化的,也许不能每次都与现实相符,但伟大的经济学家往往具备某种直觉,能够做出能抓住某种本质的假设。他们描述假设或理论的方式,更像是难以习得的天赋。

作者/金颖琦

编　后　记

自从 1993 年易纲任会长时把中国留美经济学年会引进中国，中国留美经济学年会逐步发展成为学界与政策部门互动交流的重要平台。2016 年中国留美经济学年会的主题是"中国和世界的可持续发展：新常态的经济学"，11 位嘉宾受邀在大会发表主题演讲，200 多位来自国内外的经济学者和决策者以及企业家，就中国经济改革和经济学前沿研究进行了研讨。而作为中国经济金融界极具影响力的论坛，2016 北京大学汇丰金融论坛暨北京大学汇丰商学院 EDP 年会则以"新经济、新视野、新征途"为主题，众多业界著名的专家学者、高层政策制定者和企业家，围绕"十三五"开局之年中国经济的形势与问题展开了深入的交流和讨论。

《重构：经济新格局与新思维》收录了北京大学汇丰商学院主办的 2016 年中国留美经济学年会和 2016 北京大学汇丰金融论坛暨北京大学汇丰商学院 EDP 年会的精华内容。

中国当前正处于一个十字路口，经济发展面临的内外环境依然复杂严峻，整体来看，世界经济缓慢复苏，但是不稳定的因素明显增多。诚如为本书贡献了最宝贵的原创性思想和内容的两场思想盛宴的共同主题词——"新"，本书对中国进入"新常态"后如何避开弯路、顺利完成结构转型给出了前瞻性和可靠性的思考和提示，为读者读懂世界经济和中国经济提供了有价值的洞见，并为全球命运共同体的未来发展提供了中国方案。

本书包含了两次论坛上 20 多位国内外知名经济学者和决策者以及企业家的研究分享，透过名家新视角，聚焦新经济趋势，探索经济转型的新征途，全面把脉中国与世界经济。具体而言，本书探讨了中国经济进入"新常态"后面临的债务水平、结构改革、财政改革、央行职责和人力资本等中一系列问题，以及供给侧改革下的企业机遇、互联网及共享经济、新产业投资热点与金融创新等热点问题。

本书从筹划、编撰到成书，共历时近半年时间，主要由北京大学汇丰商学院公关媒体办公室（经济金融网）编辑团队完成。北京大学汇丰商学院公关媒体办公室主任、经济金融网主编本力负责选题沟通、总体框架拟定及整体协调准确，郭倩负责内容审定、校对和资料补充，金颖琦、宫旭红承担了部分翻译工作，董金鹏、绳晓春、姜迎等也参与了本书部分内容的整理和编辑工作，北京大学汇丰商学院 2014 级经济的班张帆、2015 级金融班的李欣蓉、2015 级经济班的刘慧青和权利等同学协助校译。

在此，我们要感谢在两次论坛举办过程中亲力亲为的北京大学汇丰商学院任颋、李志义两位副院长，以及为此付出艰辛努力的全体工作人员，正是在他们的精心策划和通力合作下，论坛才得以成功举办。

特别需要感谢的是北京大学出版社总编辑助理兼经济与管理图书事业部主任林君秀女士和张燕、任京雪编辑，从选题策划到最终出版，她们在每个环节上都付出了大量心血，使本书在不断校译和编辑中走向成熟和完善。

因翻译水平有限，译文部分难免有不准确之处，敬请读者谅解并不吝指正。

著名经济学家、诺贝尔经济学奖得主约瑟夫·E.斯蒂格利茨说道，"在目前的环境下,改变的过程必然伴随着阵痛,但至少我们可以选择重构这些规则。"重构正在发生,且是一个长期的过程,也是中国走向成熟必经的关键一跃。对全球经济以及经济学理论进行再思考,为重构中国经济增长逻辑建言献策,也是本书期冀与努力的方向。

编 者

2017 年 1 月